高校思想政治工作研究文库

教育部思想政治工作司　组编

思想政治理论课教学科学化：理论与实证研究

薛晓斌◎著

人民出版社

目　录

导　论

自1949年新中国成立以来，很少有近十年来出现的这种情况：从中央最高层到社会公众都如此关注高校思想政治教育，投入如此巨量的资源。这说明一个问题：进入21世纪以来，由于世情、党情和国情发生的巨大变化，高校思想政治工作处于与此前极为不同的环境，出现了此前没有出现过的许多问题，同时也承担了和此前有所不同的历史使命。党中央和全社会期待新时代思想政治教育承担起新的使命，切实充分地发挥其职能，为全面建成社会主义现代化强国、实现中国梦服务。

在这样一个背景中，思想政治理论课的教学实效性问题再次成为人们关注的核心：在组织领导上，如何不断更好地加强党对思想政治理论教育的领导以保证思想政治教育的方向？在教育教学上如何更好地实施教育方案以达成思想政治教育的目标？还有，如何从学理上更进一步推进是当今的思想政治教育现象的研究？

为了在理论上更好地理解思想政治教育实践，需要建立一定的理论框架，以一定的理论视角研究思想政治教育现实实践。我们认为，系统性的观点是理解思想政治教育实践的重要视角。B. H. Banathy认为，教育系统可以分为四个层次：（1）学习经验层次；（2）实现学生学习经验的教学系统；（3）支持教学系统的管理系统；（4）拥有、控制、资助整个教育或者培训事业的行政管理系统。他并认为，每个层次都涉及不同的学科，分别包括学习理论、教学与课程咨询理论、管理学与政策研究。[①] 对于思想政治理论课教学实践而言，分层次系统研究是探讨思想政治理论课教学实效性的基础，尤其是这里所说的前三个层次，只要是以课程形式和学校班级授课制为基本教学组织方式的教学活动，前三个系统层次是达成教学效果的核心。

学生的习得过程研究构成了教学目标达成的最直接层面，不论这种教学活动是认知领域，还是动作技能培养，或者是态度情感领域。现代学校教育的基础就是在充分理解以上各领域学生学习规律，具体分析促进和阻碍学生学习进程的各种因素，根据教育所设定的学生习得目标，科学设计出实现教育目标的系列活动内容，并在具体的教学环境中实施。到目前为止，对各个不同领域人类的习得过程研究积累了丰富的知识和理论。尽管这些知识和理论并不完全一致，各领域的进展也有所不同，但今天教育目标的实现大多都可以通过科学合理的设计来更好地完成。由于人们对认知领域习得过程比情感态度领域习得过程的研究更为发达，同时在学校教育环境中，情感态度领域的教学设计存在更多的不可控制的变量，所以情感态度领域教育的科学化发展落后于其他两个领域。对于思想政治理论课教学来说，这构成了学校教育有效性达成需要克服的重要困难。但是，思想政治理论教育中，认知领域教学占有相当比重，态度情感领域教学也已经积累了比较丰富科学研究成果和实践经验，所以我们认为科学化的方向是思想政治理论课教学的基本方向。如果不坚持科学化和专业化的方向，思想政治理论课教学就没有基本的科学依据而沦为单纯的政治训诫。

由此，要实现思想政治理论课的有效教学，就必须研究：（1）人们政治认知和政治情感的习得过程，以及整个发展过程的基本规律；（2）思想政治教育的目标状态以及通过教学实现各种目标的科学依据，并以此设计出教学经验内容和教学方法；（3）保证政治性目标和保障专业性教学活动的

---

① ［瑞典］T. 胡森等编：《教育大百科全书》第7卷，西南师范大学出版社、海南出版社2006年第1版，第634页。

管理系统。提出这些领域的研究问题，促进这些领域的研究是思想政治理论教育研究的重要任务。

但以上认识可能更多是理论上的。在思想政治教育实践中，是否存在有说服力的证据表明这样的科学化路径是必需的？一方面，现实思想政治理论课教学遇到一些困难，甚至可以说存在某些困境，说明应该更加深入地思考这些问题；同时我们对有效教学经验的研究也提醒我们必须系统地遵循科学研究的路径，探讨有效教学的依据；回顾思想政治工作的历史我们也能看出科学化路径的必要性。另一方面，通过系统的教学调查，通过历年的数据积累，分析现实教学活动中学生的行为、态度和学习体验能提供更有说服力的经验证据。这些证据可以证明，影响学生思想政治理论课学习过程的因素与影响学生学习其他类型课程的因素有着相当大的共同特点。学生的自我系统、学生的元认知状况极大地影响了学生的学习行为；学生的学习体验是构建思想政治教育循环的关键要素；同时，环境刺激是影响学生学习动机和学习行为的重要因素条件。如果我们能够提供充分的证据表明这些特点和规律，那就说明，思想政治理论课教学研究必须深入研究作用于学生的动机过程、作用于学生的认知活动过程、作用于学生的态度和情感形成过程中的规律，这些规律是作用于思想政治教育过程的内在规律，也是进一步迫切需要进行科学研究的重要任务。

也正是在这样的逻辑中，本书的两部分构成了彼此的支撑。第一部分是思想政治理论课教学实效性理论研究，主要属于思想政治理论课教学理论研究；第二部分是南开大学和天津市思想政治理论课课堂教学调查报告。本书理论基础的最初来源是南开大学和天津市思想政治理论课堂教学调查。通过思想政治理论课课堂教学调查，我们积累了连续的思想政治理论课课堂教学基本状况数据，对学生思想政治理论课的学习活动进行了近乎全景式的描绘，对思想政治理论课教学活动的实效性作出了初步评估，对已有经验和存在的问题均做出了以数据为基础的总结和诊断，并提出了教学方法和教学管理的改进建议。在理论上尤为重要的是，连续三年一定程度涵盖了天津市各类高校的调查数据对思想政治理论课教学科学化路径的现实必要性给出了明确的证据。由此，本书第一部分是第二部分的理论深化，同时第二部分的经验调查报告也构成了第一部分内容的经验证据。

本书第一部分围绕思想政治理论教育过程，沿着思想政治教育科学化的路径研究了教学实效性的基本问题。这部分由三项内容构成：（1）首先阐释了思想政治教育科学性与政治性关系问题的历史由来，并论证了科学化是有效达成思想政治教育目标与任务的基本途径。在此基础上，从思想政治教育科学化的角度提出了有效性达成的六个方面问题：目标分类、教学内容、教法设计、教学过程中问题解决、教学评价、教育管理。从这六个方面并以教育实践中的常见问题为例证初步地揭示了思想政治教育科学化的多重内涵以及在教育教学过程中科学化对于有效达成政治性目标的重要实践意义。（2）第二项内容是从学习者的角度研究思政理论课课堂教学实效性达成的基本过程。借助于教育心理学中学习者学习过程的基本模型，探讨了思政理论课课堂教学过程中影响实效性达成的学习主体和环境因素。在学习主体方面，学习者对于思政理论课的形象构建和意义认知影响了学习的内在动机，并由此在学习环境因素的作用下影响学习的目标选择和学习策略。同时，学习过程中学习者的诸多认知和情感体验以及由此形成的是否满足其认知需求和情感需求的评价对于教学实效性达成有着关键性的影响。这表明，学生的内在需求是否得到满足是决定思想政治教育效果的关键。这一定程度揭示了思想政治教育必须遵循的教育原理。另一方面，研究了成绩评定方式、教学组织方式、教师教学过程管理等环境方面的因素对学习者学习行为的影响。（3）有了前面两项基础，可以为思政理论课教学设计提出有实践意义的理论思考。从环境变量、学生学习内在积极性的促进、教学过程中信息收集和评价管理等方面探讨了思想政治教育实践中出现的问题并提出了促进教学目标实现的设计原则。

本书第二部分由四篇调查报告构成。四篇调查报告总体上肯定了当前思政理论课课堂教学的成就。其中有三篇南开大学思政理论课教学状况调查报告表明，南开大学的思政理论课教学体现出了持续的进步。但是，无论从学生的课堂行为，还是学习体验上，均发现当前思政理论课课堂教学存在着一些不容忽视的问题。这些问题主要表现在学习动机的不足和有意义的学习体验不充分，同时也表现出课堂有效学习的不足。这事实上与思想政治教育学习内容的有效供给不足以满足认知和情感需求有关，也与学生对思政理论类课程长久以来构建的形象认知有关。同时，由于教学设计缺乏活力，教学缺乏过程管理，学生课堂关联感不足影响到了学习效果。课堂学习行为偏向消极也影响到了学生对学习内容的加工，从而也影响到了学生的学习体验。另一方面，激励环境的设计，尤其是成绩考核方式影响了学生的学习策略，对教育实效性达成也构成了影响。事实上，四项调查报告既反映出我们在思想政治理论课教学上已经取得的好成绩，也反映出如下问题：由于思想政治理论教育的目标分类不够清晰，学生状况研究不够充分，内容供给不够有效，课堂教学设计和其他可控环境变量设计偏向于经验化和粗放化，这些方面的不足使得政治性目标达成受到影响。换句话说，整个思想政治教育教学过程的科学化水平不够高，某种程度上影响到政治性任务的圆满达成。同时，每篇报告均对调查中出现的问题做出了诊断，并有针对性地提出了改进建议。这四篇报告表明，随着数据不断积累，对理论研究的肯定性证据也在不断增长，同时进一步的科学研究也更加细致更加明确。这也说明，本阶段的调查研究基本完成了预期的研究目标，持续深入发展该项研究可望做出既有理论价值也有实践价值的进一步贡献。

第一部分

思想政治理论课教学实效性理论研究

一、思想政治教育的科学性是政治性目标达成的基本保障

中国共产党历来重视思想政治教育的科学性和政治性。但是，由于研究者们对科学性和政治性概念的阐释往往不够清晰或者不尽一致，在一些问题上出现了一定的误解，影响了思想政治教育研究，也影响了思想政治教育工作。以下从历史的角度对思想政治教育的科学化、科学性、政治化和政治性等概念做出一定程度的澄清，在此基础上讨论科学性与政治性的关系，以及当今思想政治理论教育科学化必须认真研究和解决的有关问题。

（一）毛泽东确立了思想政治教育政治化与科学化之间的关系：目的与手段的关系

在中国共产党的思想政治教育史上，毛泽东是思想政治教育工作政治化、科学化问题的最早阐述者。在古田会议决议中，毛泽东提出“教育党员使党员的思想和党内的生活都政治化和科学化”① 是纠正主观主义的方法。如果用今天的话语表述政治化，就是“讲政治”。毛泽东起草的古田会

① 《毛泽东文集》第一卷，人民出版社 1996 年版，第 88 页。

议决议中使用"政治化"一词，一共出现5次。核心含义就是要将军队思想工作和组织生活的实质落实到政治建设和政治任务上去。从上下文来看，科学化的含义主要是马克思主义的科学分析方法和调查研究方法，目的是纠正党内政治和组织上的主观主义的错误思想和做法。具体而言，其做法包括三方面：马克思列宁主义的分析方法，调查研究方法，防止主观武断的党内批评。① 从公开发表的文献来看，对于思想政治教育工作，毛泽东后来很少使用科学化一词，也基本不用政治化和政治性这样的词汇，但一直强调必须尊重客观实际，实事求是，坚持调查研究，坚持发展行之有效的工作方法。这一点毫无疑义，在中国共产党和毛泽东的思想政治教育早期实践中，政治任务是首要的和核心的目标问题，思想政治工作和政治教育就是为政治任务服务的，工作方法和组织管理过程的科学性是有效达成政治任务的重要条件和途径。

总的说来，从思想政治工作和教育过程来看，政治性可以概括为以下几个方面：指导思想，目的任务，内容，领导管理体制，工作与教育教学规范。所谓指导思想方面的政治性，指的是坚持马克思主义为指导；目的任务的政治性指的是思想政治工作和教育服务于党的政治任务，决定于党的政治要求；内容的政治性指的是工作和教育内容决定于政治任务并符合政治性标准；领导管理的政治性指的是确保各层级思想政治工作由党的各级领导部门在党中央的领导下集中领导管理；工作和教育教学规范的政治性指的是工作过程必须符合政治标准，遵守政治纪律。思想政治教育的政治性是多维度多层次的，涵盖了制度构架、内容建设和行为规范，最终服务于党的政治任务。这种对政治性的多层次多维度的认识和实践从中国共产党思想政治教育工作制度化之始就确立下来并一脉相承，延伸到党的组织建设，以及党的各方面工作体系，并且构成了党的各方面工作的生命线。在高校思想政治理论课程建设过程中，这种政治性的多维度多层次格局的形成以20世纪50年代

① 《毛泽东文集》第一卷，人民出版社1996年版，第88—89页。

初以思想政治理论课程体系的建立为其奠定标志。

（二）20 世纪 80 年代以来思想政治工作科学化讨论：吸收一切有用科学研究成果

20 世纪 80 年代初，在拨乱反正以及四项基本原则教育的要求下，针对思想政治工作的新任务新环境以及过去思想政治工作僵化过左的情况，《光明日报》发起了思想政治工作科学化的讨论。① 这场讨论在理论上明确了"思想政治工作也是一门科学"这个论断；② 提出了科学化的具体含义是"要求在马克思列宁主义、毛泽东思想指导下科学地总结我们的历史经验，发扬优良传统，并吸收一切有用的科学研究成果，改进我们的思想政治工作；它要求我们在实践中掌握人的思想活动的规律，掌握做好思想政治工作的规律；它要求建立一门社会主义的思想政治工作新学科。"③ 1983 年 7 月 1 日，中共中央批转《国有企业职工思想政治工作纲要（试行）》提出高校开办思想政治工作专业，1983 年暑期教育部确定学科名称为"思想政治教育"。1987 年，中共中央颁布的《关于改进和加强高等学校思想政治教育工作的决定》指出，思想政治教育"是一门以马克思主义为基础、综合性和实践性都比较强的科学"④。1988 年 9 月 30 日，党的十三届三中全会通过的《中共中央关于加强和改进企业思想政治工作的通知》明确指出："思想政治工作是一门科学"。这样，思想政治工作和思想政治教育的科学地位正式获得政治上的确立，思想政治教育的科学性由此也获得规范性的保障。

这里有一个问题必须要认真思考：如果说以政治性为基本特征的中国共产党思想政治工作制度体系早在 1920 年代末就已经在军队中建立起来，并且同时毛泽东就提出了思想工作的科学化问题，为什么相隔半个世纪以后，

---

① 余一凡：《思想政治教育科学化问题寻踪》，《思想理论教育导刊》2012 年第 9 期。

② 孙有余等：《论思想政治工作科学化》，山西人民出版社 1981 年出版。

③ 孙有余等：《论思想政治工作科学化》，山西人民出版社 1981 年出版，序言。

④ 张耀灿：《思想政治教育学科创建 30 年的回顾和展望》，《思想理论教育》2014 年第 1 期。

在改革开放初期重新提出科学化问题的讨论呢？科学化和政治化的关系怎么界定？我们尚需从毛泽东对这一问题的认识开始。毛泽东最开始倡导思想工作科学化，核心在于方法的科学化，在于通过科学化的方法解决思想工作中的一些问题，尤其是主观主义问题。毛泽东是中国农村调查的早期开拓者和农村农民与革命问题的研究的伟大思想家。农村调查的经验和中国革命问题的分析使得毛泽东深刻认识到马克思列宁主义理论和调查研究方法的结合对于开展农村运动、动员农民革命的重要意义。这是理论和实践相结合的精髓，也是政治工作方法的精髓。从毛泽东古田会议决议和同时期其他文献的行文措辞来看，毛泽东使用科学一词①，是以自然科学的方法并一定程度包括社会科学作为科学的典型形象的，思想工作的科学化就是强调以严密、客观为标准的对现实状况进行研究的科学化方法。同时，毛泽东强调思想工作经验方法的积累。毛泽东所撰写的古田会议决议中有相当多内容专门讲述怎样进行思想工作和政治教育，可以说是早期中国共产党军队政治思想工作的教学纲要和训练手册。例如，在谈到士兵政治课讲授方法时，特别列出教授法十条：“（1）启发式（废止注入式）；（2）由近及远；（3）由浅入深；（4）说话要通俗化（新名词要释俗）；（5）说话要明白；（6）说话要有趣味；（7）以姿势助说话；（8）后次复习前次的概念；（9）要提纲；（10）干部班要用讨论式。”②

这表明，在毛泽东和中国共产党早期思想政治工作方法讨论中，就存在着“科学化”的方法与经验的方法的区分。“科学化”的方法来自于科学研究，包括社会科学研究，当然包括调查研究方法；经验的方法来自于实践经

---

① 根据《毛泽东文集》第一卷和《毛泽东选集》第一卷所收入 1937 年 7 月以前的文献，毛泽东对“科学”一词的使用基本依照自然科学及其方法的含义为基础意义。毛泽东 1941 年给毛岸英、毛岸青的一封信件（《毛泽东文集》第二卷，人民出版社 1996 年版，第 327 页）中谈到要先多学自然科学，社会科学为辅，将来可以社会科学为主，自然科学为辅。他强调只有科学是真学问。这也可以作为一个参考。

② 《毛泽东文集》第一卷，人民出版社 1996 年版，第 104—105 页。

验总结，并形成了传统。① 20 世纪 80 年代初讨论思想政治工作科学化问题时，科学化的含义也主要是和简单经验总结相对的，和毛泽东当年的使用方法一致：从《光明日报》社所编辑的《思想政治工作科学化》讨论文集来看，科学化主要要求使用各种行为科学的理论和方法研究思想政治工作面临的各种新问题，并以此为基础提出行之有效的解决方法。20 世纪 20 年代末毛泽东提出了科学化问题，20 世纪 80 年代初的讨论明确提出思想政治工作要超越过去的经验，要面对现实的环境通过科学化不断发展和提高，构建思想政治工作的科学，才能够做好思想政治工作，才能够完成思想政治工作所肩负的政治任务。②

这样，历史地看，科学化和政治化，科学性和政治性的核心关系为：科学性是思想政治工作任务有效完成的基础，科学化是达成科学性的必经途径。正是在这种认知背景中产生了思想政治教育的学科化，在高校思想政治理论课教学实践中，这种科学化模式发展至今在教学和研究制度上构建了马克思主义理论一级学科，以此统领思想政治理论课的教学、思想政治教育研究和马克思主义理论研究。换句话说，经过改革开放以来思想政治理论课教学的发展，高校思想政治理论课教学的科学化已经获得了基本的制度支持。接下来本文主要聚焦于思想政治理论课教学的科学化问题。

（三）从教育过程看思想政治理论课教学的政治性目标与科学性要求

在思想政治教育过程中，只有保证整个过程环节的科学性，才能最终有效实现教育目标。由此，科学性应该包括如下几个方面：教育目标的合理性，教育内容和方法设计的科学性，教育实施过程的科学性，教育评价的科学性，教育组织管理系统设计和运行的科学性。事实上，20 世纪世界范围

① 张蔚萍：《思想政治工作史》，中国方正出版社 2001 年版，第 77—108 页。

② 孙有余等：《论思想政治工作科学化》，山西人民出版社 1981 年版，第 15—24 页。

内经历了教育科学化的过程，教育教学设计通过心理学和更广范围行为科学研究成果不断走向科学化。不过心理学和行为科学研究远没有完全解释清楚人的行为习得过程和教育教学过程中的各种问题或者现象，教育实践一方面依旧需要依靠传统行之有效的教育经验，另一方面不断引入以科学研究为基础的各种新的教育技术和方法，同时还需要教育者的经验创造。同样，思想政治工作或者思想政治教育也在经历这样一个历程：随着环境和对象的发展变化，需要我们使用更为科学的研究方法研究思想政治教育的各种规律，特别需要我们引入教育科学的诸多理论和实践成果，引入行为科学和社会学等诸多学科的理论和研究，不断更新我们对思想政治教育规律的认识，不断更新我们的教育方法和技术，不断总结各种传统的和新的经验，才能达到思想政治教育的目的，完成思想政治教育的政治任务。

思想政治教育政治性与科学性的关系可以理解为目标与手段的关系：政治性是目标，科学性是有效实现目标的方法途径必备的性质。只有满足了思想政治教育的科学性才能够有效实现其政治性。只有遵循了教育规律、思想政治工作规律、学生成长规律才能有效实现政治性目标。从教育教学过程来看其相互关系与实效性的联系，具体而言，思想政治理论课教学的科学化需要解决如下几个方面的问题：

1）教育目标由政治性的目的决定，但也必须有科学性的支持，明确且具有可行性；

2）教育内容必须符合政治性要求，但也必须符合科学性要求。一方面，内容本身具有科学合理性，有说服人的力量，另一方面，通过教育内容的实施能够达成教育目标；

3）教学设计和教学实施必须符合政治性准则，同时，对于达成教学目标有着重要的理论和实践依据，必须遵循教育教学的一般性规律；

4）必须通过科学合理的方式发现教育教学中的问题并解决问题；

5）教学评价能够依据教育目标的要求科学合理地进行；

6）管理体制必须同时满足科学性和政治性要求。

这六个方面事实上是泰勒原理在思想政治理论课教学中的一种应用。泰勒（Ralf W. Tyler）提出任何课程和教学计划都应该清晰解决的四个问题①：（1）应该达到哪些教育目标？（2）提供哪些教育经验才能实现这些目标？（3）怎样才能有效地组织这些经验？（4）怎样确定这些目标是否实现？一般认为，无论设计什么内容和什么类型的课程，泰勒提出的这四个程序性问题必须解决。在这里我们认为泰勒原理是比较好地讨论思想政治理论课教学科学化的起点。以下具体从这六个方面进行具体分析。我们认为，从教育教学的基本规律看，思想政治理论课教学应该解决好这六个方面存在的问题，才能够有效达成其肩负的思想政治教育任务、使命。

（四）思想政治理论课教学科学化的六个方面问题

以下初步分析这六个方面的问题。

1. 思想政治教育目标问题

思想政治教育目的由政治性需求决定，是一项政治性任务。这种政治性任务想要通过正规教育的方式达成，必须得到清晰、准确、科学、系统地界定，这就是所谓目标选择问题。在目标选择过程中，应该系统考察四个方面的因素：政治任务、学生状况、社会状况和专家意见。政治任务指的是党和国家在一定阶段所确定的往往通过基本路线进行表述的党指导全局的总任务、总方针、总政策，同时还包括党和政府在一定时期内确定的重要任务和重要工作要求。学生状况指的是学生受年龄、文化程度、家庭背景和社会背景影响的政治观念和政治行为状况以及相关知识背景状况，既体现出共性，又体现出个性。社会状况涵盖国情、世情和党情。专家意见指的是马克思主义理论家、教育专家、国情世情党情的专家对相关教育的意见。往往是由教育专家群体将这四个方面的因素汇集在一起最终形成清晰的具有教育可操作

① ［美］拉尔夫·泰勒：《课程与教学的基本原理》，施良方译，人民教育出版社 1994 年版，第 2 页。

性的目标表述。这种目标表述指向是以学生状况为基础的预期学生经过学习要达到的各种要求。目前思想政治教育目标的确定一定程度上已经走上系统化科学化的道路，但还存在一些不足。在确定教育目标的时候，往往对教育对象起点的研究尚不够系统深入。例如教学调查中学生普遍反映很多内容高中已经学过，现在只是在做一些简单重复。另一方面，教学目标确定的过程中教学论专家的参与相对有限（这当然也与思想政治理论课教学论研究尚不充分发达有关）。教育目标是需要依据学习过程特点的不同进行确定并系统编排，而不能仅仅根据学科内容进行排列。

尝试推进思想政治教育目标分类。教育目标分类是将教育任务与教育过程联结并推进思想政治教育科学化的基石，也是教学有效性的实施基础和评价标准。正是由于人们在政治知识获得、政治思想态度形成、政治行为养成各方面的学习过程遵循不同的过程原理，所以在教学内容、教学过程的组织、实效性评价各方面在方法上均不可能相同。事实上，我们在思政理论课程设计上已经注意到了这些系统性差别，已经设计课堂教学、实践教学、志愿者服务等各种形式的教育活动，但更需要科学化的方式进行更为细致地规划，并以此厘定课堂教学与其他各种思想政治教育活动的关系。当然，另一方面，当今的心理学、社会学、政治学、人类学等人文社会科学研究还不足以完全支撑教育的科学化，尚需要我们不断总结传统的有效经验，并将其系统地整合在其中。

尤其值得注意的是，这个过程的政治性与科学性之间容易产生一个误解。思想政治教育取得实效性的关键第一步是要有效地将政治任务转换成为教育目标，将政治转换成为教育。政治性目标达成的关键不是直接诉诸于将政治话语注入受教育者的头脑中，而是通过教育的方式形成理论素养、情感态度、行为习惯。政治教育就是通过系统设计的方式改进或者改造学生这几个方面的内在品质和外在表现，这种设计过程必须遵循教育和思想政治教育的基本规律。如果直接以政治结论代替教育设计，认为这就是政治性，这事实上就取消了教育，这是对政治性最大的误解，也是阻碍政治性目标达成的最大障碍。事实上，一旦我们解决好了教育目标分类的问题，在解决教育有效性问题的同时，也就相当程度解决了政治性问题。试想，如果规划的教育目标是由政治任务决定的并且细化为可以实现的教学目标，符合政治性标准的教学目标也就有了非常严格的内容详单，这当然保证了教育目标上的政治性标准。

2. 教学内容的设计

教学内容是为了达成教育目标而构建的经验内容。所谓经验内容指的是通过完成这些内容所设计的教学活动，就能够达成教学目标。特别值得注意的是，教学内容不等于学科知识内容。对思想政治理论课来说，以教学目标为出发点，选择学科知识内容并进行设计改造才能够构成教学内容。这种改造主要是依据学习科学和思想政治教育经验，以使得教学内容符合思政理论教育和一般教育规律。

目前我们的教学内容设计还主要集中于学科知识点的设计，因为教学课时有限，便企图以知识点的联结来构建系统理论表述。这样的设计还主要是基于学科专业的设计，而不是基于教学的设计。同时这样的设计主要倾向于认知目的的教学，而不一定适合政治情感和态度培养。认知目的的教育包括言语信息获得（传统上所谓“知识的学习”，当今认知心理学观点下称为“陈述性知识的学习”，在思想政治理论课中一般表述为“了解……”“理解……”“认识……”等）和智慧技能以及认知策略学习（传统“所谓能力”，当今认知心理学观点下表述为“程序性知识的学习”，在思想政治理论课中一般表述为“运用……”“把握……”“解决问题的能力”等）。理想信念教育是思想政治教育的核心内容，在教学目的中一般表述为“坚定……理想信念”“树立……立场”“增强……认同”等，这些教育目标在教育分类中属于情感态度一类，① 影响情感态度形成过程的因素非常多，在

① 对于情感态度一类教育目标的表述，在研究和实践中都有多种。在我国中小学概称“德育”，但在教育部颁布的课程标准里称为“情感、态度与价值观”；在大学有称“德育”也有称为“思想政治教育”，但存有不少争议；在布鲁姆教育分类法中称为“情感领域”；在加涅的分类中称为“态度”；也有将这几个方面的综合统称为行为领域。不论哪一种称谓，大体都指包含情感、态度与价值观以及信仰四个方面。

教学环境中如何实现教育目标也存在诸多理念和争议。但总的看法是，一方面，固然可以通过认知的促进来改变情感与态度（即常言所谓“讲道理”），[①] 但同时，仅仅通过言语认知方式组织教学效果有限，情感态度和价值观的形成尚有更为复杂多样的机制，因此教学经验的提供往往要求更加多样。这对教学内容设计提出了较高的要求。

另一方面，对于大学生的思想政治理论教育，内容深度和专业性问题是值得认真探讨的。大学生是成年人，已经形成了很多思想观念，但在态度信念和价值观方面尚未完全定型，[②] 可以通过设计课程进行系统的教育。同时，大学生的认知水平已经发展到比较高的程度，判断能力和逻辑推理能力以及信息获得能力都非常强，对理论教育提出了较高的要求。大学教育均为专业分科教育，尤其是人文社会科学类学生，掌握有大量人文社会科学专业知识，有着较强的专业判断力以及研究问题的能力。这对于思想政治理论课的教学内容深度提出了较高的要求，同时也对教师提出了较高要求。这一点教师们都非常有经验：给法学专业学生讲授法律修养，给哲学专业学生讲授马克思主义哲学，给经济学专业学生讲授中国经济建设和资本主义社会经济状况，如果教师没有较深的相关专业训练，很难让相关内容有较高的吸引力和说服力。教学调查普遍反映出学生的获得感不足，事实上就是教学内容的深度问题。尤其是现实社会中学生关注的各种经济政治社会问题，如果教师没有一定水平的专门研究，并且和思想政治教育的基本要求充分结合，很难解决学生的现实疑问，达到思想政治教育的目的。这对教学内容的提供、教师资源、教学管理都提出了一定的挑战。

3. 教学设计

思政理论课教材往往不涉及教法，教学内容的设计以教材学科知识点为

---

① 例如，以道德认知理论为基础的教育研究认为言语教学法（通常使用课堂讨论形式）能够影响道德观念的形成。

② 国外和我国的研究都表明这一点。参见皮连生：《教育心理学》（第4版），上海教育出版社2011年版，第207—208页。

标准。这样，教法设计是任课教师的基本任务。这种管理模式对于教学内容管理有着重要的意义，但有利也必然有弊，从实际情况看来，存在如下方面的困难：

问题1：教师的教学任务繁重，教学设计量大，这影响到教学设计质量。思想政治理论课教师的教学任务量在各级各类教师中都算是比较繁重的，包括中学小学教师。教师手中主要的教学依据就是教材，同时还有大量的教学资源需要吸收，这些资源包括马恩列斯毛邓江胡习的重要著作，中共中央的重要文件，以及各门思想政治理论课程所属学科中各种专业性极强但教学中需要专门研究的问题，需要掌握数量极为庞大的学生群体的思想状况以确定教学需要解决的重要问题，但教师手中没有太多可供参考的教学设计作品。如何保证教师能够精心设计好每一门课和每一堂课呢？以前，在教学管理上思政理论课的教学已经做出了一些有效的制度建设，如集体备课制度。同时教育部思想政治理论课各课程教学指导委员会、教育部思政司以及高等教育出版社也在努力组织提供各种教学指南和教学资源，这些做法一定程度上缓解了教学设计量太大的问题，不过还存在进一步努力的空间。

问题2：这也导致了一个重要的管理问题：教学内容限定界限很清楚，但同时教师的教学发挥空间也非常大，教师完成教材内容的教学可能变得非常简单——照本宣科就行；但同时，教师教学设计的发挥空间可以非常大，怎样保证有一个最基本质量的教学水平呢？这就需要构建一个既能保证教学水平基准同时又能够很好促进教学改革的管理模式。

问题3：教师培养问题。目前思政理论课教师的培养刚刚走向专业化的路径，但明显容易受到忽视的是，思想政治理论课从教学实践上来看往往比大学专业课程更为复杂。思想政治理论课的教学设计和教学实施不仅仅需要教师具有充分的政治水平，还需要教师有全面的专业水平，同时还要求教师拥有承担认知领域和情感态度领域教学任务的充分的教学技能。但“全面的专业水平”要求比较高，并且目前思想政治理论课教师往往没有经过系统的教育心理学和教学法的训练，在进行复杂多样的教学设计时往往显得课程所属学科专业知识技能有余但教学设计素养不足。

问题4：管理问题。一个常见的管理问题是，思想政治理论课往往容易出现一抓就变得死板，一放松就变得毫无章法。这事实上也与以教材知识内容为主的教学管理模式有关。应该说，在高等教育中，思想政治理论课的教学管理体系最为集中也最为严格，但是仅仅以学科知识点为依据编写教材而不以课程设计的观点编写教材更容易使管理表面化和形式化：学生的学绩管理可以非常严格，教学的规范管理可以非常细致，但是给学生的教学内容供给依然是很枯燥的教材知识点条文。要真正构建起科学严谨的教学管理模式，除了严格的日常教学规范外，必须以教学设计和实施过程为重点，以目标达成为标准。

这涉及政治性与科学的管理过程之间关系的处理。政治性是思想政治教育的根本目标特质以及教育教学过程必须遵守的规范特质。在教育内容和教学设计中，政治性的核心是所有的教学活动和教学内容供给均必须以思想政治教育政治性目标达成为依归。按照教学有效性要求，也不允许有与教育目标无关的内容进入教学活动过程。这样教学内容和教学设计的政治性在教学程序上就可以得到执行。如果仅仅从教材内容和课堂语言标准解决政治性标准，只是思想政治理论课教学政治性问题的一个层面，而从教育目标达成的有效性角度以及教学设计角度出发解决政治性问题，是政治性的积极性构建的一面。这两个层面结合能够为思想政治教育的政治性任务达成和政治规范维护提供强大的保障。

4. 教学问题诊断与解决

之所以专门提出教学问题诊断和解决，而不仅仅只是在教学评价之后谈问题解决，是因为在整个教育过程中，都会发现很多问题需要通过系统的方法发现并解决掉，而不能够等待教学任务完成之后。教学问题诊断和解决包括如下几个方面：[①]

---

① 正是因为教学实践中具体行动问题需要教师进行研究并为教学实践服务，所以教育学研究中人们大力提倡教师作为教育实践研究者的“行动研究”。

1）学生状况收集。学生状况既是教学的起点，也是教学的重点。在教学之始，应该比较系统地把握学生的各种思想状况。有了这方面状况的把握，才能够为教学提供有效的目标依据。事实上，我们一部分教学目标的提法是比较表面的，这往往是与我们没有把握学生状况有关。比如教学目标定位于“让学生从整体上理解马克思主义中国化的理论成果的形成和发展过程”，我们必须明确学生对马克思主义中国化已经了解多少？学生心中对马克思主义中国化是一个什么概念？无论是中学历史教材还是政治教材，以及各种传播媒介都会有马克思主义中国化的内容或者信息，我们如果不了解学生上课的初始状况，就难以确定教学的起点，也难以确定让学生“从整体上了解”达到何种程度，也就难以设计教学内容和方法。如果教学目标定位于增强学生对“习近平新时代中国特色社会主义思想的政治认同、理论认同和情感认同”，但我们不了解学生对这一理论了解多少，是一种什么样的态度情感，存在怎样的一些问题，我们也就很难确定通过教学达成哪样的改变。同理，在教学过程中如果不对学生的状况进行随时把握，我们也不能够确定怎样对教学过程进行调控。这里还特别提出，有效的课堂观察以及即时获得学生的主观体验和学生的要求是学生状况把握的重要方面。同时，各方面数据需要在教学过程中持续不断地积累，以获得丰富的学生状况数据库，这对于教学研究有着非常重大的价值。

2）个别学生工作。思想政治理论课少不了需要做个别学生工作。这由思想政治理论课的政治性要求决定。从统计上来讲，往往只有个别乃至于极个别的学生在思想状况上存在着相对比较严重的问题，但这样一类学生往往有着重大的示范影响。所以个别学生的转化工作从来都是思想政治工作的重点对象。因此，在思想政治理论课教学中，把握思想极化的学生状况有着重要的价值，在教学上，需要从思想认知和情感态度上做好个别学生的引导工作。这既需要辅导员的工作努力，也需要思想政治理论课专业教师的努力。

5. 教学评价

教学评价是依据教学目标对教学过程及结果进行价值判断并为教学决策

服务的活动，包括对教师的教和学生的学两个方面进行价值评判，核心是对学生的学习结果进行评判。思想政治教育教学评价的困难在于教育目标的明确程度。在前面探讨教育目标的时候，我们发现教育目标分类的细化和明确化是一个亟待解决的关键问题。在目标评价上，我们也发现，认知目标的具体化往往缺乏比较严格的论证，同时，情感态度领域的评价更面临着不少棘手的困难。总的说来，为解决思想政治理论课教学评价问题，在实践中往往采用了多重评价方法进行间接评价。

1）学生评课。在思想政治理论课教学评价中，学生评课的方式得到非常广泛的使用，中央文件也把学生的获得感、学生的喜爱表现纳入思想政治理论课教学工作的指导性意见中。从教学过程的循环来看，学生的喜爱和获得感是激发学习动机，最终构建良性教学循环的重要因素，是达成思想理论课教学目标的必要条件。

2）过程评价。强调思想政治理论课教学过程评价，尤其是教学常规和管理常规遵循状况评价是进行宏观评价的一种重要方式。这种评价方式尤其对思想政治理论课教学管理制度的建立和日常教学秩序的维护有着重要的价值。

3）学生课堂行为评价。学生课堂行为评价是一种重要的教学诊断方式。但行为取样的合理性与代表性需要进行严谨的论证。

4）学生成绩评定。成绩评定是一门课程结束时学生学绩表现总结性评价，也是教育目标达成评价的重要依据。一般来讲，比较容易评价学生在认知方面成绩，行为和态度情感领域不太容易进行测评。如果教育目标中认知目标的明确化程度不够，认知方面的评价程度也会比较低。

6. 管理体制

思想政治理论课教学管理体制构建是思想政治理论课成体系构建的重要制度保障，其基本功能是保障思想政治理论课教育目标的完成。目前，我们的管理体制特征是一种双重保障体制：一方面通过高度集中的政治领导保证政治性方向；另一方面通过专业化管理保障思想政治理论课的专业化基础，以求达成思想政治理论课教学目标。从前面对当前思想政治理论课教育教学过程的描述来看，这种双重保障在政治性上较强，但目前在专业性科学性方面稍显薄弱，最终对政治性目标达成构成了一定的影响。回顾思想政治理论课专业化科学化建设进程，我们也发现，在“两手都要抓两手都要硬”的格局上我们已经前进了许多。

1）资源支持。不能为思想政治理论课教学提供充足的资源是当前的管理瓶颈。这包括师资资源、经费资源、培训支持和教学辅助资源。教师的工作任务繁重是影响工作质量的关键因素，科学合理地估算教师的工作量。思政理论课教师教学专业化的重要条件之一是要有充分的时间投入到教学设计和教学研究，在管理制度设计上要充分保障。同时师资的缺乏是亟待解决的重要问题。需要进一步打造专业化的师资队伍，使得高校思想政治理论课教师既是马克思主义理论的专业学习者和研究者，又是马克思主义理论的教育家，而不应该是工作在流水线上的宣传员。教师队伍既有的受教育状况往往不能满足这样的要求。这需要强有力的教师进修培训体系支持。另一方面，教学中需要大量的教学辅助资源，包括图书以及研究资料乃至于教研团队的构建。当然这些都需要更加充足的经费投入。最近十年来，思想政治理论课教学的经费投入增长非常快，但考虑到思想政治理论课和思想政治教育部门和人员的巨大规模以及工作总量的规模，经费投入尚需不断跟进。

2）教师激励体系的构建。进入 21 世纪以来，在思想政治理论课教学激励体系上已经开始大幅向教法创新和教师教学过程管理倾斜。这是一个非常好的激励倾斜方式。通过这种激励方式能够守护教学过程底线，守护住政治规范的底线，同时也能够激励教学方法的改进以达成更好的教学效果。但是如果教法创新和教研成果的科学化的标准不能够建立起来，不能够构建专业的评估制度，激励标准的随意性就会太强，最终有损于激励体系的构建。

3）建立助教制度，对教学专业化提供人力支持保障。助教制度的最大优势有如下几点：一是能够使得教学人员充分接触学生，了解学生在教学中的需求，尤其可以通过更多的面对面的形式解决学生学习过程中的问题。二是能够构建以主讲老师为领导的教研团队。目前教学研究主要采用两种组织方式：第一种是大团队大制作，这种团队对于大项目来讲必不可少，但在管理上难度更大，同时对于具体的课程尤其是教学进程中某一具体课程出现的问题来讲没有多大的帮助；第二种是个体单干，但在教学信息的收集和研究助手上的人力配备上有所欠缺，对解决教学中的具体问题来讲也缺乏力量。以主讲教师为基础的助教制度建立有助于解决这方面的问题。

4）各种工作途径的协调。在高校，思想政治理论课教学属于学校思想政治工作体系。在学校内，这样一个体系又具体划分为宣传部门、学工部门、思想政治理论课教学部门以及教学管理部门；在学校之上，这样一个工作体系又属于从地方到中央的宣传体系、教育体系、组织体系。整个工作的分工协作对思想政治理论课教学有着重要的影响。理清学校层级各部门的职能，协调思想政治理论课教学的资源，发挥各部门的优势和协同支持作用，对于思想政治理论课教学有着重要的价值。

思想政治教育和思想政治理论课教学有着自身的规律，所谓思想政治教育和思想政治理论课教学的科学化就是充分利用人类既有的知识成果研究这种规律性，根据思想政治教育的政治任务要求用科学的方法研究教学需要达成的具体目标，根据人类的学习规律研究学校环境中习得这些性能目标的基本过程和学习条件，创造出符合科学规律的教育方法和教学方法，构建起符合科学性要求的思想政治教育和思想政治理论课教学的管理体系。这样就能构建思想政治教育体系的政治性和科学性双重保障体系。但如果不处理好政治性与专业性、科学性的关系，以政治性取代科学性、专业性，或者以专业性科学性规避政治性目标和任务，都会造成不良后果。政治任务是思想政治教育科学化的任务和目标，科学化是实现思想政治教育政治目标的基本途径。

二、从学习过程看影响思想政治理论课教学实效性达成的因素

课堂教学是思想政治教育主渠道，其实效性状况就是指达到教育目标的程

度。教育过程的实效性达成必须经由学习主体的学习活动完成，所以从思想政治教育过程中学习者的角度理解有效学习的过程是研究实效性达成的基本方法。这里通过学习心理学研究影响学习者学习活动的内在因素和外部环境因素对实效性达成的影响。本部分主要论述思想政治教育理论课课堂教学活动。

（一）学习过程的基本模型

学习是指由经验所引起行为（包括外显的和内隐的）的相对持久的改变。在由教育目标指引所构建的环境中，学习者与环境相互作用产生持久的性能或者倾向性的变化，这就是教育环境中的学习结果。到目前为止，教育心理学对学习过程的主要特点达成了基本一致的看法。马扎诺（Robert J. Marzano）的学习过程图解代表了这种看法：

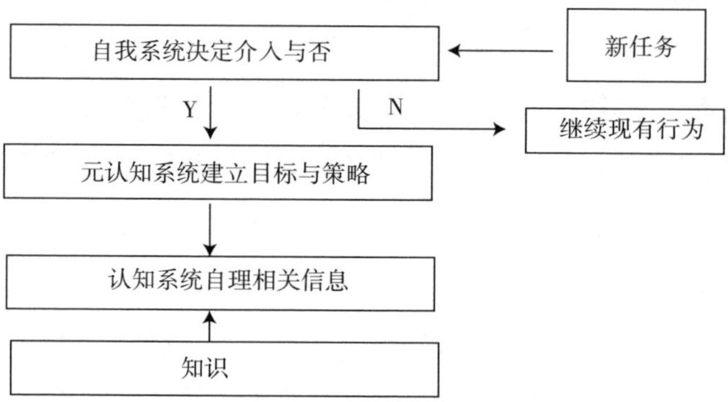

图 2.1　马扎诺人类学习行为模式①

学习者永远是主动的。图示中，新任务可以理解为环境对学习者当前关注或者正在做的行为的改变，例如，思想政治理论课教师要求学生讨论新时代的特征，学生要根据对这个题目的兴趣、讨论这个题目的价值等决定是否参与讨论，这就是所谓自我系统的介入。一旦决定参与讨论，学生就会根据

① ［美］罗伯特. J. 马扎诺：《教育目标的新分类学（第2版）》，高凌飚等译，教育科学出版社2012年版，第11页。

对讨论意义的预期、既往参与讨论的经验来建立讨论目标和参与讨论的策略，这就是通过元认知系统建立目标和策略。学生也会主动搜索自己关于新时代方面的知识，并对从他人处获得的信息进行理解、比较、分析、质疑、归纳和总结。这就是认知系统对信息的处理。这个处理过程中会从自身的长时记忆中提取各种信息，也从其他途径获取更多信息，这就是所谓知识。

马扎诺模型仅仅是一个以学习者为中心的理论框架示意图，远不是一个将各种学习过程变量都纳入其中的一个详细的教育过程模型。但这个理论框架为我们讨论思想政治理论课课堂教学中影响学生学习活动的诸种因素提供了一个非常重要的起点。这里以此为基础发展了一个以学习者为中心的探讨思想政治理论课课堂教学实效性达成的理论框架，并以这样一个理论框架研究课堂教学实效性达成的诸多问题。但此处并不打算将这样一个框架发展成为一个可供系统验证的精细模型。这样一个模型是目前不能够完成的，理由如下：思想政治领域的学习结果不仅仅限于知识领域，系统地采用科学学习的原理和方法研究思想政治教育过程也仅仅是刚刚开始，很多研究问题有待提出，很多关键性概念有待发展，很多关键变量有待进一步的研究，同时很多变量间作用的方式也有待通过理论研究进一步澄清并在经验研究中获得证实。

这里构建的分析框架认为，如下几个方面对于思想政治理论课课堂教学实效性达成具有重要意义：①

（1）学习者的自我系统。主要是学习者的学习动机。

（2）学习者的元认知系统。这里核心是学习者的学习目标定位和学习策略设定。

（3）学习者的学习行为。这里学习行为指的是在课堂教学过程中学生做什么的外在表现。

---

① 这个框架结合了马扎诺的模型和 R. M. 加涅的模型，以及自我调节学习理论的观点。参见［美］R. M. 加涅等：《教学设计原理》，皮连生等译，华东师范大学出版社 1999 年版。自我调节学习理论参见 Dale H. Schunk and Jeffrey A. Greene（Eds.）2018. HandbookofSelf-RegulationofLearningandPerformance（2nd Edition）. New York：Routledge。

（4）学习者的学习体验。各种学习活动过程的参与都给学生带来活动的体验。这种体验包括关联感、获得感、课程评价。学习活动过程中积极的学习体验促进目标的达成，消极的体验有碍于学习目标的达成，并产生对学习的冷漠甚至抵触的态度。事实上，学习体验一定程度上是学生学习结果的主观感受。这些结果既包括认知的，也包括情感的、态度的，是教育目标达成的重要主观依据。

这四个方面是课堂教学过程中学生主体方面。学生主体方面受到环境和教学设计的巨大影响。下面几个方面是环境因素：

（1）成绩评定方式。这是影响学生行为的重要环境变量，也是教育设计的重要考量因素。

（2）学习经验供给。就是教学内容及其组织模式。

（3）课堂环境。课堂活动组织变量（人数，组织方式）。

（4）学校与社会环境。

事实上，区分学生主体方面和环境方面也主要是为了讨论从教与学两个方面做的一个启发性分类。这两方面因素很多情况下不可以截然分开，而是在教学活动中相互建构的。通过环境因素促进学生的内在发展是教育的核心含义。教学设计的目的就是密切指向教学目标充分将这两个方面的因素组织构建起一个整体系统的有效活动过程。

（二）学生的思政理论课的学习动机

动机是指面对学习任务学习者的内在动力水平。动机系统是学习者学习过程中重要的内在主导系统，是学习者自我系统的主要构成。教育心理学中动机系统的研究结论丰富多样，并且存在一些矛盾和争议。① 一般认为，重要性认知、学习效能感、情感感知三个方面是构建动机的重要因素。所谓重

① 参见 Avi Kaplan，Idit Katz，and Hanoch Flum，“Motivation Theory in Educational Practice：Knowledge Claims，Challenges and Future Directions”，in *APA Educational Psychology Handbook*：*Vol*. 2. pp. 165-94. Amer Psychological Society，2012。

要性认知，就是指对所学课程对自身重要性的评价，重要性评价越高，动机越强；学习效能感就是对自身能够达到学习目的能力以及表现评价，评价越高，越有利于激发动机。情感感知简单地说就是对所要进行的学习活动或者所要学习的科目喜欢和感兴趣的程度，一般认为积极的情绪体验会促进学习过程。在这几个方面，学习者会形成自身的评估，做出对学习任务的总体动机水平评价。

由于动机水平对于学习过程和效果的影响比较大且多样，所以对动机种类和影响动机的重要因素需要进行更加深入的具体研究。

一种区分动机种类的方法是内部动机和外部动机。内部动机指的是学习本身带来的，如兴趣、求知欲、自我成就感。外部动机是通过学习活动追求的外在于活动本身的目标带来的，比如拿高分，获得朋友的夸奖。一般认为，内部动机带来的影响更为重要，并且内部动机和外部动机相互一致的情况比相互矛盾的情况更能促进学习的动机水平。对于思想政治理论课程的学习而言，课程的教育目的是要促进认知水平，促进政治态度的形成或者转变，内部动机非常重要。当前学生学习思想政治理论课的内在动机水平普遍反映相对较低，因此，促进内部动机水平非常重要。同时，大学学习外部动机主要是学绩追求，调查表明，思想政治理论课外部动机和内部动机相拮抗的情况也不容忽视，这样，深入研究内部动机的形成，促进学生爱学、想学、学有所获显得非常重要。

期望价值理论从另一个角度说明了学习动机的来源。该理论认为，个体完成各种任务的动机水平是由他对这一任务成功可能性的期待以及对这一任务所赋予的价值决定的。个体自认为达到目标的可能性越大，从这一目标中获取的激励值就越大，个体完成这一任务的动机也越强。对于学习活动而言，既有的学习经验和价值取向形成了学生对思想政治理论课两个方面的评价：学习任务的价值和获得成功的期待。如果学生对于思政理论课的评价不高，学习任务的意义感受比较负面，自己想要了解学习的东西在这门课中学不到，课程也没有挑战性，学分也没有太多激励，那学习动机状况就会很成问题。

情景动机研究对于教学活动组织有着非常重要的价值。所谓情景动机，指的是由环境影响构建而成的动机。例如教学中引入了分组讨论方式，每一组的组员在分组中获得了一种身份意识，公开的讨论带来了一种挑战性，也提供了表达的机会，这样就促进了收集资料研究问题辨析观点的动机水平。课堂教学要善于使用各种组织手段或者表演技巧塑造情景动机。对于思想政治理论课而言，对于不同性质的教育目标和教育内容，选择不同的情景动机激发策略从而营造不同特点的氛围，对学习有着重要的促进作用。

对思想政治理论课而言，课程本身的形象构建和学生的价值判断是影响学习动机的值得注意的方面。有证据显示，在一部分学生和社会人士心中构建有思政理论课刻板印象：无用，无趣，无价值。在高校，这种刻板印象也一定程度存在。这种思想政治理论课负面形象和价值评价极大影响了学生的学习价值预判和学习动机状况，是思想政治理论课教学应该直面解决的问题。

无论是从个案访谈还是问卷调查的数据来看，这些理论解释都在相当程度上获得证实，并且也反映出思想政治理论课课堂教学在这些方面都不同程度存在问题。这在一定程度上说明，学习心理学的一些理论模型和研究成果对于思想政治理论教育是适合的。遵循学习过程的规律应该是有效思想政治教育实践的基础性要求。接下来从学习目标和学习策略方面进行说明。

（三）学生的学习目标定位和学习策略

尽管对于元认知概念的定义存在着分歧，但学习心理学关于元认知对学习过程的作用有较为一致的结论：学生对知识本质的理解、学生对学习目标的选择以及学生对学习策略的使用极大地影响了学生的学习行为表现和学习绩效。对于思想政治理论课程的学习而言，学生的学习过程同样是一个自我监控自我调节的过程。无论是学生自我报告的学习活动，还是课堂观察均表明，大学生思想政治理论课课堂教学过程中，学生对思想政治理论知识的看法，对学习目标定位的选择，对学习策略的选择都影响了学生的课堂表现和学习体验，并最终影响到学习效果和教学目标的达成。思想政治理论教育研究应该重视这方面学习活动规律的研究。前一节在动机相关研究中讨论了学生对思想政治理论课形象认知，[①] 这一部分讨论学习目标定位和学习策略。

学习目标定位和学习策略。学生学习目标定位一方面深受个体动机的影响，同时也与个体之外的环境因素有密切关系。这些环境因素包括：课程设计，教学设计，课堂管理，评价方式，学习资源，他人影响等等。对于思想政治理论课的学习而言，动机因素中内在动机与环境因素共同作用，从而影响学习策略的选择，这一点尤其值得重视。一般而言，学生思想政治理论课学习目标定位有如下几个方面特点：（1）如果学生内在马克思主义学习求知动机强，教学环境刺激能够满足其求知需求，学生的学习目标就会定位于通过课程活动学习思想政治理论课各课程的内容，其学习策略就是积极主动的，学生不仅仅只是在课堂中表现出认真听讲等好学生的形象，而且会采取更多的学习方法和技巧进行学习，并不断进行调整；如果教学环境刺激不能够满足其求知需求，学生往往会寻求其他途径补充或者替代其目标需求，而课堂学习行为就会变得比较消极。（2）如果学生内在一般社会科学知识求知欲强，现实生活中各种想求解的问题多，教学环境刺激能够满足其需求，学生就会通过思想政治理论课学习达成其目的，其目标定位就趋向于通过课程学习满足其求知需求；如果教学环境刺激不能够满足求知需求，学生就会寻求替代方式，同时也有可能产生对学习思想政治理论课程的消极态度。（3）如果学生内在动机弱，但希望获得较高的学分，外在动机强，学生的目标定位就是如何获得高分，而不是以获取知识为目标，课程学习以指向获得高分为目的，此时对学生影响最大的环境刺激是学习评价。（4）如果学生内在动机弱，也没有太多获高分的需求，外在动机也弱，学生一般讲学习

---

① 对于知识的认识是元认知的一部分。对于学习过程而言，学习者不仅构建关于一般知识的信念，还构建有相关分科知识的理解。

目标底线定位于及格，但不会刻意要求高分。这种情况下对各种课程学习任务往往会采取仪式主义态度。当然这种状况下也会有极小部分学生对思想政治理论课程学习持否定态度。

这种动机和环境刺激组合的状况对于教学设计有着重要的意义。（1）教学设计要寻求将学生的各种内在动机协调在一起以引导学生的学习目标定位和学习策略定位从而达到教学目标；（2）教学设计要致力于将对学生的外在动机激励和内在动机激励相协调以引导学生的学习目标定位和学习策略定位从而达到教学目标。（3）教学设计需要针对学习消极者以及学习反叛者设计出切实可行的转变学习态度从而改变学习目标定位和学习策略的方法。

（四）学生的学习行为与学习体验

学生的学习行为往往是能够直接观察到的。一方面，学生的学习行为是达成教学目标的重要条件，良好的学习行为促进教学目标的达成，所以学习行为观察是评价教学活动的重要内容。这也是传统上老师和教育管理者评价教学活动的重要依据。事实上，学习科学对于教学活动中学生活动过程更加倾向于从认知的观点研究认知活动的内在过程，这些认知过程往往不容易通过外在的观察获知，对思想政治理论课教学活动来讲尤其如此。因此，宏观把握课堂状况和学生学习过程状况显得很有必要。所谓的课堂观察技术主要就是解决这些方面的问题。对于思想政治理论课学习而言，直接能够观察到学生课堂行为活动包括出勤状况、师生互动及其内容、同学互动及其内容、学生对基本课堂规范的遵守状况等等。可以观察到的学生的学习行为还包括课后活动。包括文献阅读、问题解答、课后讨论等等。在传统上，课堂给教师最直接的反馈就是观察到的学生直接的外显学习行为。而课后的学习行为是通过作业反馈的方式予以设计和管理。从教学设计和教学活动组织实施的角度看，学生的外在表现是教学设计是否达成的外在表现。但另一方面，学生的学习行为与学习策略密切关联，并处于学生的自我调节之中，环境刺激是改变学生学习行为的重要方面。教师对课堂过程进行严谨的设计和管理，并对课后行为进行及时监督检查是常用的手段。这些手段有着重要的价值，保障了学生认知活动过程的组织，一直是支撑课堂教学活动顺利完成并达成教学效果的重要手段。不过当今各种新的教学技术，尤其是新的组织技术的使用使得传统的一些行为观察指标不太适用，并且需要不断开发新的观察指标。

就教学效果而言，非常关键的一个教学循环点是学生学习过程体验。学生的外显学习行为是可观察的外在行为表现，往往是教学活动管理最常见的指标。另一方面，对学生学习体验研究一直是教学研究的重要构成部分。近年来，无论是建构主义还是活动学习论者都大力强调应该研究学生感受到、体验到的学习活动过程和知识建构过程，并累积了大量的观察研究结果。之所以关注学生的学习体验，是由于学生个体的积极学习体验能够使教学活动构成一个有效的封闭的循环：学生参与到教学活动中，获得了良好的学习体验，促进了认知和相关领域的发展，达到了教学的设计目的，同时，也使得学生对教学过程形成了良好的价值判断，构建了良好的学习动机基础，获得了新的学习技能，并能够更进一步投入到教学活动中去寻求新的知识。当前教学研究中学生学习体验研究内容和观点非常丰富。这里采用一种比较简化的形式主义概念框架，将学生的课堂教学过程体验区分为两个方面：课堂关联感和学习获得感。课堂关联感指的是学生在课堂教学活动中是否感受到一种整体性的投入。常见的所谓课堂气氛、学习气氛、课堂参与等等事实上都是课堂关联感的一个方面。总的来讲，课堂关联感包括课堂吸引力、互动参与感、教学内容与自身的距离感、教师吸引力等方面。课堂教学的关联感体现了整个教学活动组织能否将教师、学生、教学内容在教学活动过程中密切联系在一起，将学生“卷入”到课堂教学中。这个概念强调的是学生在教学活动过程中最直接整体的感受。另一个方面是学习获得感，指的是学生在学习活动过程中的求知欲满足状况，也是最重要的内部动机满足状况。换句话说，课堂活动关联感是教学环境刺激的学生主体感受，学习获得感是学生满足求知需求的个体体验。这种概念区分在理论上和教学实践上都有其价值，并且在经验研究中获得了初步的验证。

课堂关联感。如前所述，课堂关联感体现了整个教学活动组织能否将教师、学生、教学内容在教学活动过程中密切联系在一起，将学生“卷入”到课堂教学中。这是在教学活动过程中由学生、教师和环境因素以及偶发因素共同构建出来的。学生个体必须投入到教学活动过程之中才能够感受到这种关联感，才能够感受到教学的现实，教师也是如此。一般而言，教师比学生更为容易投入，也更容易构成自我满足。但是师生只有在课堂中无障碍的沟通与理解才能够促进学生个体的投入。这种沟通理解与教学内容、教师吸引力有关。如果学生对所学知识毫无兴趣或者对教师传达的各种信息毫无兴趣这种沟通理解无从达成，教师即使使用各种技术方法也不能够让学生很好地投入到所设计的教学活动中。在教学活动中师生之间通过积极的互动能够创造出一种课堂整体感受。同时，学生之间在教学活动过程中也有着各种不同的互动和沟通。这种互动和沟通联结在一起结构成了课堂和教学活动的互动沟通网络，这样的一种互动沟通网络创造出课堂的群体感受：积极参与者都感受到不仅仅属于一个班级，而且是属于一个以知识创造活动为中心任务的新群体。这种群体归属感、知识创造与自身关联感、教学活动过程的不断创新过程密切联系在一起就构建了一种强烈的积极的课堂关联感受。这也是群体动力学对课堂研究的重要贡献。有经验的老师不仅会不断创造这样一个学习群体，还会不断维护这样一个群体。一个小的笑话，一个招牌式的举止，或者一个积极参与学生的符号性活动都会激发这种群体存在感受和自我满足感。相反，低水平的群体关联感往往意味着学生和教师仅仅同处一个物理空间而已。

获得感受。学生的获得感受是学习体验的重要组成部分。这种获得感受主要指的是求知欲的满足状况。一个课堂不仅仅是一个表演场所。一个表演场所可以让参加表演的人尽可能地展现角色或者表现自我，但往往不能够达成教学过程所设计的目的。学生在丰富的教学活动体验之后，往往会有理智的反思：这样的教学活动究竟让自己收获到了什么？对于教学设计而言，这种收获感受往往强调围绕着教学目标的各种知识的获得以及迁移的形成，对学生而言，对照参与教学活动过程前后形成自身的判断。有相当一部分获得感受在课堂活动过程中就形成了。我们常说的受到启发，或者说领悟指的就是这种获得感受。这种学生自身的评价之所以重要，是因为这关系到学生对所学知识的基本看法。这是教学循环非常关键的一个环节。所以，对于教师而言，要充分理解学生学习前后的自身感受到的变化。另一方面，我们也应该注意到，学生对学习获得感受的评价是多维度的，并且往往出乎教学设计之外。所以，优秀的教学设计要在充分了解学生的基础之上设计出学生想要达到的状况，并将其与教学要求充分结合在一起，而不仅仅只是概览性的大纲要求达到的状况。

对于思想政治理论课而言，这两方面的学习体验过程都有着非常重要的价值，并且是课堂教学设计的一个重要参考。思想政治理论课教学设计是一项创造性的工作，是联系教学最终目标与学生实际状况的桥梁，通过教学活动保证学生产生丰富的课堂关联感与知识获得感是构建这座桥梁的关键，也是评价教学设计的两个重要维度。

（五）成绩评定

学生评价是教学过程的重要环节。一般而言，学生评价可以分为诊断性评价、形成性评价和总结性评价，依据评价的学习领域（认知、动作技能、情感态度）的不同而有着不同的评价方法。成绩评定方法一般是一种总结性评价，其目的对评价对象一定时期内的全面状况所进行的价值判断，旨在对教育活动作出总结性的结论，甄别优劣，鉴定分等，为各级决策人员提供参考依据。这种评价注重对教育活动的结果作总体分析。但如果仅仅以此理解成绩评定方法会稍显狭隘。成绩评定同时也是一种重要的激励方式，影响学生学习目标和学习策略的重要因素。同时，成绩评定也具有社会性特点，评价的使用往往涉及多方的权益。总之，成绩评定需满足三个方面的要求：

首先是一种科学合理的技术性手段评价学生学业成就的方法；再者在教育循环过程中应该有助于形成良好的激励机制；最后应该满足社会性使用的各种规范。

对于思想政治理论课学生成绩评定在技术上相对于其他课程而言有其特点，就是技术难度。从教学目标来看，思想政治理论教育涵盖范围从态度情感到认知领域。认知领域的学习状况评价有着较为成熟的经验，但在思想政治理论课教学中知识掌握评价方法还有待进一步科学化。行为和态度情感的评价是难点所在。当然，思想政治理论课教学中有着其他一些复合评价方法综合了一部分行为和态度情感领域学生表现评价，但在科学性上更有待进一步论证、完善。

非常值得探讨的是学生评价的激励功能。动机分析表明，学生的学习策略和学习行为受到成绩评定方式的重要影响，合理地改进成绩评定方法以促进学生的学习行为，改善学习策略是应有之义。首先，成绩评定中纳入学习过程考核是教学过程管理的重要措施。其中主要的是学习过程中的表现性评价：研究报告，课题设计，课堂展示，讨论活动等等，这些活动内容与课堂教学内容密切相关，对于学生的知识深加工和最终获得智慧能力密切相关，也就是说和学生在理解的基础上运用掌握马克思主义思想的能力密切相关。同时，学生的出勤状况、课堂参与状况、课后学习状况等等常规学习行为表现也应该纳入考核范围。也即是，成绩评定应该纳入整个教学过程的学习表现，而不仅仅是期末或者“期中+期末”的简单闭卷考试方式评定成绩。单纯使用闭卷考试的方式很容易让学生形成“期末突击+死记硬背”的学习策略。单纯使用期末开卷考试的成绩评定方式更容易造成学生思想政治理论课学习的荒废。其次，合理使用成绩评定使其产生阶梯激励效应。思想政治理论课学习状况可酌情纳入大学生的政治发展考核，包括优秀学生干部、入党积极分子等。事实上，只有设计出激励的梯级格局，激励效用才能够产生。

由于成绩评定的使用价值涉及到各方的权益，因此产生了成绩评定办法的规范性要求。规范性要求有两个核心要素：公平性与合法性。所谓公平性指的是评价内容和评价程序对所有的受评价者是平等对待的。所谓的合法性是评价内容和程序需得到相关各方的认可，其中当然包括学生的认可。如果学生评价不能够得到学生的认可，学生的行为就会偏离教育管理体制，最终会造成管理的失序。

（六）学习经验供给

学习经验供给就是指教学内容。如前所述，对于思想政治理论课而言，一定意义上也是从我国的教育教学实践而言，学习经验供给可以从课程和教学两个层面进行理解。在我国高等教育系统中，思想政治理论课课程的设置，包括教学大纲、教材都是由中宣部会同教育部共同制定的，并形成规范性文件，各个高校思想政治理论课教学机构和思想政治理论课教师具体组织执行教学任务，完成教学目标。所以，对于课堂教学而言，学习经验供给就是根据教学大纲、教材和学生的实际状况组织课堂教学内容。这也就是大家常说的把教材内容转化为教学内容，将教材语言转化为教学语言。但这里使用学习经验供给这个术语还有一种观念的转变。在思想政治理论课教学的传统中灌输式教学方法有着强大的影响，一般谈到教学内容的时候，很容易理解为将教学内容直接传输给学生就完成了教学任务。因为在课堂教学活动中，学生的学习过程体验极为重要，学生正是通过积极的学习体验从而构建甚至重建自身的认知结构，形成自身的态度和判断，因此，教学过程实质上是给学生提供丰富的学习体验的过程，教学内容的实质是向学生供给丰富的学习经验。只有充分尊重这一点，才能将学生的内在需求与教学的目标密切结合起来，充分发挥教学过程的影响。政治教育尤其如此。政治教育涉及认知构建、情感态度的培养和转变，对大学生而言只有将教学大纲和教材中的内容和学生的需求充分结合，理性探求，循循善诱，才能达到教育目标。所以，在这个意义上讲，“把教材内容转化为教学内容，将教材语言转化为教学语言”这一说法是不充分的。

在学习经验供给中，要充分激发学生对经典马克思主义理论、对习近平新时代中国特色社会主义思想、对中国近现代史的求知欲。就学生的实际状况来看，一部分学生对学习思想政治理论课的内容比较感兴趣，但也有一部分学生不感兴趣甚至有极少数学生有反感的情绪。在学习经验的供给中要充分注意到这种现实状况，做好对相关教学内容不感兴趣的学生的转化工作，通过学习体验改变他们的态度，进而重新塑造他们学习态度和学习策略。另一方面，一部分学生对相关历史、政治、社会信息涉猎面广，对自身和周边各种社会现象可能有不少疑惑，并且有着较强的求知欲。事实上，有相当一部分学生所学的专业就是人文社会科学专业。在学习经验的供给上，要充分尊重和保护学生的这些认知需求，要能够在马克思主义理论和习近平新时代中国特色社会主义理论基础上重新表述学生的问题，解释学生的疑问，研究暂时没有明确答案的问题。马克思主义是靠理论的彻底性和说服力影响学生的，马克思主义教育是靠理论的魅力和理想的光芒去说服和感化学生，并激励学生为中国特色社会主义事业而奋斗的。学生广泛的信息收集能力，学生所具备的社会科学素质，学生对现实社会政治问题的疑问和探讨，都应该成为学生学习思想政治理论课的动力。

（七）课堂环境

课堂环境是影响教学过程的重要变量。可以从两个方面来研究课堂环境对教学过程的影响。一是物理环境，二是社会环境。物理环境是比较重要的影响课堂活动的参数。包括区位特点、容量、布局、设备设施等。教学过程是一个创造学生丰富生动的学习体验过程，物理环境方面的设计应该切合教学的基本需求。在这方面，思想政治理论课程与专业类课程相同。一般而言，各大学或者学院为了公共课的需要都设有容量较大的教室，但在设计这些教学区域的时候应该考虑到学生使用的便利性，包括生活方面的以及教学资源方面的，比如文献资源使用的便利。公共课大教室一般是固定桌椅，不太利于分组讨论。教学班人数多少是另外一个重要影响变量。人数太多不太利于课堂管理，也不太利于多样化教学方法的组织。不过对于讲演式的教学，没有证据表明小一点的班一定比大一点的班要好。在讲演式的教学中，学生也不认为上课人数是影响学习的一个重要因素。这也意味着，对于教师讲演为主的教学设计，可以充分利用大课的这一特点充分发挥一部分教师的讲演特长。

课堂的社会环境中最重要的一点是集体教学活动的组织设计。除了讲演式的教学对学生集体学习活动的组织比较简单外，其他各种教学模式都需要精心的组织设计。一个优秀的教师一定是一个熟练的组织设计者和管理者，教师需要设计出各种教师与学生、学生与学生的互动环境，创造出一种群体研究的氛围。在这个意义上，课堂的社会环境是经过教学设计由教师和学生共同创造出来的。正如前面在讨论学生的学习体验时特别讨论的，课堂活动组织设计的目的就是围绕教学目标，设计出让学生有着丰富关联感和获得感的教学组织活动。在其教育层面，这也是产生重要认知发展过程和态度情感变化过程的组织活动过程。

（八）学校环境与社会环境

传统上思想政治理论课更强调政治规训的功能，而不强调知识创新贡献。这往往在学校和社会造成了一定的误解：马克思主义学院仅仅是一个意识形态教育机构而不是一个知识创新机构，也不是一个让学生训练知识技能以谋求职业的机构，学生学习思想政治理论是被学习，而不是学生主动要求和希望学习。事实上这也需要思想政治理论教育工作者不断深入阐发思想政治理论课程目标的政治意义、社会意义以及对学习者自身的意义，需要向社会向学生广泛宣传马克思主义学院建设的重大意义以及马克思主义学院肩负的历史使命，增强学生对马克思主义教育的认同。同时，学校环境的另一重要影响因素是各种专业课程内容与思想政治理论课教学内容之间的关系，各种非马克思主义思想与马克思主义思想的相互作用。另一方面，现实社会生活环境也是学生习得政治态度和政治行为的重要环境条件，这需要我们充分研究学校教育环境和社会生活环境的相互作用对思想政治教育的影响并以此为依据调整学习环境刺激设计。

三、思想政治理论课教学设计原则和教学模式开发

教学设计是应用系统方法分析研究教学的问题、需求，确定教学目标，设计达成目标的教学策略、教学方法和教学步骤，并对教学结果作出评价的一种计划过程与操作程序。现代系统化教学设计使得教学过程实现科学化。我国高校思想政治理论课教学体制是一种高度集中管理的体制。教学大纲、教材以及中宣部和教育部下发的其他教学指导文件是教学指导的规范性文件，教学活动的组织必须遵循这些文件的要求。① 一般说来，教学活动的组织过程就是遵照教学大纲和教学规范性文件将教材内容转化为教学内容，将教材语言转化成为教学语言的过程。从教学设计的角度来看，这样理解还不够完善。教学活动是紧密围绕教学目标达成的组织活动，教学活动构成了影响学生学习过程的环境刺激。这样一个活动过程是需要精心设计并由教师和学生共同创造的过程。如同一般教学设计一样，思想政治理论课的教学设计是需要系统性地研究影响教学目标达成的诸种要素，系统性地将各种环境因素和学生实际状况结合在一起将教学内容转换成一系列活动的过程。因此如果只是简单地将教材内容转换成教学内容，将教材语言转换成教学语言，而不系统进行教与学双方的设计，就很难有效达成教育目标。

---

① 事实上，我国对中小学教学过程的管理也基本上采用集中管理模式，所以教育心理学家皮连生将教学设计划分为宏观和微观两种水平。课程专家进行宏观水平设计，具体课堂教学实践的教学设计是微观水平（见皮连生：《教育心理学》（第四版），上海教育出版社 2011 年版，第 389 页）。但在我国大学的教学中，有相当一部分课程的宏观微观水平教学设计均由授课教师在一定程序要求下独立或者合作完成。当前大学本科思想政治理论课和研究生思想政治理论课教育部都有统一的教学大纲和统一的马克思主义理论研究和建设工程重点教材（形势与政策课程除外）。

（一）思想政治理论课教学设计的基本原则

R. M. 加涅是教学设计理论的重要开创者。[①] 他在两个方面对教学设计贡献尤为突出。一是提出了有关教学结果的分类，今天一般称之为加涅的教育目标分类。他将教学的结果分为五类，通过学习，并且往往是通过精心设计的教学活动“来习得的各种性能”。包括：（1）智慧技能；（2）认知策略；（3）言语信息；（4）动作技能；（5）态度。大体上说，（1）（2）（3）相当于我们常说的智育，（5）相当于德育，（4）相当于体育。但加涅认为，这五个方面习得的性能并不是截然分开的，这也就是说，每一项学习内容可能兼含两个以上的性能习得。尤为重要的是，加涅认为这五种学习结果的学习条件有所不同，教学设计必须遵循各种不同的学习目标所要求的学习条件。

加涅对教学设计的另一个重大贡献是系统地提出了教学设计所遵循的基本原则，包括：第一，教学设计的目的在于帮助个体的学习，这是因为学习的过程是在个体中实现的；第二，教学设计有许多阶段，既有即时的也有长时段的，应该考虑教师的负担；第三，系统设计的教学能够极大地促进个体的发展，确保所有的学生都有最充分运用自己潜能的平等的机会；第四；教学设计应该以系统的方式进行；第五，教学设计必须基于人们如何学习的知识。对于教学设计方法，加涅提出了系统设计的基本模式。这种系统的教学设计方法迪克与凯利表述得最为经典——“用系统分析描述教学，分析、设计、开发、评价和修改的全过程”，并以下图表示教学系统设计的基本程序步骤。

对于思想政治理论课教学设计而言，加涅的思想提供了一个很好的起点：以具体的习得目标以及习得规律作为教学方法设计的重要依据，以影响教学系统的重要变量为关键设计教学事件。针对思想政治理论课教学的实际

① ［美］R. M. 加涅等：《教学设计原理》，皮连生等译，华东师范大学出版社 1999 年版。

状况，这里提出思想政治理论课教学设计的一些基本原则。

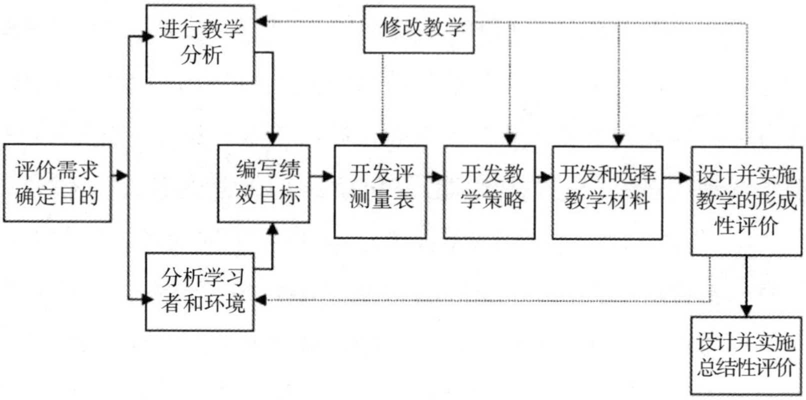

图 3.1　迪克与凯利的系统教学设计模型①

第一，明确分类目标。思想政治理论课教学大纲和教材的内容是丰富多样的。教学大纲和教材没有具体的教学目标分类学说明以及教法说明，这需要教师在执行大纲和完成教材教学内容前对教学目标分类进行进一步细化。这里需要说明的是，在思想政治理论课教学目标中，我们一直比较重视认知目标，并且倾向于以系统化的让学生理解掌握的内容纲要作为认知目标。对于大学生而言认知目标当然是思想政治理论课教学的重要目标，但不能忽视的是我们同样应该关注态度情感类目标。我们甚至可以这么说，思想政治理论课培养学生的情感态度是非常关键的核心目标。理想信念教育的核心是态度和情感的转变和提升，核心价值观的培育、爱国主义情操培育、对中国社会主义制度的认同和支持的教育、对党中央治国理政新理念新思想新战略的认同教育等，目标核心是情感和态度教育。当然，在很多情况下，认知目标和情感目标是联系在一起的，可以通过认知达成情感目标，也通过情感影响认知，但在教育目标的分析上，我们一定要紧紧把握思想政治理论教育中情

① ［美］W. 迪克等：《系统化教学设计》，庞维国译，华东师范大学出版社 2007 年版，第 1 页。

感态度教育的重要意涵。某种意义上我们甚至可以这么说：思想政治教育的核心是立场和态度。理论上很多问题是可以讨论甚至有争议的，但立场和态度问题是教育的核心和基础，是提升和转变的目标。以认知的目标取代情感态度的目标，是对思想政治教育目标的误解。这需要我们在教学目标的系统分析上，确定每一项目标是属于认知目标、情感态度目标还是行为目标，或者是综合达成某种目标。对课程教学大纲的执行和教材内容使用时要特别分析清楚每一个教学单元核心的目标是哪几类。目前尚未对思想政治理论教育目标进行充分系统的分类研究，因此应该在规范性文件的指导下，鼓励借鉴各种教育分类方法，以及传统的思想政治理论教育经验，对思想政治理论课教学目标进行充分系统研究，并以此作为教学法研究的基础。

第二，科学确定教学法。加涅的教学思想有一个方面值得思想政治理论课教学深入探讨。加涅认为，教学目标的分类事实上就是习得性能的分类。之所以进行分类是因为每一种习得性能的学习过程具有自身的特点，需要满足相应的不同的条件，必须分类探讨完成每一种习得性能的学习过程特点和学习条件，才能以此为依据设计科学合理的教学法。对于思想政治理论课程而言，这种习得性能和习得过程的科学分析依然是一项艰巨的尚有待开发完成的研究任务。思想政治理论课教学更多是依照经验传统进行的，各种教学法的探讨主要限于经验交流层次。我们应该不断累积这些经验，但同时也应该进一步尝试对其进行科学的研究。尽管相关系统研究尚有待大力发展，但如下几个方面是可以有大致结论性的意见的。一是认知领域的学习过程目前已经达成基本的共识：无论何种知识领域，认知领域的学习过程有着共同的心理过程。在思想政治理论课教学中，无论是哪一门课程，哪一部分教学内容，只要教学目标是认知目标，就应该遵循这样一个基本的学习过程原理进行教学法设计。同时，对于情感态度在学校环境中的教育，也有着大量的共同经验以及科学研究支持。二是教学组织过程有着大量的共享经验。思想政治理论课教学活动主要是一种集体教学模式（班组教学），这和其他任何课程的班组教学设计一样，教学组织活动方式有着大量的可以通用的方法。为了达成某一种教学目标，需要使用某种教学组织技术，例如群体讨论，或者集体讲授，在不同学科教学中这些组织技术的使用都积累了非常丰富的经验以及科学化的研究，在教学设计中，要充分利用这些既有资源。

第三，研究影响教学目标达成的关键性变量，在系统研究的基础之上进行系统性设计。这里必须理清教学设计的范围。依照加涅的说法，教学设计有短程和长程，也就是所谓即时段的和长时段的。即时段可以短到具体一节课中某一段教学目标的完成，长时段的可以是整个一门课，甚至是整个一类课程乃至于某一个大的阶段的各类课程。这也就是说，教学设计不仅仅有时间跨度问题，还有内容跨度以及管理跨度。教学系统的设计也必须考虑系统层次问题，分析不同的系统层次的关键影响变量。对于思想政治理论课而言，所涉及的系统层次有：全国的和高校的思想政治工作体系各层次；思想政治教育系统层次；思想政治理论课程体系层次；一门具体的思想政治理论课教学体系层次；一个教学最小单元系统层次。在每一个具体的系统中，关键变量都会有所不同，但在各个系统中都存在着共同的影响变量。例如，学生的学习态度是影响各个层次系统重要关键变量。对于思想政治理论课教师而言，具体的课程层次和教学单元层次的系统设计最为关键。

第四，及时科学的评价回馈是构成教学系统设计的必需环节。教学是一个循环往复的过程，思想政治理论课的教学也是如此。及时的评价回馈既是不断监控教学过程并合理调整教学方案的重要依据，也是构建思想政治理论教学良性循环的重要节点。

第五，必须有针对性地解决当前教学过程中存在的一些关键性的具体难题。在思想政治理论课的教学中存在着一部分持久性的难题，这些难题一定程度上已经影响到了教学过程良性循环的构建，直接影响了教学目标的达成。因此，在一定时期内，解决这些问题应该是教学系统设计的关键所在。这些问题包括：学生学习动机不足问题；学生课堂教学关联感不足问题；学生学习获得感不足够充分问题；教学评价不尽合理和功能缺失问题等等。正如前面章节的分析，这些问题往往是系统性问题，也需要系统性的解决方案。

（二）思想政治理论课教学设计的教学方法资源

教学方法、教学策略、教学模式等概念没有一个比较标准的界定和使用。一般而言，教学方法是一个比较宽泛并且最常用的术语。教学策略强调方法所针对的教学目标问题情境。教学模式是为达成一定类型（或者同时达成多种类型）的教学目标而科学设计的并且得到经验认可的教学基本结构和流程模式。在这里特别针对思想政治理论课程，在进一步理清以上概念的基础上，根据教学设计的基本需求，比较详细地分类阐述进行思想政治理论课教学设计时可供使用的教学方法资源。我们这里广义使用教学方法的概念。教学方法可以从不同层面上进行分析讨论，最高的层面是原理和原则，最低层面是解决某一具体教学中问题所使用的具体方法或者技术。我们这里从最高层面和最低层面入手，然后再进入中间层面。

首先，教育教学原理和原则往往是教育哲学表述或者教育过程中遵循的客观规律或者得到相当程度共识的价值规范表述。比如，因材施教是关于教育教学中应该遵循的规律表述，全面发展原则是教育教学中应该遵循的价值规范表述。通过内在的逻辑把诸多原理和原则联结在一起就构成了某种教育理论。对于教学设计而言，如果违背了已经有着高度共识的价值规范，当然会受到很多质疑乃至于制裁。如果违背了经受广泛验证的某一规律性的原理，极大可能会失败。如果违背了某一种比较抽象的一般性哲学原理，未必就不可取。如果违背了某一种理论，未必就存在非常大的问题。总的说来，教育原理和理论往往是需要拿来综合使用的，规范性原则是需要遵循的。

最低层面的教学方法和技术是指为了解决某一具体教或者学的问题而采

取的方法。例如，每一门课程的第一节课时，如果同学间比较陌生，为了构建有着一定程度凝聚力和认同感的课堂，教师一般应该先自己和大家认识，大家也应该相互介绍熟悉，并彼此间可以适当地沟通。① 我们一般把这样的技术叫做破冰技术或者暖场技术。这是必要的课堂沟通技术。在班级教学中，需要使学生的注意力集中并保持，或者调动起学生的既有的知识结构，或者激发学生的学习动机，有各种提问技术和动机激发技巧。历史教学中需要学生充分掌握并理解与某一历史事件密切关联的各种史实，教师可以要求学生查阅相关文献并摘录。这些技术的使用在教学中往往构成一个活动单元，这些活动单元都有着比较明确的目标，活动构成内容清晰，效果依据也非常明确，并且活动有效性一般也可以迅速进行评估。值得注意的是，尽管这种单元活动中目标一般并不仅仅只有一个，但目标相对比较集中，以免教学活动失焦（其实从认知过程来看，工作记忆处理信息的能力相对有限，因此单元教学活动也不宜有太多种类的目标）。所有的教学活动事实上都是由这些最低层面的技术使用所构建的若干单元教学事件组成。教学设计就是通过一定的思路将这些事件单元组织成某一个课堂单元，或者某一节课，或者一个课程单元，或者整个课程。在这种组织过程中，自然需要对整个组织原理和规范进行规划。这也是抽象的教学原理和规范的实践价值。

将教学实践单元组织在一起的策略思路我们往往将其称为教学策略，以别于教学方法这一泛指。之所以将其称为策略，一个非常重要的原因是，设计教学流程时有着更为复杂的学生因素和环境因素。这是教学实践的最大特点。例如，认知心理学告诉我们，在学生学习新知识的时候，为了促进新知识的加工过程，使之纳入既有认知结构存贮于长时记忆中，可以使用各种精加工方法。例如补充细节，或者与其他既有内容构成更为丰富的联系，或者通过例证，或者做出推论。在教学中，即使使用同一种精加工方式，都可以

---

① 当然，如果班级规模太大，并且仅仅使用讲授法，这种必要性往往不太大并且也不可行。

针对不同的学习情境采用不同的策略。这一基本原理在具体的教学实例中可以有相当不同的策略进行应用。这里以具体的教学事例来进行说明。习近平在十九大报告中指出“中国特色社会主义进入新时代，我国社会主要矛盾已经转化为人民日益增长的美好生活需要与不平衡不充分发展之间的矛盾”，而从十一届六中全会以来，对社会主要矛盾的规范表述是“在社会主义改造基本完成之后，我国所要解决的主要矛盾，是人民日益增长的物质文化需要同落后的社会生产之间的矛盾”。要讲清楚理论创新，要让学生明确主要矛盾转化的深刻含义，就一定要使学生深刻理解基本矛盾转化的历史过程。这可以使用多种不同的教学策略实现。如果是高年级社会科学专业类学生，可以使用研讨型方法，在教师的指导下，根据学生的专业特点讨论论证这种转化过程，并对照十九大报告和教材内容领会学习；如果是低年级学生，可以采用三代人同堂（1940 年代出生者，1960 年代出生者，以及大学生同龄人）访谈，通过现身说法展示出这种转化过程（注意要有丰富的生活史细节），并让学生对照十九大报告和教材内容以更为专业的术语进行总结。并且，随着班级人数的不同，这种策略可能又会不一样。

在术语使用上，总的看来，教学策略这一用法并不是太严谨。既可以指建立于环境问题分析和学生分析，并结合教学内容确定的达到教学目标的具体方法，也可以指达到一定目标的总的方略，例如先行组织者策略。这事实上也是由于教学环境的复杂性构成的。也正是因为如此，在教学研究中，构建相对稳定结构的教学模式有着比较重要的实用价值。

（三）思想政治理论课教学模式的开发

如上所述，正如教学方法概念的使用一样，在汉语中，教学模式一词的含义也比较宽泛，但近年来更加趋向于严谨。美国乔伊斯（B. Joyce）和韦尔（M. Weil）对教学模式（models of teaching）的系统研究深刻地改变了这个术语的用法。在这两位对美国教学实践有着巨大影响的教学研究者看来，教学模式是在一定的教学思想或教学理论指导下建立起来的各种类型的教学活动的基本结构和流程框架。在学校的环境中，由于教学过程中教学理论的依据不同，以及教学模式指向的不同，他们将教学模式划分为四种类型：①（1）信息加工类，“强调人类的内在驱力，通过获得信息和组织信息来认知问题并找到解决问题的办法，从而获得对世界的感知，发展概念和语言”；（2）社会类，利用集体力量来构建学习型群体；（3）个体类，“是从个人发展的角度提出的学习模式，这种模式试图通过改革教育使我们更好地认识自己，为我们自身的教育负责，并学会超越自己当前的发展状况，而使自己更坚强、更敏锐、更富有创造力，进而追求更高的生活品质”；（4）行为系统类模式，是以行为主义理论为基础的，集中于可观察的行为，对解决学习中的学习行为问题以及学业表现有着非常明确的效果。在教学实践中，教学模式的价值非常显著：由于教学环境、学生状况、教学内容都有着非常大的差别，具体教学实践有着非常大的权变性，但同种类型教学活动需要的学习条件有相同的要求，并且必须满足这些条件要求。因此教学设计中对于同种类型教学活动的教学设计应该开发研究出基本的活动框架结构，这样的活动框架如同一座房屋的框架结构一样，总体规划了某一种任务类型课程的核心组成结构，帮助我们在各种环境中因应环境的不同而设计出符合科学要求的教学活动来。

对于思想政治理论课而言，教学模式的研究开发具有更为特殊的意义。参照乔伊斯和韦尔的观点，我们认为教学模式具有这样几个特点：对于达成教育目标有着明确科学理论依据，有着明确的教学实效性证据，有明确的教学实践结构和活动程序设计。思想政治理论课教学有着丰富的教学经验传统，在具体的班级教学中也有着相当大的权变特点，但教学经验总结的科学化不足，当今思想政治理论课教学研究也需要像乔伊斯和韦尔的做法一样，

---

① ［美］布鲁斯·乔伊斯等：《教学模式（第八版）》，兰英等译，中国人民大学出版社2014年版，第1页。

深入总结并开发适用于不同目标不同情景的科学教学模式。一些非常传统的教学方法，例如灌输法，这是思想政治教育教学的核心方法，并且一直被认为是非常有效的教学指导理论，但对这样经典教学方法的科学总结论证却很不充分：我们对灌输方法的政治论证很多，但学习理论论证很不充分；对灌输方法的有效性证据研究也不够充分；对灌输法教学的基本事件和结构过程设计也缺乏可操作的说明。[①] 因此，需要从价值、有效性依据、有效性证据以及教学模式的结构等方面进行更为充分的研究，总结，构建出可以广泛使用的灌输教学范式。再例如，实践法是列入中央文件的重要的思想政治理论教育方法。《关于加强和改进新形势下高校思想政治工作的意见》（中发〔2016〕31号）指出："……注重理论教育和实践活动相结合……要强化社会实践育人，提高实践教学比重，组织师生参加社会实践活动，完善科教融合、校企联合等协同育人模式，加强实践教学基地建设，建立健全国家机关、企事业单位、社会团体接收大学生实习实训制度，开设创新创业教育专门课程，增强军事训练实效，建立健全学雷锋志愿服务制度。"同时，实践育人也是马克思主义传统在教育理论上影响最为深远的教育思想，[②] 但是对科学有效的实践教学模式尚有待进一步深入研究，对实践教学的目标、学习条件和教法有效性科学基础、教学的活动组织结构、有效性证据均应进行系统性研究，构建出可以推广使用的教学模式，成为实践教学设计的重要依据。

另一方面，近年来，新的教学法不断兴起，对思想政治理论课教学改革的热情和各种教学法尝试日益增多。例如翻转课堂近年来得到思想政治理论

---

① 关于灌输方法的较近研究综述，见徐春艳：《从传统走向现代的灌输方法：近年来关于思想政治教育灌输法研究的综述》，《思想政治教育研究》2016年第3期；周琪：《马克思主义灌输论与思想政治教育》，《思想理论教育导刊》2011年第4期。关于灌输方法的有效性初步研究，见叶梦云、叶灵云：《实证视角下理论灌输法的实效性研究》，《现代教育科学》2017年第10期。

② 见 Benjamin Devane、Kurt D. Squire：《学习技术中的活动理论》，载［美］戴维·H. 乔纳森等主编：《学习环境的理论基础》，郑太年等译，华东师范大学出版社2015年版，第242—282页。

课教师的广泛关注以及尝试，并进行了很多相关的教学研究。[①] 相关研究大体可以分为三类：一般介绍，教学理论研究，教学经验研究。总的情况是，关于翻转课堂对于思想政治理论课价值的一般理论探讨多，实践经验总结多，但对翻转课堂适用的教学内容、学习条件、教学的活动组织结构、有效性证据等方面的系统性研究才开始起步。换句话说，作为一种有研究价值和一定实践推广价值的教学模式，对翻转课堂的研究和开发尚有待进一步深化发展。又如，专题教学模式有着较长的发展历史，学校和党政机关常用的专题讲座方式某种程度上可以说是专题教学的雏形。作为思想政治理论课教学方式的创新，专题教学模式被写入中共中央国务院关于进一步加强和改进大学生思想政治教育的意见（中发［2004］16 号文件），[②] 近年来也受到了较多的关注和尝试。研究者对专题教学的使用教学内容、教学指导思想、教学活动组织过程和方法均进行了研究，并总结了许多研究经验。[③] 但从教学模式的角度来看，和前面翻转课堂研究一样，对于专题教学的系统性教学模式研究和开发尚需进一步科学化。

这事实上说明了三点：（1）思想政治理论课教学模式研究和开发已经

---

① 仅仅以“思想政治理论”为主题，以“翻转课堂”为关键词，搜索 CNKI，截至 2018 年 8 月，就有 159 篇研究论文。搜索结果中最早的论文发表于 2013 年。以下仅列数篇供参考：孙康：《基于在线开放课程的翻转课堂：以中国近现代史纲要课程教学改革为例》，《思想理论教育导刊》2017 年第 10 期；何燕、王燕妮：《高校思想政治理论课翻转课堂的教学实践：以马克思主义基本原理概论为例》，《思想政治理论课研究》2017 年第 6 期；邹慧：《翻转课堂的思想政治理论课教学模式设计》，《学校党建与思想教育》2016 年第 9 期；武春芳：《翻转课堂在思政理论课教学中的应用：以“思想道德修养和法律基础”课为例》（该篇论文有教学效果评价数据），《黑龙江教育》2016 年第 9 期。

② 文件要求“把系统教学和专题教育结合起来”。文件使用的是专题教育提法而不是专题教学，应该是为改革创新提供更多的尝试空间。

③ 参见荆钰婷、高劲松：《高校思想政治理论课专题式教学模式新探》，《思想理论教育》2010 年第 23 期；王盛开：《中国近现代史纲要中历史人物专题教学研究与实践》，《学校党建与思想教育》2011 年第 8 期；白海燕：《高校思想政治理论课专题式教学改革：以思想道德修养与法律基础为例》，《河南工业大学学报》（社会科学版）2013 年第 9 卷第 2 期，该项研究有教学效果评价；李洪影、胡宝元、佟玉东：《中国近现代史纲要课专题教学探析》，《辽宁工业大学学报》2014 年第 16 卷第 1 期；杨志刚、刘铎：《问题导向与专题教学设计“两分两专”思路在概论课专题教学中的实践》，《思想理论教育导刊》2015 年第 9 期。

有非常丰富的资源基础和实践基础；（2）教学模式研究和开发在当前思想政治理论课教学研究中非常必要；（3）思想政治理论课教学模式研究和开发需要在教学目标、学习条件和教法理论依据、教学活动组织结构、教学效果评价、典型教学案例、适用条件几个方面做出系统深入的科学研究，才具有较强的推广价值。

第二部分

南开大学和天津市高校思想政治理论课课堂教学调查报告

四、南开大学思想政治理论课教学状况调查报告（2015年）

第1部分　调查简介

（一）调查目标与调查设计

1. 调查目标

高等学校思想政治理论课是大学生思想政治教育的主渠道。思想政治理论课是大学生的必修课，是帮助大学生树立正确世界观、人生观、价值观的重要途径，体现了社会主义大学的本质要求。而思想政治理论课课堂更是主渠道作用发挥的核心场所。2005年中共中央、国务院发布的《关于进一步加强和改进大学生思想政治教育的意见》提出思想政治理论课课堂教学“要联系改革开放和社会主义现代化建设的实际，联系大学生的思想实际，把传授知识与思想教育结合起来，把系统教学与专题教育结合起来，把理论武装与实践育人结合起来，切实改革教学内容，改进教学方法，改善教学手段。要加强对思想政治理论课的宏观指导，采取有效措施，力争在几年内使思想政治理论课教育教学情况有明显改善”。2015年1月19日中共中央办公厅、国务院办公厅印发的《关于进一步加强和改进新形势下高校宣传思想工作的意见》提出，“要切实推动中国特色社会主义理论体系进教材进课堂进头脑”，“要建设学生真心喜爱、终身受益的高校思想政治理论课，实施高校思想政治理论课建设体系创新计划，全面深化课程建设综合改革，编好教材，建好队伍，抓好教学，切实办好思想政治理论课”，以“坚持改革创新、注重实效。准确把握师生思想状况，创新工作理念和方式方法，把解决思想问题与解决实际问题结合起来，不断增强针对性、实效性”作为新形势下加强和改进高校宣传思想工作的一项基本原则。在这样的背景下，结合南开大学思想政治理论教育的实际状况，提高思想政治理论课课堂教学的实效性，发挥思想政治理论课课堂教学主渠道的作用，加强和推进思想政治理论课课堂教学改革是必经之途。

为了加强学院教学改革的针对性，进一步明确教改的具体方向，为思政课提供客观、及时的参考依据。学院委托薛晓斌副教授主持思想政治理论课课堂教学状况调研课题，通过问卷形式调查我校在校本科生对思想政治理论课教学内容、教学形式、考核方式的客观评价与看法，了解学生对思政课教学改革“注重素质、培养能力、强化基础、拓宽专业、突出创新、提高质量”基本方针的理解与期待。

在此基础上，本项调查确定了如下具体的调查目的：（1）全面调查本校学生对于思想政治理论课课堂教学内容、方法、教师教学态度，以及考核成绩评定办法和学生感受到的教学效果等各方面的评价；（2）全面调查本校学生思想政治理论课的学习目的定位、动机水平、学习策略以及课堂课后行为；（3）了解学生对于思想政治理论课教学的改革意愿要求；（4）在调查数据基础之上，以思想政治教育基本理论为依据，评估当前思政理论课的教与学两方面的状况，研究影响当前思政理论课教学效果的核心问题，提供进一步改革思想政治理论课教学改革的依据。

2. 调查的理论基础与方法

要做到思想政治教育有实效，思想政治理论教育课必须是“学生真心喜爱、终身受益的高校思想政治理论课”，必须“联系学生的思想实际，将知识传授和思想教育结合起来”。换句话说，思想政治理论课课堂教学必须在坚持正确导向的基础上，让学生感受到切实的知识收获和思想受益，才能够达到思想政治教育的目标，这是本项研究坚持的基本理论基础。在这样的基础上，学生在教学活动中的知识思想受益过程就是诊断思想政治理论课堂教学的重要依据。另一方面，思想政治理论课教学是一个教与学双方互动的过程，在这样一个双向互动的过程中，有着自身动机和目的的学习者，选择各种不同的学习策略，在课堂与课后中构建出各种不同的行为模式，并由此构成自身的学习体验，影响了知识和思想收获。由此，本项课题研究必须在所收集数据的基础上充分研究以下问题：（1）充分了解学生的学习目的、知识需求与动机状况，调查其与思想政治理论教学内容充分结合程度，这是构建有效思想政治理论课程的基础；（2）充分了解学生思想政治理论课教学过程中的学习感受、意见和想法，以及知识收获和思想收获状况，探讨其与思想政治教育目标的联系，这是了解并评估有效教学过程的重要依据，也是进行有效思想政治理论教育的重要关注点；（3）研究影响课堂教学效果的教学组织要素，这是评估课堂教学组织过程的基本依据，也是构建有效思想政治理论课堂的重要着眼点；（4）探讨当前学生成绩评定办法的激励效果及其与思想政治理论教育实效性之间的实际关系，这是当前思想政治理论课教学中师生共同的关注热点。

在方法上，本项调查采用访谈和问卷调查相结合的方式。访谈有助于我们比较深入了解学生的思想实际，设计出较为合理的问卷。抽样问卷调查有助于我们比较全面系统地收集数据，并得到有代表性的结果。

3. 问卷主要内容

为达到上述研究目标，确定问卷的基本内容结构如下（问卷见报告附录）：

学生对思想政治理论课课堂教学的评价：包括学生对思想政治理论课课堂教学内容与形式、考核方式、教师的看法等；

学生对思想政治理论课的认同以及学习行为：包括学生对思想政治理论课本身的认同情况、思想政治理论课的学习动机与学习目的，学生的课堂课后学习行为，以及学生的学习应考策略等；

学生思想政治理论课的学习效果感受：包括学生对思想政治理论课课堂课后收获感受以及整个课程各方面的收获感受评价；

学生对思想政治理论课教学的改进期待：包括学生对政治理论课的认知需求、对课堂教学方法改进的意见，师生互动方式的建议、对成绩考核方法的建议等方面；

学生的基本政治态度：主要包括马克思主义信念、制度认同、党的领导的信念。这些变量均作为衡量思想政治理论课课堂教学实效性的重要指标。同时，为了探讨实效性问题还设计了其他一些控制变量（如治理评价、社会发展预期、自由主义观念、权威主义观念等）；

学生个人基本情况：包括性别、年龄、年级、专业、政治面貌、家庭背景（收入、阶层、职业、城乡、政治面貌）等。

（二）调查过程与样本概况

1. 调查过程

本项调查由薛晓斌副教授带领，与马克思主义教育学院思想政治教育专业 11 级谷永鑫，12 级孔永攀、钱灵珠、舒高磊、谭兴林，以及 13 级韩祥宇、韩绮颜，一共 7 位同学共同完成的。整个调查研究过程包括四个阶段。第一个阶段是探索性的访谈与理论探讨阶段。为了较为深入地把握学生对思想政治理论课教学的基本意见和看法，这 7 位思政专业同学共做了 30 个深度个案访谈。同时较为系统地从理论上研究思想政治理论课教育教学效果产生的过程环节。在此基础上作出了基本的理论和问卷调查设计。第二个阶段形成了较为完整的研究设计和调查问卷，经由课题小组讨论，并进行试调查，通过学院教学指导委员会的审核。第三个阶段进行数据收集，以本学期马克思主义教育学院担任本科思想政治理论课教学任务的教师为抽样总体，抽出 8 位教师，再通过分层整群抽样的方式抽选出受调查学生的班级和专业，一共调查了大一、大二共 20 个专业的学生。大一、大二的样本学生采用课堂集体填答的方式进行问卷填答，由 7 位课题组同学组织完成。另外以专业为依据抽取了四个专业的大三学生样本以进行比较。在 2014—2015 学年第二学期期末考试前两周内在抽样班级课堂现场完成问卷发放和回收，由 7 位同学在小学期完成问卷核查和数据录入。第四个阶段是调查报告撰写阶段，在 2015 年暑假完成初稿，由薛晓斌执笔，谷永鑫同学完成了部分内容，其余几位同学参与了初稿的修改和校对。

2. 样本概况

本次调查的对象总体为全校范围内所有本科生。本次调查发放问卷总数 1355 份，回收整理后获得有效问卷数 1264 份，有效回收率达 93. 3%。样本基本情况如下：

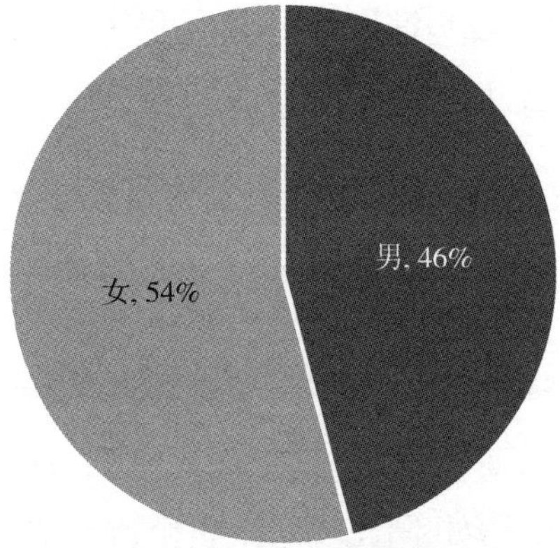

图 4. 1. 1　样本性别

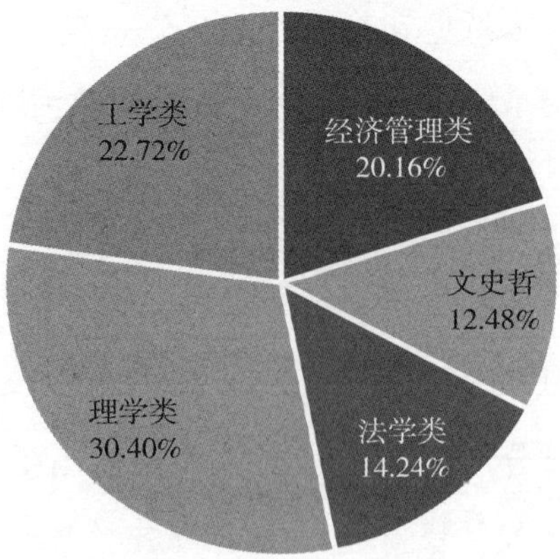

图 4. 1. 2　样本专业

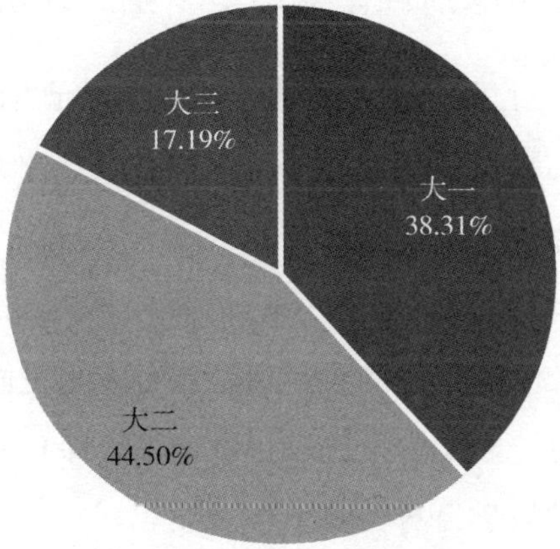

图 4. 1. 3　样本年级

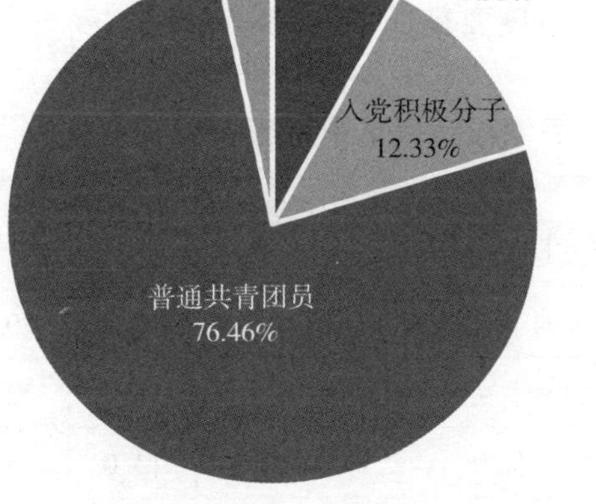

图 4. 1. 4　样本政治面貌

第2部分　基本数据分析

（一）学生对思想政治理论课课堂教学的评价

在本调查中，学生对思想政治理论课[①]教学评价指的是课堂教学评价，包括学生对教学内容、教学方法与课堂教学组织、考核方式、教师评价，以及学生学习后的收获体验几个方面。

总体状况：从样本情况来看，学生对教学内容、教师、大班授课方式持较正面评价，对思想政治理论课的获益感受相对较为正面。但对闭卷考试方式有较大的意见，同时，样本学生比较普遍地认为课堂教学的趣味性、互动参与性存在不足，课堂教学自身关联感不太强。

1. 教学内容评价

对于教学内容的考察，主要从信息量、学术视野、内容说服力、内容思想性（深度）、内容清晰准确程度这几个方面进行学生评价。

从表4.2.1来看，50%以上受调查者对思想政治理论课教授内容的信息量、学术视野、思想性（深度）、清晰准确性都表现出满意的态度，[②] 但对讲授内容说服力的满意度要稍低一点。

表4.2.1　学生对思政课教学内容评价（N=1264，行%）

题　　项	很不满意	不太满意	一般	比较满意	非常满意
思政理论课讲授信息量的丰富程度	2.0	10.8	29.6	45.7	12.0
思政理论课讲授内容的学术视野	2.0	11.2	32.4	44.7	9.7
思政理论课讲授内容的说服力	3.5	13.0	36.2	38.8	8.4

① 因为排版的原因，在不影响理解的情况下，图表中的部分相关变量名并没有完全使用问卷中的问题项。

② 本调查获得有效样本N=1264，教学评价部分缺失值未超过10个，为简便起见，本报告第2部分除非缺失值多于10，不注明每个变量有效样本数。

续表

题　　项	很不满意	不太满意	一般	比较满意	非常满意
思政理论课上对党的理论政策讲授清晰准确程度	1.4	9.2	31.1	45.8	12.5

2. 教学方法评价

学生对教学方法的评价，有一个非常重要的维度，即课堂教学活动的自身关联感。这包括趣味性、互动参与感、教学内容与自身的距离感、教师的吸引力等方面。这些方面体现了一个重要的维度，就是整个教学活动能否将教师、学生、教学内容密切组织在一起，将学生“卷入”到课堂教学中。这样的理解或许不能够准确地反映出教育者的通常观点，但有明确的教育心理学依据，并且在本次调查中得到证实。同时，之所以将其理解为学生关于教学方法的评价，是因为对于教学活动过程而言，这些方法均需要在活动组织过程中进行充分的设计。问卷中设计了六个相关问题。包括：（1）学生对教学内容趣味性的评价；（2）学生对教学内容与自身距离感的评价；（3）学生对课堂互动和师生互动充分程度的感受；（4）教师结合学生背景教学的情况；（5）教师对学生热点问题的关注；（6）老师的吸引力。

问卷也设计了学生对于教学方法的总的评价，以及学生对大班授课组织形式的看法。

表 4.2.2　学生对思政课大班授课以及教学方法总的评价（N=1264，行%）

题　　项	很不满意	不太满意	一般	比较满意	非常满意
您对思政理论课“大班授课”的形式是否满意？	4.3	13.4	26.2	39.8	16.3
您对目前的思政理论课课堂教学方法是否满意？	4.4	16.1	36.8	33.4	9.3

从表 4. 2. 2 中可以看到，受调查学生对大班授课没有太大的意见，但对课堂教学方法的总体评价的满意度要低一些。

表 4. 2. 3　学生思政课课堂教学自身关联感评价（N=1264，行%）

题　项	很不满意	不太满意	一般	比较满意	非常满意
思政理论课课堂的趣味性	12. 1	29. 1	32. 2	19. 9	6. 7
思政理论课讲授内容与自身的距离感	9. 7	34. 0	30. 5	19. 9	5. 9
思政理论课课堂互动的充分程度	10. 4	25. 0	31. 1	23. 2	10. 4
思政理论课老师和学生的互动情况如何？	4. 8	28. 0	39. 0	21. 2	7. 0
思政理论课老师教学结合学生实际生活背景情况	2. 1	13. 2	36. 6	35. 7	12. 4
思政理论课老师引用时政热点情况	0. 7	6. 3	27. 4	48. 3	17. 3
思政理论课老师的个人吸引力	2. 6	8. 3	32. 7	39. 7	16. 6

从表 4. 2. 3 来看，课堂教学活动中学生的关联感受评价不高。课堂教授内容的趣味性以及与自身的距离感问题上，满意程度则较低，超过 40%的样本学生表示不满意。在课堂的互动程度上，超过 35%的样本学生表示课堂互动以及师生互动不充分。对教师上课时引用时政热点、结合学生实际情况以及教师个人吸引力上，学生的评价要好得多。这些数据表明，当前我们的课堂教学组织存在一定的问题，值得我们用心关注。

3. *考核方式评价*

对于考核方式的评价，主要从闭卷统考、主客观题的比例、评分结构（平时与期末成绩比重）以及公正程度四个方面来进行。

表 4. 2. 4　学生对思政课考核方式的评价（N=1264，行%））

题　项	很不（满意）	不太（满意）	一般	比较（满意）	非常（满意）
您对思政理论课闭卷统考的态度如何？	42. 3	25. 1	18. 1	10. 1	4. 4

续表

题　　项	很不（满意）	不太（满意）	一般	比较（满意）	非常（满意）
您对思政理论课考试中“死记硬背”内容量评价	50.0	32.5	12.3	3.6	1.6
您对思政理论课评分结构满意吗？	10.3	15.6	39.8	29.9	4.4
您觉得当前思政理论课闭卷统考方式是否公正？	11.6	12.2	27.5	38.8	9.8

从表4.2.4中可以看出，82.5%受调查学生普遍反映思想政治理论课考试中“死记硬背”的内容量过大，67.4%受调查学生对当前闭卷统考方式不满意；在对考试评分结构，即平时与期末成绩的比重问题上，情况要稍好一点。但学生对闭卷考试的公正程度总体上还是持正面评价。

4. 教师基本评价

对于教师的评价，问卷从是否照本宣科、教学态度、友善程度、专业水平等方面来进行学生评价。

表4.2.5　学生对思政课教师的评价（N=1264，行%）

题　　项	很不（满意）	不太（满意）	一般（满意）	比较（满意）	非常（满意）
您所上的思政理论课中，老师照本宣科程度	2.7	11.6	29.7	38.7	17.3
思政理论课老师教学态度的认真程度	0.6	2.8	14.4	49.8	32.4
思政理论课老师对学生的尊重友善程度	0.5	1.9	10.8	48.3	38.5
思政理论课老师的专业水平如何？	0.6	1.9	15.9	52.6	29.0

表4.2.5表明，受调查学生对老师教学认真态度、老师对学生的尊重友善以及老师的专业水平和个人吸引力评价都比较高。从受调查学生反映的情况来看，照本宣科的情况并不太严重。

5. 学习收获

为了更为清楚完整地展现出通过思想政治理论课课堂教学，学生感觉到有哪些收获，问卷通过两种方式询问受调查学生。在问卷的“课堂教学评价”部分设计了一个问题“上了思政理论课后，您觉得是否有收获?”该问题询问课堂收获体验。该问题的回答状况如图 4. 2. 1。受调查者明确表示“有收获”和“非常有收获”的比例在 30%左右，而持负面评价的占 30%以上。这一定程度表明，当前我校思想政治理论课课后获益感受不是太强，有较大的改进空间。

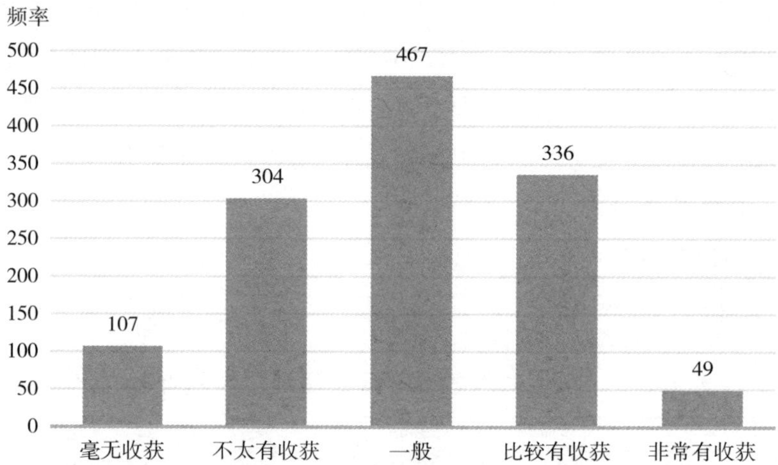

图 4. 2. 1　学生思政课课堂收获

问卷中的另一部分询问受调查学生，通过思政理论课的学习，各方面具体收获感受状况（问卷第三部分题 4、5、6、7、8、9）。从表 4. 2. 6 中可以看出，半数左右的受调查者都表示通过思想政治理论课的学习，在对马克思主义基本概念和理论、党的理论政策的认识、拓宽视野、对生活和社会政治问题的思考等各方面都有比较大的收获，和图 4. 2. 1 对照，评价相对较为正面。表 4. 2. 6 的数据表明，学生对整个思想政治课学习收获持肯定态度。在某种程度上，这也表明了我们的课堂教学给学生的信息和思想启发相对有一点落后。

表 4.2.6 学生思政课学习收获评价（N=1264，行%）

题　　项	很不同意	不太同意	中立	比较同意	非常同意
思政理论课学习加深了马克思主义理论认识	7.1	13.8	31.5	42.3	5.4
思政理论课学习拓展了视野	7.2	14.0	32.9	39.8	6.1
思政理论课学习增进了生活感悟	9.0	18.1	35.8	32.4	4.6
思政理论课学习促进了对社会政治问题的思考	6.2	11.8	29.9	45.7	6.4
思政理论课学习增强了辨别是非的能力	8.7	12.9	34.3	37.8	6.3
思政理论课学习增进了对党理论政策的认识	6.4	10.5	31.0	44.6	7.5

6. 年级、专业、政治面貌以及性别差异

本项调查通过多因素方差分析比较思政理论课评价的性别、专业、政治面貌以及年级差异。基本结论如下：

1）学生思政理论课评价与性别无关。

2）不同专业学生思政理论课评价有一定差别，总体上讲，理工和经济类专业评价要高一点（参见图 4.2.2）。

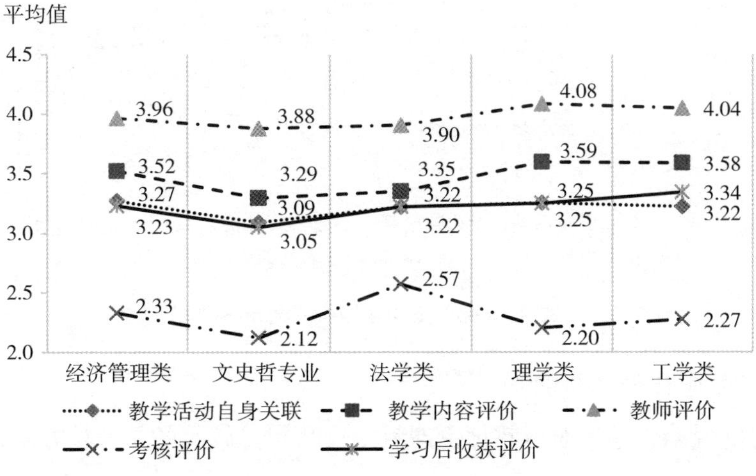

图 4.2.2　不同专业学生思政课评价

3）不同政治面貌学生对思想政治理论课教学评价有差别，入党积极分子和党员的评价要高一些（参见图 4. 2. 3）。

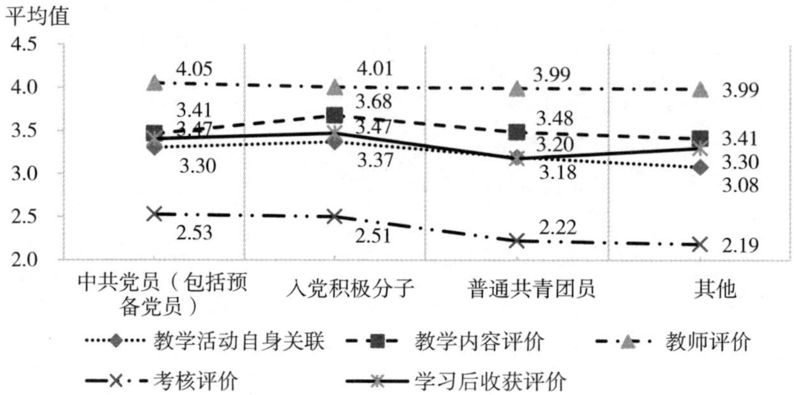

图 4. 2. 3　不同政治面貌学生思政课评价

4）三年级的大学生对思想政治理论课评价要低一些。这是一个值得注意的现象，也需要进一步确认（参见图 4. 2. 4）。

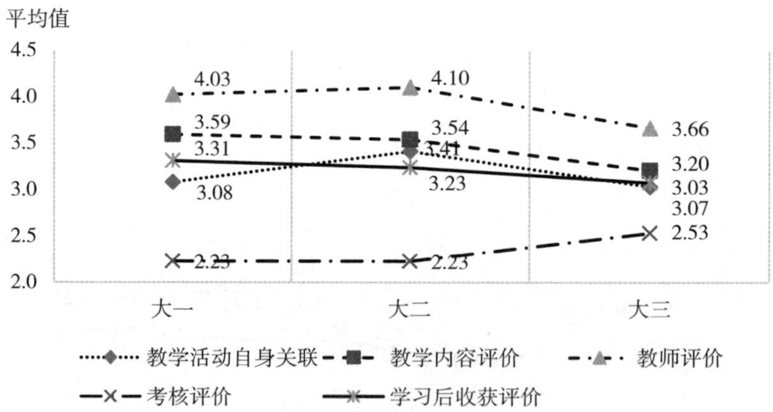

图 4. 2. 4　不同年级学生思政课评价

7. 教学评价总体状况

总的说来，学生对思政理论课教学反映意见较大的是考核方式，在课堂参与感以及课后收获方面评价也不太高。这里将“教学活动自身关联”“教学内容”“教师评价”“考核方式”以及“课后收获”这五个维度的题目各自加总并计算平均值。由于我们的选项评分为1—5分，故评分中间点为3分。

统计结果显示（表4.2.7，图4.2.5），“教学内容”“教学活动自身关联”“教师评价”“学习后收获评价”因子的均值和中位数皆大于得分中点，总体持肯定态度，而“考核方式”的均值和中位数小于得分中点，持否定态度。另外，教师评价最高，且标准差最小。

表4.2.7 学生课堂教学分维度评价

	均值	中值	标准差	N
教学内容评价	3.5034	3.6000	.72227	1246
教学活动自身关联	3.2238	3.1667	.74264	1251
教师评价	3.9946	4.0000	.65793	1250
考核评价	2.2857	2.3333	.82618	1260
学习后收获评价	3.2425	3.3333	.84154	1257

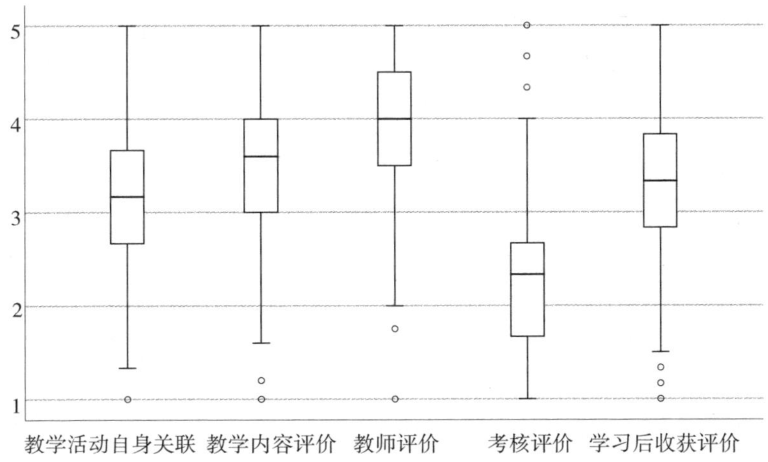

图4.2.5 学生思政课分维度评价

（二）学生学习行为

本部分的学习行为包括学生关于课程学习的认同、动机与策略选择，课堂中以及课后学习表现。

总的状况是：在主观上，样本学生对思政理论教育的认可度尚可，学生学习思政课的目的以认知目的为主。但值得注意的是有10%—20%的学生对思政教育本身持相对负面的看法；学生思政课学习的动机水平较低。在学习行为上，学生自我报告的课堂听课情况尚可，但互动以及课堂参与水平较低，课后学习状况不佳，学习方法基本上是“死记硬背+考前突击”方式。

1. 对思想政治理论课的认同

学生对思想政治理论课的认同反映了学生对课程本身的基本价值取向，并直接影响着学生的学习动机、学习策略以及课堂课后行为。学生对思政课认同情况如表4.2.8。

表4.2.8　学生对思政课的认同状况（N=1264，行%）

题　　项	毫无	不太有	一般	比较	非常
您觉得对大学生进行马克思主义理论教育是否必要？	6.7	13.1	27.1	36.4	16.7
您觉得大学开设思政理论课是否必要？	7.1	13.3	26.2	36.4	17.0
您认为通过思政理论课对大学生进行价值观引导是否必要？	5.7	9.6	24.2	39.3	21.1
您觉得思政理论课的学习对您以后的生活工作是否有价值？	8.9	17.1	30.9	32.5	10.7
您觉得思政理论课是否会促进对自身专业的学习？	15.4	27.7	29.3	20.9	6.7
您觉得大学生思想政治教育对于中国社会政治是否有意义？	5.9	8.4	27.2	39.5	19.0
您觉得学习党的理论政策是否有意义？	5.8	11.5	33.5	34.1	15.1

总体上来讲，南开大学学生对马克思主义理论教育的认可程度比较正面：除了两个题项（思政理论课学习对于工作生活的价值以及对于专业学习的价值）外，持正面看法的（比较必要、非常必要）占50%—60%之间，持负面意见的占10%—20%，三成左右学生选择了“一般”。考虑问卷调查可能给学生带来一定的填答压力，持负面意见的学生比例或许要高一点。这表明，近五分之一的南开大学学生对思想政治理论教育持相对负面态度，这值得我们持续追踪调查，也需要我们高度重视。另外，调查数据显示，当今大学生对思想政治理论教育更为认同的是政治教育方面：只有27.6%的受调查者认为思政理论课会促进专业学习，而43.1%的受调查者不认为如此。

2. 学生的学习动机、目的与学习策略

前面的认同指学生对思想政治教育本身意义和价值的认可，但和学生学习行为更为直接关联的是学习动机。问卷设计了“学习动机”和“学习策略”两个方面的题项，下面对此做以简要数据分析。

学习动机与目的 学习动机是指学生学习思想政治理论课课程的基本动力状况，这里从课程本身重要性感知、学习感兴趣程度两个方面来考察。

表4.2.9 学生思政课学习动机（N=1264，行%）

题　　项	很不	不太	一般	比较	非常
对您来说，学思政理论课很重要	9.5	16.4	34.0	28.5	11.5
您很喜欢思政理论课	7.7	15.3	59.1	14.0	3.9

喜好是内在动机激发的最直接方面，值得注意的是，喜欢的比例不到20%，6成左右的受调查者是“无感”状态。重要性认知涵盖内在与外在动机两个方面，既包括内在价值认识，也包括工具性价值判断。从这个指标来看，结果要好一点。总体上说，样本学生思想政治理论课动机水平偏低，是

值得关注的一个问题。

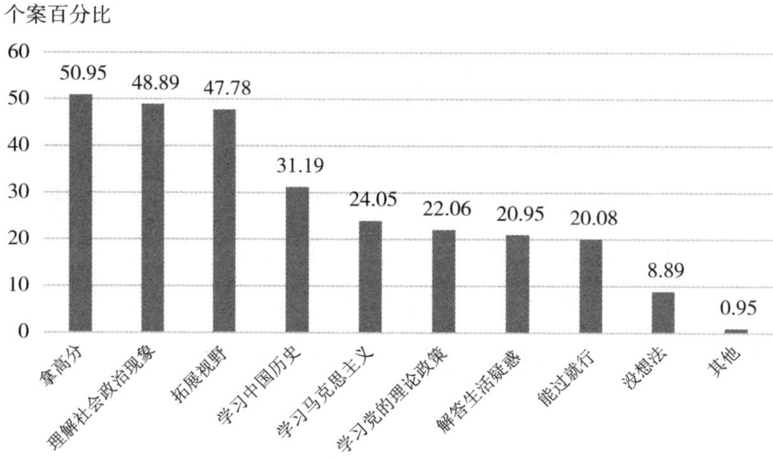

图 4.2.6　学生思政课学习目的

在学习目的上，图 4.2.6 显示，受调查者学习思想政治理论类课程的最主要目的是“拿高分”“理解当今中国社会政治现象”和“拓展视野”，均占到样本总体的 50%左右；选择“没想法”和“能过就行”的人数最少。

这表明，学生对思想政治理论课的目的定位是比较积极的，学生希望从课程的学习中有所收获。同时，工具性目标（拿高分）与认知目标都为本校学生所看重。不过值得注意的是，直接选择“学习马克思主义学说”“学习党的理论政策”的受调查者比例不高。

学习策略　本调查从受访者应对考试的方法，同时结合平时学习行为考察学生的基本学习策略。对于“对您而言，‘考前突击’是不是应对思政理论课考试的基本方法?”这一问题，超过 87%的学生给予了肯定答案，这是一个非常高的比例（见图 4.2.7）。

同时，受调查者填答“通过思政理论课学习，发现思政理论课是一门‘背书课’”这一问题时，近 60%的同学认同这种看法（图 4.2.8）。这从另一个方面印证了学生学习这门课程的基本方法就是“死记硬背”+“考前

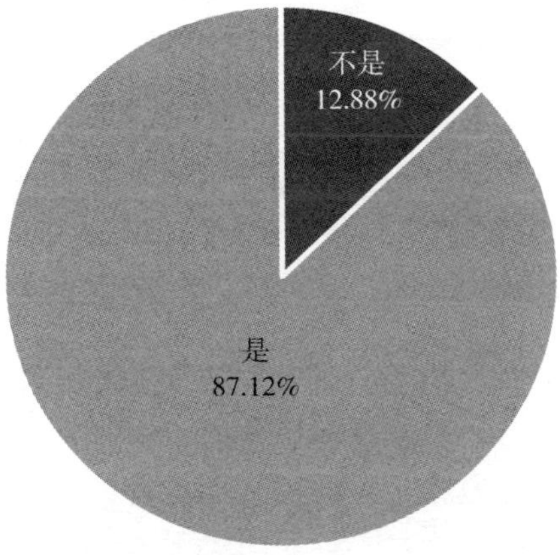

图 4. 2. 7 “考前突击”学习方法

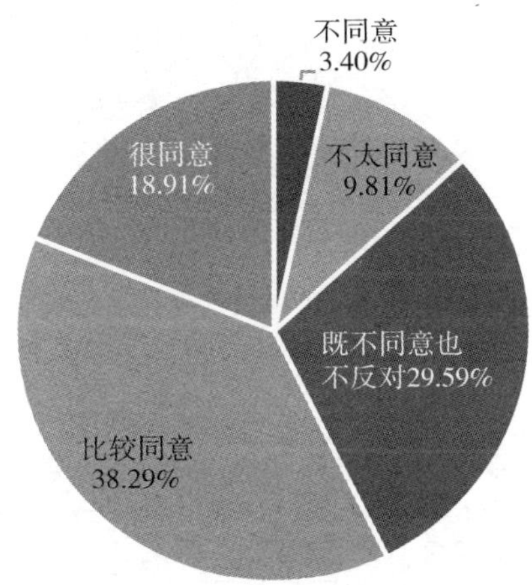

图 4. 2. 8 思政理论课是一门“背书课”?

突击”。结合后面的学生课堂课后学习行为来看，情况不容乐观。

3. 课堂行为

学生思想政治理论课课堂行为直接反映出学生对此类课程课堂教学质量的态度与评价，也隐含着学生对课程本身的认同程度。这里我们选取比较有代表性的“出勤率”“听课认真程度”以及“参与课堂互动情况”三个题项来进行分析。

出勤率　从下图中可以看出，本学期超过60%的受调查者表示从没有逃过课，27.58%的受调查者表示逃课有1—2次。仅有不到3%的受访者称自己逃课在6次以上。当然，这里是自我报告的数据。从样本情况来看，经管与理学专业逃课比例要低一些，二年级比一年级逃课情况要严重一些（见表4.2.10、表4.2.11）。

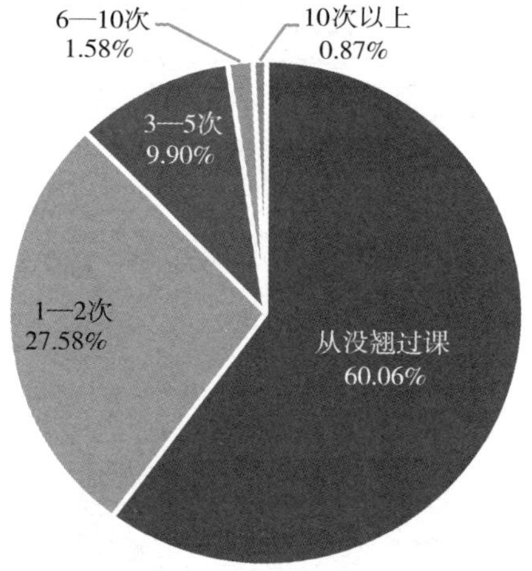

图4.2.9　逃课情况自我报告

表4.2.10　不同专业学生思政课逃课自我报告（%，N=1248）

		经济管理类	文史哲	法学类	理工类	工学类	总体
翘课频率	从没翘过课	62.5	46.5	53.9	68.9	58.1	60.1
	1—2次	26.3	39.4	29.8	21.6	28.9	27.6
	3—5次	10.4	12.9	12.4	7.4	9.5	9.9
	6—10次	.4	.6	3.4	1.1	2.1	1.6
	10次以上	.4	.6	.6	1.1	1.4	.9
合计	100.0	100.0	100.0	100.0	100.0	100.0	

表 4.2.11 不同年级学生思政课逃课自我报告（%，N=1243）

		大一	大二	大三	总体
翘课频率	从没翘过课	70.6	59.0	41.3	60.4
	1—2 次	21.8	30.2	33.3	27.5
	3—5 次	6.5	8.1	20.7	9.7
	6—10 次	.6	1.4	3.8	1.5
	10 次以上	.4	1.3	.9	.9
合计	100.0	100.0	100.0	100.0	

听课与课堂互动　在听课认真程度的问题上，样本学生中上课能够认真听讲的大约占 69%，而上课几乎不听讲的人数大约占到 31%（见图 4.2.10）。这反映出，当前我校本科生中大部分学生能够积极听讲，但也有相当一部分并不认真，需要我们进行深入思考。在课堂互动参与上，总体上讲很不乐观。仅有约 15%的样本学生表示积极回答老师的问题（见图 4.2.11），25%的学生表示向任课教师提过问题（见图 4.2.12），20%左右的学生表示自己对课堂讨论有过比较积极或者非常积极地参与（见图 4.2.13）。

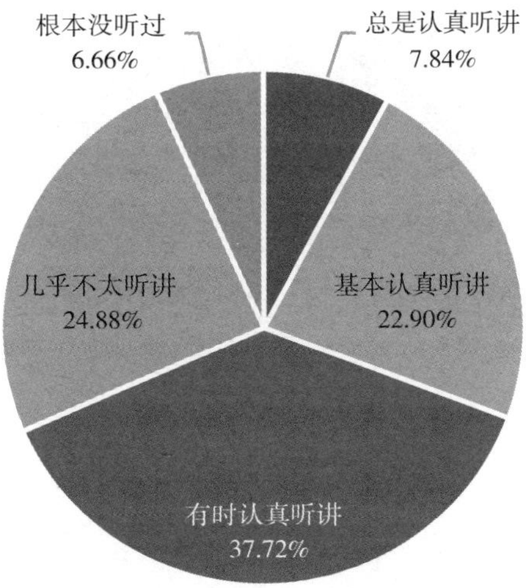

图 4.2.10 课堂听讲情况

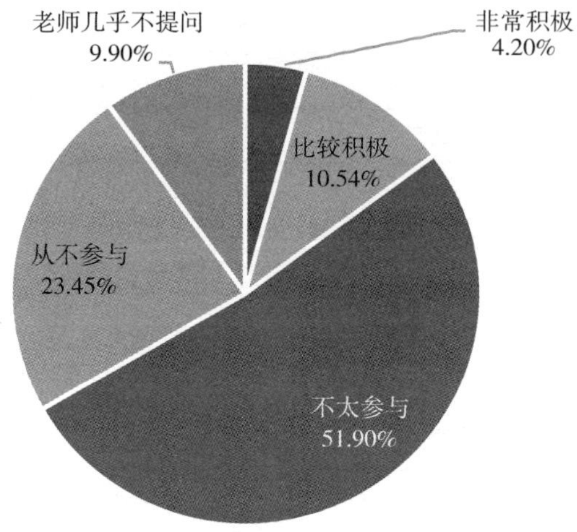

图 4. 2. 11　课堂回答问题情况

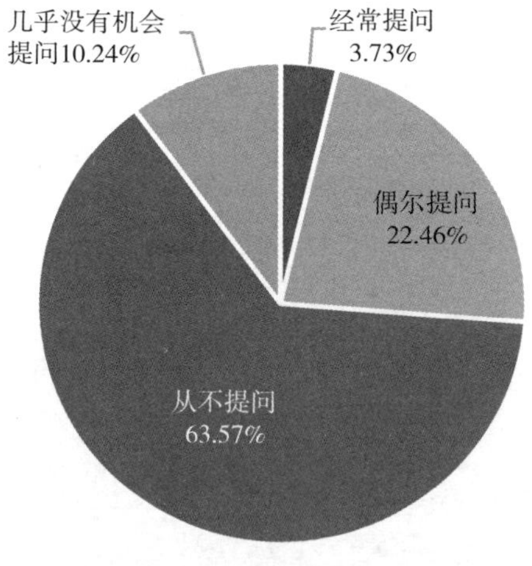

图 4. 2. 12　课堂主动提问情况

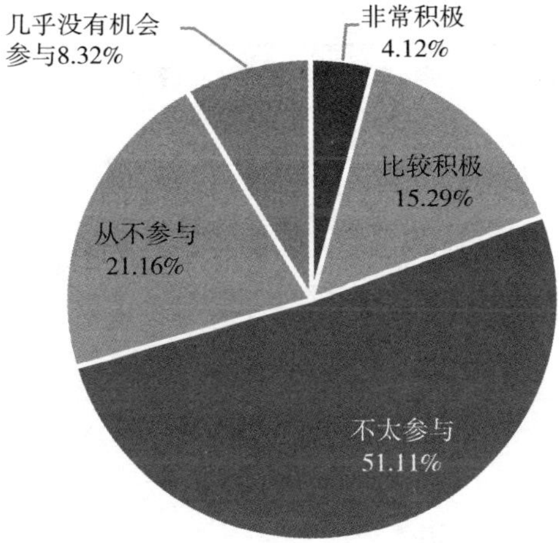

图 4. 2. 13 参与课堂讨论情况

这几个问题采用的是“迫答”方式提问，即要求受调查者明确回答自己的行为是积极还是消极的，没有中间选项，这更能够明确地呈现学生自己的行为状况。

4. 学生课后行为

学生在思想政治理论课的课后行为一方面反映出学生对课程本身的重视程度，另一方面也与学生应对考试的基本方式紧密相连。在本调查中，我们主要从课程复习、知识拓展以及交流沟通几个方面来进行考察。

从表 4. 2. 12 中可以看到，近 66%的受调查者表示在平时很少或从不复习专业课程，但是在阅读与课程相关的书籍文献资源上，这一比重有所下降，大约下降了 11%。此外，虽然超过 70%的学生表示不会主动与老师沟通交流，但有半数以上的学生称会经常与同学朋友讨论课程相关的话题。值得注意的是，引发学生阅读或者讨论的动力可能来源于对政治问题的兴趣。

表 4. 2. 12 学生思政课课后学习行为（行%）

题　　项	从不	偶尔	一般	经常	合计
在平时（非考前），您复习思政理论课教材的情况	37. 5	29. 1	24. 4	8. 9	100%

续表

题　项	从不	偶尔	一般	经常	合计
在平时（非考前），您阅读与思政理论课相关书籍文献资料（包括网络资源）的情况	18. 1	37. 0	33. 6	11. 3	100%
在平时（非考前），您和同学朋友讨论与思政理论课相关的话题情况	16. 4	32. 5	39. 6	11. 5	100%
在平时（非考前），您主动和思政理论课老师沟通交流的情况	31. 2	39. 1	24. 5	5. 2	100%

（三）学生的改进意见

学生是学校的主体，学生对课堂教学的态度和改变愿望是进行教育评价的基本依据之一，也是教学改革的重要参照和努力方向。在本小节中从目的预期、教学方式改进、课外交流方式改进、考核方式改进、改革信心等几方面来进行分析，力图从整体上把握学生对思想政治理论课教学改进的基本要求和期待。

总的状况是，样本学生希望思政理论课能够很好地开拓学生的视野，引导思维方式，解答现实疑问以及成长问题，培养学生公共参与能力。这与思政理论课本身的目标有一定的差距，但这也是学生的现实要求，需要精心引导。在教学方法改进上，学生最希望增强课堂教学的趣味性，加强案例教学方法的使用，加强实践活动。在师生沟通方式上，学生希望能够充分使用各种网络非面对面沟通方式，同时加强讲座、座谈会、互动沙龙等方式的沟通。在成绩考核方面，学生希望进行多方面的考核，笔试以开卷或者半开卷方式为主。

1. 改进目的预期

为了考查学生对思想政治理论课教学改革的目的预期，问卷设计了“请您设想一下，如果对思政理论课教学进行改革，您最期望达到什么？”（最多选 3 项）这一题项。调查结果如图 4. 2. 14 所示。

从图 4. 2. 14 可以看出，学生最期望教学改革能够带来视野的开拓（一

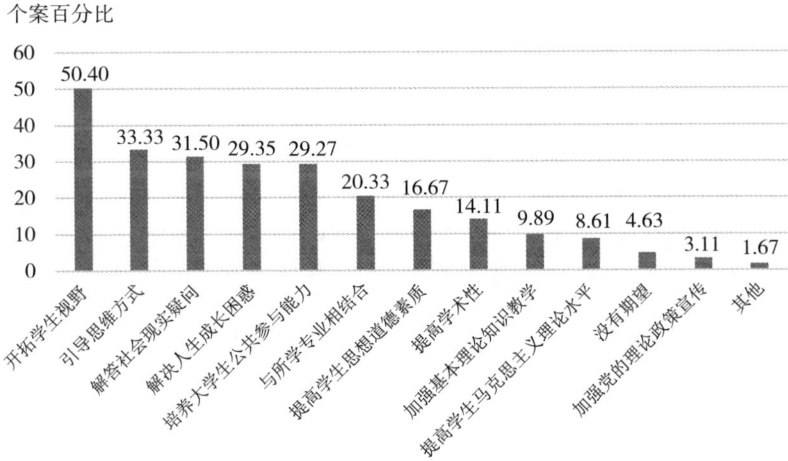

图 4. 2. 14 思政课改进日的预期

半左右的受调查者选择此项)、思维方式的引导（三分之一的受调查者选择此项）以及社会现实疑问的解答（近三分之一受调查者选择此项）；“解决人生成长困惑”和“培养公共参与能力”也占有较高比重（均近三成）；有五分之一的受调查者选择“与所学专业结合”，相比而言，学生对“加强党的理论政策宣传”“提高马克思主义理论水平”以及“加强基本理论知识教学”的期待较低；选择“没有期望”的学生比例也极小。这从一定程度上表明，学生对思想政治理论课教学改革都有较为清晰和明确的想法和要求，对教学改革持有较为积极的态度，但同时，也值得我们深入思考。

2. *教学方法改进*

如图 4. 2. 15，在教学方法改进问题上，选择“增强课堂的趣味性”的人数比例最大（57. 9%），远远高于其他方面的要求，这一定程度上表明，趣味性不足是当前思想政治理论课教学中比较突出的问题，应当在教学改革中加以重视和改进。其次学生较为关注的是“加强案例教学”（41. 4%），“加强学生实践”（24. 1%），“加强课堂讨论或辩论”（21. 8%）也受到学生的关注。这些都反映出学生对传统单纯知识性传授教学方式的不满足，表达了学生对增强思想政治理论课教学方式多样性的期待。

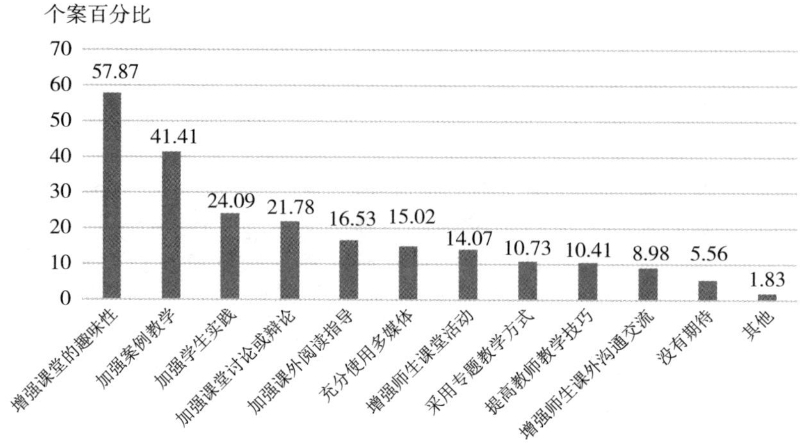

图 4.2.15　学生对思政课教学方法改进建议

3. 课外交流方式

在课外交流方式的问题上，如图 4.2.16 所示，“微信或 QQ 讨论”“举办人生或者时政开放讲座”以及“邮件沟通”最受学生青睐，分别占到样本总数的 42.8%、31.2%和 28.1%。这在一定程度上表明，随着时代的发展，尤其是日常生活中各种新兴媒体的广泛使用，以及其所富含的交流特点，需要我们不断丰富和改善思想政治教育载体，满足学生课下交流讨论的需求。

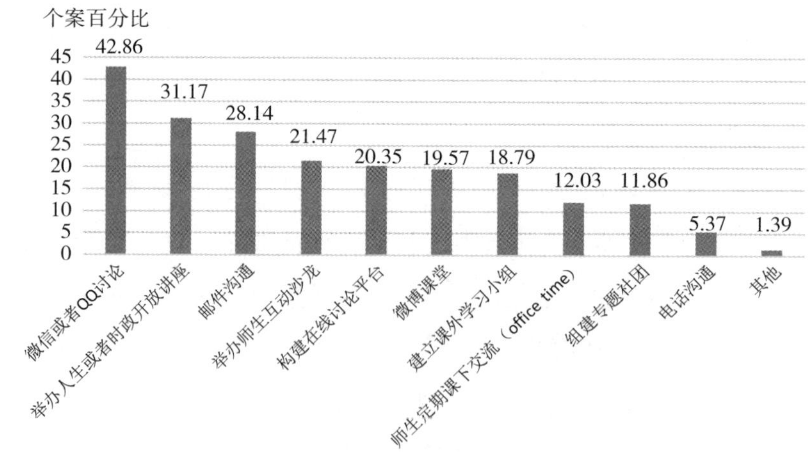

图 4.2.16　思政课课外师生交流方式建议

4. 考核方式

如图 4.2.17 在成绩结构上，学生最希望将“出勤率”（44.9%）、“社会实践效果”（40.3%）、“最终卷面成绩”（38.6%）以及“论文写作”（33.1%）纳入考核标准之中。选择课堂展示、听讲情况、互动发言的比例也不低，这表明，除传统单纯依赖最终卷面成绩作为考核依据外，学生更加倾向丰富多样的考试方式组合，值得注意的是，学生比较强调社会实践在课程考核中的位置。

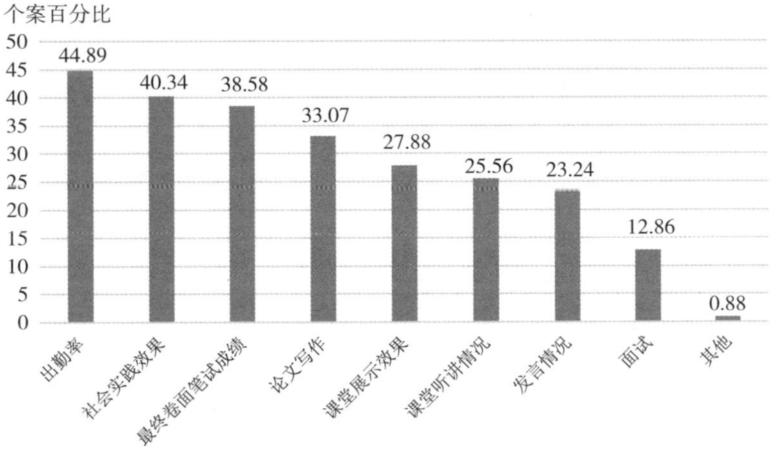

图 4.2.17　学生对思政课考核内容建议

在考试方式的选择上，开卷或者半开卷的方式看来较受欢迎。

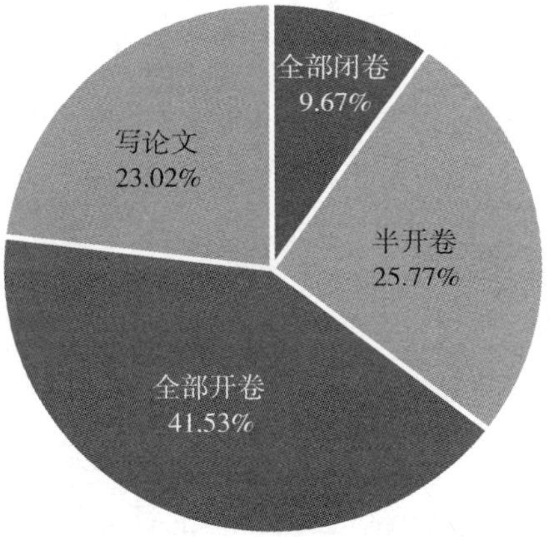

图 4.2.18　学生对思政课考试方式建议

5. 改革信心

问卷中我们设计了一个问题来了解学生对课堂教学改革成功的信心状况，让学生1—10分打分。受调查学生对教学改革信心程度的评分均值为5.72分，中位值为6分。这不是一个太乐观的信心水平。这也说明，如果我们要进行课堂教学的改革，一定要对学生做相关的讲解宣传，鼓励其信心。

第3部分　影响当前思政理论课教学效果的几方面问题

前一部分数据描述表明，当前我校思政课教学状况总体较好，但还存在着不足。主要表现在学生的学习动机不够充分，学习行为有消极现象，有的学生没有感受到足够充分的思想和知识收获；课堂教学内容需要更进一步结合学生的需求，教学组织设计存在一定的不足，学生课堂活动关联感水平不是很高；成绩考核办法不合理。这也就是说，当前我校思想政治理论课课堂教学主渠道作用发挥尚不够充分，“进课堂”虽已做得很好，“进脑”仍有拓展的必要。报告本部分以调查收集的数据为依据，初步论证关于思政理论课课堂教学主渠道构成的如下观点，在此基础上诊断当前思政课教学所出现问题的症结之所在：

（1）学生在思想政治理论课学习中获得实实在在的思想认识收获感受是达成思想政治理论教育目标的基础；

（2）必须充分尊重并满足学生的认知需求，让学生感到学有所值，才能很好地激发学生的学习动机，将自身学习目的与思想政治理论教育的目标协调一致，并相互促进；

（3）通过课堂教学活动让学生产生积极的思想认识收获，通过课堂教学活动使学生感受到充分的参与感与关联感，不断累积学生对思想政治理论课学习价值的积极体验，并形成良性的循环，这是课堂教学主渠道作用发挥的关键所在；

（4）学生消极的课堂课后行为往往是前述两个方面的失败导致的学生认知积极性受挫造成的；

（5）成绩考核既是一种学业评定，又是一种激励机制，必须将教育目标、学生的认知目的以及奖励机制必须具备的社会性要求结合在一起，才能更好发挥其积极作用。

（一）学生的学习收益体验

本次调查数据验证了如下结论：学生思想政治理论课的学习收获体验是思想政治教育目标达成的重要基础，也是思想政治理论课课堂教学主渠道发挥作用的基础。

教育效果是一个通过师生共同努力不断满足学生需求从而产生效用的过程。思想政治教育过程也是如此。即使是采用灌输的方法，也要通过满足受教育者自身的需求从而最终能够产生认同。思想政治教育尚有不同于一般学科教育的特点，就是其最终产生的政治认同效用往往需要通过日积月累的更加长远的过程才能够形成，同时也受文化传统以及各种社会政治现实状况的影响。换句话说，不能期望一堂课，一门课程，一个学期就能够完成思想政治教育的目的，而是需要长久的内化，并不断地和其他来源的影响相互作用，才能提升思想认识和政治认同。这样，每一堂课，每一种课程，每一个学期的教学，乃至于整个大学阶段的政治教育，都需要解决同一个问题：不断有正向的反馈和积极的刺激，以此形成激励，不断正向积累，才能有助于构建认同，以期最终达成政治教育的目标。这需要每一门课，每一个课堂，乃至于每一节课能够构建积极的学习体验，让学生充分感受到学有所获，学有所值。学生感知到的思想认识收获是衡量思想政治理论课课堂教学效果的根本标尺，使学生感受到充分的知识和思想收获是课堂教学主渠道作用赖以产生的基础，也是思想政治理论课课堂教学的根本努力方向。

这里使用本次调查的数据，以三个因变量来验证课堂教学效果对于思想政治教育目标达成的重要作用。为衡量目标达成情况，问卷设计了三个方面的问题：学生对党的领导的信念；学生马克思主义信念①；学生对政治制度

① 本次调查马克思主义信念量表 Cronbach's Alpha 信度系数为 0.841；制度认同量表 Cronbach's Alpha 信度系数为 0.879；下文中学习收获体验量表 Cronbach's Alpha 信度系数为 0.914；自由主义价值观量表 Cronbach's Alpha 系数为 0.670；权威主义价值观量表 Cronbach's Alpha 系数为 0.725。量表计分使用总加法。

的认同。思政课教学效果的指标为思政课学习后收获体验。一般认为，个人利益、治理绩效评价、未来社会预期、价值观、政治身份等是影响个体政治态度的重要因素。为此，问卷设置了相关问题作为控制变量：个人利益、治理绩效评价、社会发展未来预期、价值观、政治身份。模型中还引入了专业、年级、性别自变量。

分别以学生对党的领导的信念、学生马克思主义信念、学生对政治制度的认同为因变量，做出多元线性回归模型，结果如表 4.3.1。表中略去了影响不显著的自变量的回归系数。① 数据表明，对于学生的制度认同、马克思主义信念以及对党的领导的信念，思想政治理论课的影响都很明确，从标准化回归系数的相对大小来看，影响都很重要；在对学生的马克思主义的信念以及对党的领导的信念产生影响的诸因素中，思想政治理论课的影响是最大的（括号内为标准化回归系数，学习后收获评价这一变量系数最大）。这说明，通过课堂教学，让学生充分感受到思想政治理论课的价值，让学生充分感受到学习思想政治理论课的收获，是思想政治理论课课堂教学主渠道作用的基本体现。换句话说，不论思想政治理论课的具体内容是多么正确，目标本身多么有意义，如果没有让学生感到有思想上和知识上的收获，没有让学生感受到学习的价值，主渠道的作用大概不能够得到很好地发挥。

表 4.3.1　影响思政教育目标多因素回归分析

模　　型[a]	制度认同	马克思主义信念	对党的领导信念
	N=1106，调整 R 方=0.374	**N=1111，调整 R 方=0.289**	**N=1111，调整 R 方=0.214**
（常量）	9.463***	7.228***	2.523***
学习后收获评价	0.841（0.192）***	1（0.378）***	0.234（0.216）***
自由主义	−0.177（−0.114）***		−0.041（−0.106）***

① 本报告后面部分同此。

续表

模　　型[a]	制度认同 N=1106， 调整 R 方=0.374	马克思主义信念 N=1111， 调整 R 方=0.289	对党的领导信念 N=1111， 调整 R 方=0.214
权威主义	0.124（0.077）**		
未来预期	0.919（0.199）***	0.249（0.09）**	0.152（0.134）***
社会总体满意程度	0.718（0.321）***	0.212（0.157）***	0.078（0.141）***
未来的就业压力			
家庭年收入	−0.144（−0.068）**	−0.08（−0.063）*	−0.064（−0.123）***
政治身份[b]	0.656（0.069）**	0.618（0.109）***	0.251（0.107）***
经管专业[c]		−0.619（−0.107）**	
法学类专业		−0.654（−0.1）**	
理学类专业		−0.505（−0.104）*	
工学类专业		−0.606（−0.114）**	
二年级[d]	−0.671（−0.089）**	−0.646（−0.142）***	
三年级	−0.956（−0.095）**	−0.881（−0.146）***	−0.204（−0.082）**
您的性别：[e]		−0.292（−0.064）*	

注：a 括号内系数为标准化回归系数 * $p<0.05$，** $p<0.01$，*** $p<0.001$，双尾检验。
b. 1=党员以及入党积极分子，0=其他。　　c. 参照专业：文史类。
d 参照年级：大一。　　e 参照性别：男。

（二）学生的认知需求

必须充分满足学生的认知需求，才能很好地激发学生的学习动机，将自身学习目的与思想政治理论教育的目标协调一致，并相互促进。

学习动机和目的是学生学习活动中两个紧密联系而又有所区别的方面。思想政治理论课教学的非常重要的一个环节就是要密切围绕思想政治教育目标与学生的学习动机、目的是建立起一套相互协调互相促进的体系。

1. 学生的学习目的

这里，我们将学习目的界定为是学习者较为明确的、主动的学习定位，是在学习开始时和学习过程中对于学习活动的基本期待、自我要求，相当大程度上构成了学习动机的基础，同时也受着学习动机的影响。从教的方面来看，学生的学习目的定位一方面是教育教学本身必须尊重的要求，另一方面又是教育教学过程会施加影响和调节的对象。这里，我们将根据问卷调查的结果探讨本校学生对思想政治理论教育课的学习目的定位状况，以及这样的定位状况对思想政治理论课教育教学提出的要求。

当前本校学生对思想政治理论课学习目的主要可以分为这两个大的方面：成绩目的，认知目的。成绩和学分是获得更多机会的条件，同时也能够证明自己的能力，获得更多的承认；而认知需求更是学习的天然目标追求。"拿高分"或者"能过就行"是典型的成绩目的要求，学习的基本目的定位指向分数；"拓展视野""解答生活中的许多疑惑""理解当今中国社会政治现象""学习中国历史""学习马克思主义学说"、"学习党的理论政策"这几个方面是认知目的，即获取知识和思想收益。

更进一步，可以把认知目的分为两类：一般性的认知目的，以及对马克思主义和党的理论政策的直接认知需求。"拓展视野""解答生活中的许多疑惑""理解当今中国社会政治现象"这三个方面的目标表述是学生学习生活中具体的现实的，同时也是一般性的需求，"学习马克思主义学说"和"学习党的理论政策"具有特定的意识形态取向内涵。从教育教学设计的角度看，这两个方面的目的应该互相兼容，互相促进，并且，一般性的认知目的和对马克思主义和党的理论政策学习的直接性认知目标区分也是现实中存在的实际情况：在当今中国的社会现实中，各种思想竞相涌现，已经高度多样化，同时，发展过程中，各种社会政治经济问题不断出现，需要人们不断去深化认识。马克思主义理论一直是在具体的竞争以及斗争环境中发展的，马克思主义理论教育不仅必须不断适应斗争环境，也必须不断适应竞争环境。只有充分认识、了解并且满足学生的一般性认知需求，才能够很好地解决马克思主义教育问题。换句话说，从教育的角度看，我们必须要做到这两种需求相互促进，共同发展。

在这里，主要从实际调查数据来研究这两方面学生学习目的。问卷通过一个不限选多选题来了解学生在现有课堂教学中的学习目标预设，可以直接计算各种选项之间的皮尔逊相关系数（数据是 0，1 二分编码，0 表示不看重该目标，1 表示看重该目标）。各种选项之间的相关性见表 4. 3. 2，如表所示，取得高分目的与一般性认知目的大体呈负相关，与思想政治教育直接的目标需求基本不相关，这说明追求高分可能既不促进更多的知识追求，也不促进思想进步。这事实上说明了我们的成绩考核机制可能存在一定的问题，没有形成较为明确的激励机制。

而认知目的之间均呈高度显著的正相关（用粗体标出）。这说明，本校学生在一般性知识追求上与思想政治教育导向的认知目的之间有着相互促进的重要基础。按照马克思主义教育的理想状态，这种相关系数应该很高（有疑问，自动找马克思主义理论以及党的理论解决）。但这里的相关系数更为现实一些。这也要求我们的思想政治理论课教学需要更为贴近学生的实际认知需求，因势利导，才能够达成思想政治教育的目标。

表 4. 3. 2 学生思政课学习目的之间的关系

	拿高分	能过就行	拓宽视野	解答生活疑惑	理解社会政治现象	学习中国历史	学习马克思主义	学习党的理论政策	没想法	其他
拿高分	1									
能过就行	-. 323***	1								
拓宽视野	-. 075**	-. 202***	1							
解答生活疑惑	-. 113***	-. 116***	. 271***	1						

续表

	拿高分	能过就行	拓宽视野	解答生活疑惑	理解社会政治现象	学习中国历史	学习马克思主义	学习党的理论政策	没想法	其他
理解社会政治现象	−0.044	−.197***	.313***	.268***	1					
学习中国历史	−0.026	−.110***	.242***	.168***	.268***	1				
学习马克思主义	−0.011	−.147***	.236***	.247***	.246***	.187***	1			
学习党的理论政策	0.022	−.160***	.205***	.188***	.338***	.205***	.395***	1		
没想法	−.150***	.079**	−.214***	−.121***	−.248***	−.155***	−.123***	−.125***	1	
其他	−0.018	−0.03	0.054	0.012	0.002	0.005	0.002	0.007	−0.002	1

注：N=1264，* $p<0.05$，** $p<0.01$，*** $p<0.001$，双尾检验。

消极的学习者，也就是选择“能过就行”或者“没想法”的同学，往往没有分数追求，同时也没有积极的认知目的（与各种目的基本上均呈显著的负相关，见表4.3.2）。选择有消极选项的（二者之一）的学生共345人，占样本总数的27.3%，近三成。尽管这一部分学生也可能选择有认知目的或者学业成绩目的，但是这种无目标的消极心理不容忽视。这也是我们必须认真探讨思想政治理论课学习动机的重要原因。

同时，另一方面，这一部分同学是否就是完全消极的学习者呢？表4.3.3表明，目前对思想政治理论课“没有想法”或者持“能过就行”态度的同学对教学改革的目标期望同样是很积极的，关键就在于很好地和这些需求相结合。当然，进一步的分析表明，这些同学在一般性人文社会知识求知欲和人生困惑问题求解动机水平上稍微要低一些。这可能与这一部分同学的个性特点有关。

表 4.3.3 消极学习者与积极学习者教学改革目标期望比较

		没想法		能过就行	
		否	是	否	是
教学改革期望目标	提高学术性	163	14	148	29
	解决人生成长困惑	341	27	285	83
	加强基本理论知识教学	117	7	98	26
	开阔学生视野	585	44	514	115
	培养大学生公共参与能力	342	25	304	63
	提高学生马克思主义理论水平	100	8	90	18
	引导思维方式	388	30	342	76
	提高学生思想道德素质	196	13	168	41
	与所学专业相结合	223	32	210	45
	加强党的理论政策宣传	36	3	33	6
	解答社会现实疑问	367	28	323	72
	没有期望	41	17	36	22
	其他	18	3	15	6
	合计	1152	112	1000	264

2. 学生思想政治理论课学习动机

动机是能够唤醒人的行为，并使个体朝特定方向维持特定活动参与的一种内在心理状态。学习动机是指引发与维持学生的学习行为，并使之指向一定学业目标的一种动力倾向。在这里，将学习动机界定为学习愿望强度，即何种程度上希望投入学习。当然这里是指思想政治理论课的学习。这种愿望既有理性的层面，包括目标收益-成本计算，也包括比较感性的喜好因素，很接近于我们日常所说的“学习态度”意涵。在本项调查中，通过两个五分题项来测量这种“态度”：“对您来说，学习思政理论课是否很重要?”，“您对思政理论课喜欢或者排斥的程度”，让受调查者进行评分。两个题项相关系数为0.592（sig. <0.001），以两个题项得分相加除以2作为动机程度指标，样本学生该指标均值为3.03，不是太高。这是值得注意的问题。

事实上，动机不同，学生的学习目的、学习策略、课堂投入、课后学习都会有差别。表4.3.4是学习动机作用的一个探索性分析。从中可以看出，动机与课堂积极性、课后积极性、一般性认知目的、对马克思主义和党的理论政策的直接认知需求（表4.3.4中简称为“马克思主义认知目的”）之间均有中等或中等以上程度相关，这一定程度上说明了动机的重要性。同时，动机与分数追求目标之间的负相关，再次说明了统考激励机制可能存在一些问题。

表4.3.4　学习目的、动机与课堂课后表现的关系

	动机	课堂积极程度	课后积极程度	一般性认知目的	马克思主义认知目的	追求分数
动机	1					
课堂积极程度	.465***	1				
课后积极程度	.502***	.581***	1			
一般性认知目的	.504***	.303***	.341***	1		
马克思主义认知目的	.411***	.255***	.242***	.465***	1	
追求分数	-.260***	-.241***	-.285***	-.281***	-.156***	1

注：N=1260，* $p<0.05$，** $p<0.01$，*** $p<0.001$，双尾检验。

影响学习动机的因素都是多样的。简单来说，一方面，学生的学习动机是在一定的环境中形成的，这种环境形成的动机称为情境动机；另一方面，学生自身的价值观念，需求特点也影响动机的形成。而从教育教学角度，获得教学经验高度支持的结论包括：让学生觉得学有价值、愿意学、有能力学好（即所谓自我效能感），使学生的内在动机和外在动机相互支持，相互促进是维持良好动机水平的关键。同时，在课堂教学设计中，包括学生的参与感、趣味性、认知关联性等所谓学生的课堂关联性感受构建，是促进良好学习动机的重要因素。

这里通过本次调查数据来初步分析我校思想政治理论课教学过程中各种情境因素与学生自身特点对学习动机的影响，包括如下几个方面：

第一，考虑影响动机的一个非常重要的方面：学业成绩追求和考试制度。在这里学业成绩追求使用一个二分变量“是否想拿高分”测量。同时，以学生对当前成绩考核办法的评价作为考核制度的一个主观指标；

第二，学生的认知需求。大学阶段是求知的重要时期，大学生的认知需求普遍比较强烈。一方面，随着年龄的增长，社会生活经验的丰富，会不断产生更多的关于人生的疑惑与思考；另一方面，随着视野的开阔，社会经验的丰富，公共生活参与机会的增多，对社会政治生活的知识需求也在不断增加。正如前面曾经提及的，这两个方面的需求都是思政理论课必须满足并进行引导的；①

第三，对政治教育的认同构成了思想政治理论课程学习的动机基础；

第四，思想政治理论课课堂收获的积极体验是满足认知需求的一个重要指标，并且是构成积极学习态度循环的基础；

第五，课堂教学活动与学生自身关联性越强，越能促进积极的学习态度。

对于思想政治理论课教学而言，第一个方面是通过成绩考核制度设计而实现的；第二个方面不能够控制，只能够引导；第三个方面可以施加一定的有针对性的教育影响，第四、第五两个方面体现了课堂教学的核心作用。另外我们引进了一些控制变量。回归模型见表 4. 3. 5。

---

① 这里主要使用两个指标。一是社会政治求知欲，由问卷第四部分题 2、3、4、5、6 加总构成，信度系数为 0. 853；另一个是第四部分题 1，着重人生求解问题。

表 4.3.5 影响学生思政课学习动机多因素回归分析

模　　型[a]	B
（常量）	
想拿高分[b]	
思政理论课考核评价	.063 （.055）**
社会政治求知欲	.040 （.038）*
在平时生活中，我常常感到迷茫	.024 （.031）*
思政理论课价值评价	.089 （.655）***
上了思政理论课后，您觉得是否有收获？	.105 （.119）***
教学活动自身关联	.108 （.091）***
政治身份[c]	
经管专业[d]	
法学类专业	
理学类专业	
工学类专业	
二年级[e]	
三年级	
性别[f]	
调整 R 方＝0.675	N＝1174

注：a. * $p<0.05$，** $p<0.01$，*** $p<0.001$，双尾检验。 b. 0 表示无此追求，1 表示想拿高分。
c. 1 表示党员以及入党积极分子，0 表示其他。 d. 参照专业：文史类。
e. 参照年级：大一。 f. 参照性别：男性。

表 4.3.5 表明，这是一个比较成功的理论模型。第一个假设没有得到本次调查的完全支持：没有证据表明，当前我校思想政治理论课教学中，分数追求激发了学生的学习动机，同时，对成绩考核办法认同较高的学生，动机水平要高一点。数据一定程度上支持了命题二，比较明确地支持了命题三、四、五。从标准化回归系数来看，对思想政治理论课价值的认同以及学习思政理论课后的收获体验是影响动机的两个最重要因素。事实上，第一个结论没有获得本次调查的支持，也引发了我们的思考：塑造大学生思想政治理论课学习动机最根本的因素是对于该课程本身价值的认同，以及上课之后是否

会让学生产生实实在在的收获体验。而功利性的考虑并没有太大的激励作用。并且，从控制变量的情况来看，动机大体与政治身份、专业、年级、性别无关。这个结论事实上有利于不区分专业、年级统一考虑思想政治理论课有关动机促进措施。

这里的结论很明确：充分重视学生对思想政治理论课价值的认识（即对思想政治教育课的认同），满足学生的求知需求，构建积极的课堂体验，让他们感觉到学有所获，是促进学生学习动机的关键。尤其是，考虑到学生对思想政治理论课价值的评价与收获体验之间较高的相关系数（$r=0.615$，$sig<0.001$），一定程度上说明了这种积极体验循环对于学习动机构建的重要意义。

（三）学生的学习积极性

通过课堂教学活动让学生产生积极的认识收获，通过课堂教学活动使学生感受到充分的参与感与关联感，不断累积学生对思想政治理论课学习价值的积极体验，这两个方面是促进学生产生积极学习行为的重要因素，是课堂教学主渠道作用发挥的关键所在。而学生消极的课堂课后行为往往是因为这两个方面的失败导致学生认知积极性受挫而造成的。

前面关于学生的课堂行为的数据表明，学生思政课课堂行为较为消极。通过对数据进一步分析发现，对考试成绩追求高分的同学，听课状况并不比无此追求的同学要好，课后看教材以及相关书籍文献，探讨相关问题的情况也并不比无此追求的学生要好，这事实上是一个严重的问题：尽管我们是以闭卷考试方式来考核学生的成绩，并在此基础上形成对学生思想政治理论课学习的激励机制，但这套激励机制对学生课堂课后的学习行为积极性基本不产生影响。学生仅仅只能通过考前突击的形式就可以搞定这门课程。对学生来讲，课堂教学是无用的，平时课后学习也是无用的，为了要学分，背书就行。这个结论多少有些令教育者感到尴尬，但事实就是这样的：在目前这种考核方式下，学习思政理论课程，学生自学足矣。后面专门探讨成绩考核问题，这里从调查数据入手，研究促使学生上课听讲，课后进一步学习的相关因素有哪些。

学生的学习行为是一种求知的行为，影响这种行为最基本因素涵盖教与学两个方面。包括：一是学生对课程求知期望的大小。相关求知期望越大，越想认真听讲，越愿意课后进一步探讨；二是学生思想政治理论课学习动机强弱；三是学生的收获体验，越感觉有收获，就越愿意听课，越愿意课后学习；四是教学互动的过程，尤其是学生在教学过程中的关联感受。有如下待检验命题：

第一，社会科学知识求知欲越强，课堂和课后行为越积极；①

第二，人生问题求解愿望越强，课堂和课后行为越积极；

第三，对思想政治理论课的学习动机越趋向积极，课堂和课后行为越积极；

第四，课堂活动的关联感受促进学生的课堂投入；

第五，课堂收获感越强，课堂和课后行为越积极；

第六，分数目标不能提高课堂和课后行为的积极性。

回归模型基本数据见表 4. 3. 6.

表 4. 3. 6　影响学生课堂课后学习积极性多因素回归分析

模　　型[a]	课堂积极程度	课后积极程度
（常量）	−0. 154**	−0. 057*
社会政治求知欲	0. 020（0. 077）**	0. 017（0. 1）***
在平时生活中，我常常感到迷茫	−0. 013（−0. 071）**	−0. 008（−0. 063）**
动机	0. 052（0. 213）***	0. 041（0. 254）***
教学活动自身关联	0. 083（0. 281）***	0. 046（0. 242）***

① 课堂行为根据问卷学生行为部分 32、33、34、35 题构建综合指数，平时课后行为根据学生行为部分 36、37、38、39 题构建综合指数。

续表

模　　型[a]	课堂积极程度	课后积极程度
上了思政理论课后，您觉得是否有收获？	0.036（0.167）***	0.023（0.16）***
您对思政理论课“大班授课”的形式是否满意？	-0.013（-0.061）*	-0.006（-0.046）*
通过思政理论课的学习，您想拿高分[b]		-0.031（-0.108）***
政治身份[c]		0.022（0.062）**
经管专业[d]		-0.018（-0.05）
法学类专业		-0.013（-0.031）
理学类专业		-0.04（-0.129）**
工学类专业		-0.027（-0.079）*
二年级[e]	0.03（0.070）*	
三年级	0.039（0.039）*	
您的性别：[f]	-0.036（-0.084）**	-0.016（-0.057）*

注：a. * $p<0.05$，** $p<0.01$，*** $p<0.001$，双尾检验。　b. 1 表示想拿高分 0，表示无此追求。
c. 1 表示党员以及入党积极分子，0 表示其他。　d. 参照专业：文史类。
e. 参照年级：大一。　f. 参照性别：男性。

从表 4.3.6 看，命题一、三、四、五、六获得证实。但课堂行为中求知欲以及人生求解方面的影响变得比较小。原因之一是我们引进了动机这一中介变量。值得注意的是，过高的成绩追求可能对课堂和课后行为有负面影响（表 4.3.6 中，没有证据表明高分追求会促进学生的课堂行为，但有较为明确证据表明这不利于促进学生平时的课后行为）。同时，我们发现，影响学生课堂表现的较重要三个因素为教学活动组织的积极性、学生的动机水平以及课后的收获感。在课后行为中，求知欲的影响比课堂中的要大一些，比较有意思的是，控制这些影响因素以后，各专业学生课堂投入没有差别，而文史类的学生比理工类的课后投入还要多一点。

事实上，这里的结论又进一步论证了，影响学生的学习投入问题的教学因素依然是课堂教学的质量，而这个质量评价的核心包括两个方面：学生实实在在的学习收获体验以及课堂参与体验。从教学的角度看，无论确定怎样的主观教学质量标准，如果没有在课堂教学中做到让学生有实实在在的收获体验，没有让学生产生积极课堂关联体验，学生是不太愿意更多地投入课堂与课后学习的。

（四）教与学互动

学生思想政治理论课获益感受由教和学两个方面因素促成。从学的方面讲，动机的强弱，学习主动性的强弱是影响思想认识提升的重要因素；从教的方面讲，提供高水平的内容，组织高关联体验的课堂是促进学生思想认识提高的重要因素。

1. 思想政治理论课获益感受的形成

课堂获益感受是学习动机满足的重要指示器，是课堂教学质量的一个重要衡量标准，同时也是思想政治教育要达成目标的重要基础。对于整个课程来讲，学生的获益感受一方面是课堂中教和学共同作用的结果，同时也受学生课后学习行为的影响。这几个因素应该是构建学生获益感受的重要基础：学生对教师授课内容质量的感受，学生对课堂教学关联性体验，学生的学习动机，学生的课堂课后学习积极性。以下为待检验的命题：

第一，学生学习思想政治教育的动机越强，越可能有学习收获；

第二，学生的课堂和课后越主动，越容易有收获；

第三，课堂教学学生关联感受越强，学生越有收获；

第四，学生对课堂教学内容评价越高，学生收获体验越好；

第五，教师授课的态度影响学生的收获体验。

因变量选取了两个进行模型对比。第一个模型因变量是课程学习后收获感受，第二个模型是课堂后收获感受，第二个模型没有纳入课后学习积极性自变量。两个回归模型都纳入了政治身份、专业、年级、性别以及对大班授课形式的看法作为控制变量，同时，鉴于政治教育认同的作用可能会促进课程获益感受，也将其作为自变量。另外，为了探讨分数激励的可能影响，模型中也纳入了是否想拿高分这一个二分变量。结果如表 4.3.7。数据表明，以上前四个命题得到支持，但无论课堂后还是课程后，本次调查不支持授课老师的授课态度作用。同时，课堂教学自身关联性对课堂后的收获感受影响大于课程后的影响；高分追求对学习效果可能产生负面影响；不同政治身份、年级、性别在课堂或者课程后收获体验上似乎没有差别。

表 4.3.7 影响学生获益感受多因素回归分析

模型	课程学习后收获感受	课堂收获感受
	N=924，R 方=0.608	N=931，R 方=0.526
（常量）		-.440*
动机	.159（.168）***	.149（.133）**
教学活动自身关联	.090（.079）*	.221（.163）***
教学内容评价	.151（.133）***	.217（.160）***
教师评价		
思政理论课认同（价值）	.056（.433）***	.046（.302）***
课堂积极程度	.275（.071）**	.638（.139）***
课后积极程度		
您对思政理论课“大班授课”的形式是否满意？		
通过思政理论课的学习，您想拿高分		-.081（-.041）（sig<0.1）
政治身份		
性别		
经管专业		
法学类专业		
理学类专业		
工学类专业		
二年级		
三年级		

注：a. * $p<0.05$，** $p<0.01$，*** $p<0.001$，双尾检验。

2. 教学活动自身关联性问题

在本报告第2部分数据描述以及本部分理论探讨中，我们发现，在课堂教学中，课堂教学的组织活动是否能够激发学生更多地参与，教学的内容是否能够引发学生的更多关注，教师是否能够及时回应学生的疑惑，以及教学的内容是否有趣，让学生感觉思想政治理论课不是一门往好里说“高冷”或者“高大上”的课，往坏里说不是一门“空洞无物”“无关痛痒”的背书课，这是学生在思想政治理论课评价中的一个非常重要的方面。这个方面以前也曾经有过不少的探讨，包括“趣味性”问题研究，“现实性”问题研究等等，但有一个核心的方面没有注意到，那就是这本身不仅仅是一个教育“艺术性”问题，而且还是一个课堂教学的组织活动过程，是思想政治理论课堂教学组织的一个基本性问题。学生的学习动机根本不是天然固定的，也不仅仅是由教学内容决定的，或由学生的学习目的或者价值取向决定的，而是深深地受到课堂教学的卷入性过程影响：如果在教学活动过程中，学生能够高度加入到活动过程中，就能够激发高的动机水平。在学习心理学中，“情境动机”理论认为：动机水平受着各种情景的制约和影响。更进一步，也有研究者提出所谓“关联性”理论，即学生在学习过程如果能够感受到归属感，感受到和教师和同伴的紧密联系，感受到内容与自身的密切联系，感受到被认可，就能够激发学习动机。事实上，各种课堂教学经验都表明，这种联系是通过教学活动组织过程实现的：在教学中通过让大家关注共同关切的问题，在教学活动中设计相应的教学环节促进沟通、交流，促进教学互动，可以实现上述目的。这是教学活动组织过程中非常值得关注的问题，在思想政治理论课课堂教学中，也是如此。

在本部分前面的三方面研究，即，学习的目的和动机、影响学生课堂行为的诸种因素、课堂教学和课程学习的收获感受三个方面，我们都发现，课堂教学中学生感受到的教学关联性是一个非常核心的变量：能够激发动机（见表4.3.5），能够促进积极的课堂行为（见表4.3.6），能够促进更好的收获体验（见表4.3.7）。调查数据比较确切地验证了这种教学活动关联性在思想政治理论课中的重要价值。对于思想政治理论而言，这种关联性构建应该在课堂教学中予以充分设计，同时，这也是评价课堂教学的一个非常重要的指标。

（五）成绩评定

思政课成绩考核既是一种教育评价，又是一种激励机制。必须将教育目标、学生的认知目的以及激励机制必须具备的社会性要求结合在一起，才能更好发挥其积极作用

思政课成绩考核办法一直是思政教育研究和实践中颇受争议的话题。一方面，学生成绩考核是衡量教育目标是否达成的一种重要的测量手段，另一方面也是一种重要的激励机制：对学生来说，成绩是重要的一种学习目的，是学习的内在动机和外在动机的综合体现。当学生学习目的与成绩目标一致的时候，构成了重要的内在动机与外在动机相互协调的基础。

这里通过调查数据探讨学业成绩与思政教育目标的关系。由于不能收集学生的具体考试成绩，成绩测量通过受调查者与同班同学相比较的自我评价进行。同时增加了主观测量方法：对思政课成绩的满意程度。为了更准确地体现学业成绩与思政教育目标的关系，这里以表 4. 3. 1 的结论为依据，控制治理绩效评价以及思政课程学习收获，计算成绩以及成绩满意度与制度认同、马克思主义信念以及党的领导信念之间的偏相关系数，结果见表 4. 3. 8。

表 4. 3. 8 思政课成绩与思想政治教育目标之间的关系（偏相关系数）

	思政课成绩	思政课成绩满意度	制度认同	马克思主义信念	党的领导信念
思政课成绩	1. 000				
成绩满意度	. 463***	1. 000			
制度认同	-. 043	-. 035	1. 000		

续表

	思政课成绩	思政课成绩满意度	制度认同	马克思主义信念	党的领导信念
马克思主义信念	.023	-.002	.295***	1.000	
党的领导信念	.049	.004	.432***	.487***	1.000

注：N=1212，* $p<0.05$，** $p<0.01$，*** $p<0.001$，双尾检验。

数据表明，思政课成绩以及成绩满意度与这三个思想政治教育目标变量之间没有显著的相关关系（sig<0.05）。这一定程度说明，目前的考核方式效标效度不好，没有很好地根据思政教育目标进行教育测量设计，需要努力进一步做出改进。

从表4.3.8也可以发现，作为激励机制的成绩考评也没有发挥其激励效果：成绩满意度与效标变量之间没有显著的相关关系。事实上，比较学生的成绩追求，发现有较高成绩追求的学生并不比较低成绩追求的学生学习动机的水平高（见表4.3.5），也没有证据表明高成绩追求促进了马克思主义理论的学习以及党的理论政策的学习，促进了对现实问题的思考（见表4.3.4）；同时也没有证据表明高分追求者有更多的课堂积极性以及思想认识收获（见表4.3.5、表4.3.7）。

同时，从表4.3.9也可以看出，比较注重成绩目标者，选择考前突击的比例要高一些。这不仅表明不同学习目的的学生学习应对成绩考核的策略有所不同，并且还表明，以测试记忆内容为主的成绩考核办法可能不利于比较倾向于认知目标的学生，在一定程度上讲这不公平。

再者，无论是成绩评定还是奖励机制，考核对象的认同是非常重要的。如果没有考核对象的认同基础，考核对象对参与考核缺乏内在动机，同时奖励体系起不到激励效果。第二部分的数据已经表明，学生对当前的统考方式有着较高程度的不满。同时，对考核办法评价的回归系数也验证了这一点（见表4.3.5）。

表 4.3.9 不同目的学习者的考试应对办法

		对您而言，“考前突击”是不是应对思政理论课考试的基本方法？（行%）	
		不是	是
学习目的	通过思政理论课的学习，您想拿高分	9.9	90.1
	通过思政理论课的学习，您想能过就行	7.0	93.0
	通过思政理论课的学习，您想拓宽视野	19.9	80.1
	通过思政理论课的学习，您想解答生活中的许多疑惑	24.3	75.7
	通过思政理论课的学习，您想理解当今中国社会政治现象	16.3	83.7
	通过思政理论课的学习，您想学习中国历史	16.3	83.7
	通过思政理论课的学习，您想学习马克思主义学说	21.4	78.6
	通过思政理论课的学习，您想学习党的理论政策	20.6	79.4
	通过思政理论课的学习，您没想法	6.7	93.3
	通过思政理论课的学习，您想（其他）	33.3	66.7

所以，不论从衡量教学目标，还是作为一种学习激励措施来讲，当前以考查记忆内容为主的全校统考模式存在一定的问题，有必要作出更多的努力加以改进。

（六）基本结论

报告应用相关统计方法对本次调查数据进行分析，说明了当前我校思想政治教育存在问题的缘由：思政课教育依然存在没有充分满足学生的认知需求的状况，未能将学生的认知需求纳入到教学内容和教学过程中来，同时，课堂教学设计强调单向的灌输，没有致力于构建多种类型的互动，学生无法感受到课程与自身的密切关联。这两方面都影响到学习动机、学习积极性、知识和思想收获的体验，削弱了课堂教学主渠道的作用，不利于思政教育目标的达成。另外，在统考的模式之下，为了分数，学生更形成了一种“死记硬背+考前突击”的学习模式，形成了一种不良的激励机制。

第 4 部分　改进建议

（一）本次调查所反映出来的问题以及改进建议的基础

总的说来，调查数据表明，南开大学思想政治理论课教学的基本面是比较积极的：学生高度肯定了老师的教学态度，学生对教学内容、课程学习收获也持比较正面的评价。但本次调查也反映出本校思想政治理论课教学还不同程度地存在着以下一些问题：

学生思想政治理论课学习动机不够充分，课堂课后学习行为存在着部分消极现象；

从课堂教学过程来看，学生的课堂收获感受还有待进一步提升。同时，教学组织不够活跃，没有充分调动起学生的积极性；

学生对思想政治理论课考核的意见比较大，尤其是统考中死记硬背的内容较多，这不仅给学生带来了不必要的负担和压力，也在一定程度上挫伤了学生学习的积极性。

从根本上来说，无论什么教学内容，无论采用什么样的教学手段，学生的学习过程永远是一个自我更新、自我促进的过程，是一个通过不断满足自身各种需求而发展变化的过程。就如调查数据所表明的，学生永远不是被动地接受，而是主动的选择。学生有自己的学习目的、动机，对待课程有自己的看法和观点，对课堂教学和课程学习有自己的一套学习策略。当然，学生受制于一种基本的制度环境：必修课、学分、课堂点名、考试，以及基本的课堂教学组织过程，等等，但是学生永远是在主动应对这一切，仅凭这一套制度环境不能够随意塑造学生的学习行为，也不能改变学生的思想意识。要提高思想政治教育的实效性，必须关注课堂教学过程怎样形成学生的思想政治观念，在课堂教学设计上必须尊重课堂教学过程的基本原则和规律。

本项调查基本上澄清了这几个方面的问题：

首先，本校学生思政课的学习目的是以认知取向，即扩展知识，提升思想认识为基本指向，以此构成学习的动机基础，并在这一基本的目的指向之上构建自身的学习目的和学习策略。尽管这样的指向与思想政治教育的目标可能有不尽一致的地方，但我们必须充分尊重学生的需求，并将其充分纳入到马克思主义理论教育上来进行引导。大学生已经开始学会独立思考判断，理性认识在其知识情感的发展中具有非常重要的地位，所以，无论是政治信仰和政治情感的培育，还是马克思主义思想方法的训练，以及对现实各种社会政治经济问题以及自身发展问题的认识，都须强调理性的训练，尊重其内在需求；

尤为重要的是，正是在这样的一个过程中，通过思想政治理论课课堂教学使学生感受到学有所获，学有所值，是思想政治教育目标达成的基础。换言之，一种理论，一种信仰，一种真理，无论其多么正确，但在教育教学过程中，没有通过课堂教学过程让学生感受到它的吸引力，感受到认识上的收获和思想上的提升，是不能够得到认可乃至于进一步应用、发展的，是不能够“进头脑”的。“让学生真心喜爱，终身受益”是思想政治教育的使命，是衡量思想政治教育课堂教学的金标准，是改进思想政治教育的基本方向和原则；

同时，正如诸多的教育经验表明的，也为本次调查所证实的另一个关于课堂教学的重要原则是，构建充满活力的，让学生有着丰富体验的，使学生感受到与自身密切相关的互动感强的课堂，是课堂教学成功的重要基础。传统的课堂强调纪律，强调专心致志，事实上是通过这些外在的约束让学生充分投入课堂，追随老师。但今天，学生对权威服从已经不如过去，学生的主动性，创造性，对教师的“挑剔”，使得传统单纯的课堂灌输方法开始失去效用，课堂教学需要设计更多的活动让学生参与其中。尽管不同的教师授课的方法会有千差万别，但无论怎样，如果不能够很好激发学生的学习动机，激发学生充分投入，让学生形成丰富的课堂体验，课堂教学很难成功；

事实上，由于体制和应试教育的痼疾，中学阶段就开始形成思政教育的一种不良循环：灌输，背诵，考试，这个过程一直延续到研究生入学考试。目前尚无充分的经验研究探讨这种循环的政治教育效应，但至少这一点没有太多疑问：在大多数人眼中，思政课大概就是死记硬背的课。这种死记硬背为主的方式与大学生的个性特点不相容，与他们的认知需求相矛盾，这种学习方式甚至一定程度上会阻碍思政教育目标达成。但是正是由于这样的一种循环往往构成了思政课的刻板印象，而学生也往往由此形成一种不利于理解、运用马克思主义理论的一整套学习应试策略。统考办法加强了这种循环，不是一个好的成绩考核办法。这也表明，要进一步改进我校思想政治教育，不仅需要改进教法，也需要改进学法，还需改进考核办法。

另一个值得深入思考的问题是学生对思政教育的接受和认可问题。一方面，由于思政教育或许容易形成一个灌输、背诵、考试的循环，挫伤了学习的积极性，由此形成了少部分学生对思政教育的抵触情绪；但同时另一方面，在当前各种社会思潮的不断竞争，主导意识形态受到了更多的现实挑战，无疑会在大学生的思想意识中有所反应。事实上，这可能是当今意识形态建设的重要任务，课堂教学必须努力应对社会环境的变化，通过各种教育方法来解决这些问题。

以上内容业已表明，对当前我校思想政治理论课课堂教学需要做出进一步改进。以下为本报告提出的建议。

（二）以思想政治教育目标为依据，充分结合学生的认知需求，进一步改进教学内容

学生学习思想政治理论课动机相对较弱，是这次调查反映出的非常核心的问题。这影响了学生的课堂课后学习积极性，影响了思想政治理论课的教学效果。解决这个问题的最根本办法是充分认识到、并充分尊重学生的认知需求，将学生的认知需求和思想政治理论教育内容充分结合在一起。从根本上说，作为教学内容的提供者，教师需要向学生提供深入的、引发思考的、

充满启迪的、提升认识的、高质量的内容。这是大学教育，特别是一流大学教育，应该做到的。马克思主义理论教育如果不能够提供给学生高质量、高水平的教学内容，在一流大学中，无论在教学还是在学术吸引力上都是致命伤。另一方面，在现实的社会生活中，学生产生了许多需要经过理性思考才能够解答的疑问，这些现实问题大多是思想政治理论课需要面对的，同时也需要教师广泛收集，精心准备，甚至需要做一定的研究才能够一定程度上满足学生认知需求。

这两个方面都给思想政治教育内容供给提出了非常重要的现实问题。统编教材最大的好处是在思想理论宣传上统一认识，规范表述，但教材不能够替代教学内容，往往可能因为是标准教材，有标准要求，所以在教材使用过程中，部分教师可能按部就班，照本宣科，面面俱到，浮光掠影。这样反而不能够更好地结合学生的实际情况，比较深入地引导学生进行马克思主义理论思考，引导学生用马克思主义基本原理思考具体的现实问题，引导学生深入学习党的理论政策。事实上，如果仅仅满足于让学生通读教材，熟记知识点，牢记标准答案和标准口径，是不可能培养出未来的马克思主义理论家的。研究型大学尤其如此。

正因为如此，我校思想政治理论课教学内容应该朝精、深、贴近现实的方向进一步努力。

（三）保证政治正确的前提下，进一步调动任课老师的积极主动性

教师的积极主动性是指按照教学要求积极主动地根据教学需要，研究学生，充分组织教学内容，设计教学活动，完成课堂教学。从调查数据来看，样本学生对教师的评价最高，这证明了本校教师有良好的师德和教风。这里，调动教师主动性的核心是提供高质量的教学内容。思政课教师的教学内容量大，课时多，劳动强度大，不太容易做到精细、深入。每一位老师学有所专，而教学内容又极为广泛，应当积极创造条件，鼓励教师精研教学专

题，教学相长，将老师从低质量的重复宣讲中解脱出来，既有利于高质量教学内容的供给，也有利于思想政治教育事业，更利于教师的长远发展，同时也有利于马克思主义教育学院的学术发展，有利于马克思主义事业的发展。

（四）构建互动充分的课堂，使学生充分感受到教学活动的自身关联性

大学教学往往比较注重教学的内容和质量，而不太注重课堂教学的技巧。调查数据表明，让学生感受到较强关联感的课堂会激发学生的学习动机，促进学生的进课堂参与，有着比较重要的价值。尤其是对于理论性的课程，相对活跃的课堂气氛更有利于激发学习热情。大班授课的方式不容易构建互动，教学上往往容易趋向于单方面的讲授，这对构建关联性强的课堂尤其具有挑战性。学生的课堂关联感受可由认知相关、情感相关、身份认同、成就体验、活动联系等多方面构成，构建关联性高的课堂方式也是多种多样的。这需要任课教师多方面借鉴，并在每一堂课中积极努力不断尝试。

这事实上也需要激励教师在教学方式的改进上多投入，多思考，组织交流经验，进行丰富的教学研讨。

（五）通过多种方式进一步密切教师和学生的联系

师生的联系是思想政治教育非常重要的一个方面。通过师生联系，教师能够不断地了解学生，认识学生，不断更新对教育对象的认识，能够针对具体的问题组织教学活动，同时，学生具有各种个性特点的疑问在这种沟通中能够得到一定的解决。尤其重要的是，通过师生的联系能够构建丰富的思想政治教育的资源，构建思政课的学生基础，让学生能够具体的、实实在在的感受到思想政治理论课程以及思想政治理论课教师与其自身的关联与价值，增进认同。从调查数据来看，学生也非常希望能够增加这样的联系。这种师生联系可以通过多种方式进行，例如各种线上交流活动，以个人为单位面对面沟通交流，理论沙龙，专题讲座等等方式。

（六）改进成绩评定方式

建议逐步取消目前统考方式，根据具体的教学活动组织学生认可的、多样化的、对教学组织活动能够产生较好激励效果的多种考评方式。

五、南开大学思想政治理论课课堂教学状况调查报告(2016年)

第1部分 调查简介

（一）调查目标与调查设计

1. 调查目标

南开大学思想政治理论课课堂教学状况调查（2016）延续2015年同期调查的基本目的：(1) 全面调查我校学生对于思想政治理论课课堂教学内容、方法、教师教学态度以及考核成绩评定办法的评价，以及学生感受到的教学效果评价；(2) 全面调查我校学生思想政治理论课的学习目的定位、动机水平、学习策略以及课堂课后行为；(3) 了解学生对于思想政治理论课教学的改革意愿要求；(4) 在调查数据基础之上，以思想政治教育基本理论为依据，评估当前思政理论课的教与学两方面的状况，研究影响当前思政理论课教学效果的核心问题，提供思想政治理论课教学改革的依据。

同时，作为历时性调查，在2016年上学期的调查中增加了这样两个目标：(5) 数据对比，对照2015年同期数据分析思想政治理论课课堂教学的动态；(6) 通过数据对比，进一步确认思政理论课课堂教学存在的问题，并进一步进行理论总结，提出更加有确证度的诊断结论和更有效的教学改革建议。

2. 调查的理论基础、方法与问卷内容

如图5.1.1所示，本项调查依据的理论框架由三个大模块构成。其核心思想是，学校思想政治教育的效用是在教学过程中通过教学活动使学生不断产生新的认识和体验（教学效果感受）而形成的一个循环往复的过程。这是思想政治教育产生实效性，达成教育目标的以学习过程为中心的理论模型。之所以以学习过程为中心构建理论模型，原因有二：一是本调查是以学生为中心的调查，需要解释以学生为中心收集的数据；二是任何科学的教学过程设计都必须建立在对学习过程规律的认识基础之上。具体而言，本项研究采用了如下基本理论依据：

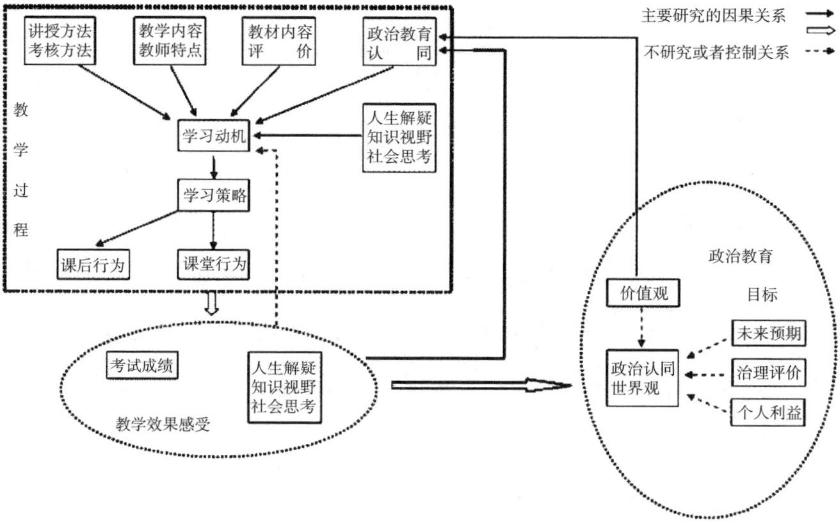

图 5.1.1　研究基本理论框架图

1）思想政治教育要发挥其效用，需经由受教育者在教学活动中的学习过程实现；思想政治教育的政治性主要体现在教育目标和内容上，而在教育和学习的过程上，思想政治教育遵循一般的教育和学习原理。这也就意味着，思想政治理论课的教学设计必须在客观分析影响教学过程的诸因素基础上，明确思想政治理论课的具体教学目标，遵循学习过程的规律，进行科学的教学过程设计。

2）学生永远是主动的学习者和探索者，大学生尤其如此。在学习一门课程时，学生往往会对课程学习进行价值评估，构建自身在课程学习中的期望，并形成自身的学习策略。这个过程受着学习环境的巨大影响。从中学时代开始，学生对政治理论课程的评估和学习策略已经经历了若干次循环反馈，往往已经构成固有的刻板印象，形成了既有的学习策略。

3）学生有效的课堂学习行为是评估课堂教学的重要方面，是学校思想政治教育的主渠道发挥效用的基础。在大学的大组（班）教学中，学生课堂学习行为的有效性主要受两个方面因素的影响：一是课堂教学必须充分满足学生的认知需求，二是课堂教学活动必须构建起充分的关联感受。

4）学业成绩考核既是评价学生学业成就的重要方法，同时又是激励机制。必须将教育目标、学生的学习动机和激励机制必须具备的社会性要求结合在一起，才能更好地发挥其积极作用。

以上理论基础既有相关的一般教学和学习科学的支持，也有思想政治教育的理论基础。同时，在两个年度的调查数据分析中也获得了明确的数据支持。当然，相关理论研究尚需深入，要获得更高的理论效度，实证研究对象尚需延伸到各级各类高校大学生。

本项调查确定了如下基本内容：（1）学生对思政课堂教学各方面的评价，这既包括对教学内容、方法、教师、成绩考核的评价，也包括学生思想政治理论课课堂教学过程中的学习感受、意见和想法，以及知识收获和思想收获状况；（2）学生对思政课本身的评价，对思政课的学习目的、知识需求与学习动机，以及学生的学习策略；（3）学生学习行为，包括课堂和课后的学习行为表现；（4）学生对思想政治理论课教学的改进期待，包括学生对政治理论课的认知需求，对课堂教学方法改进的意见，对师生互动方式的建议，对成绩考核方法的建议等方面。（5）学生的基本政治态度：主要包括马克思主义信念、制度认同、党的领导的信念。这些变量作为衡量思想政治理论课课堂教学实效性的重要指标。同时，为了探讨实效性问题还设计了其他一些控制变量（如治理评价、社会发展预期、自由主义观念、权威主义观念等）；（6）学生个人基本情况：包括性别、年龄、年级、专业、政治面貌、家庭背景（收入、阶层、职业、城乡、父母政治面貌）等。

调查问卷的基本内容结构相较于2015年度（问卷见报告附录）仅做了有限几个题目的增删。

在方法上，2016年度继续采用问卷调查的方法。同时，本学期的调查还使用了课堂观察方法。

（二）调查过程与样本概况

1. 调查过程

2016年度调查项目由薛晓斌副教授负责，马克思主义教育学院思想政治教育专业下述同学参与了问卷修改讨论、课堂观察和网络问卷调查：12级舒高磊，13级韩祥宇、韩绮颜、王品越、陈琴，14级的陈蒙、寇静、寇旺旺、王琪、王香杰、郑颖，15级的金赞研、田哲人。为了减轻繁重的问卷录入任务，本学期采用了网络填答的方式进行。在问卷修改的同时，进行了网络调查的可行性论证，组织了网络填答试调查。抽样方式依然是分阶段随机抽样方式，以本学期马克思主义教育学院担任本科思想政治理论课教学任务的教师为抽样总体，抽出12位任课教师（原理课为专题授课方式，一般两位老师共同承担一个教学班的授课任务），再通过分层整群抽样的方式抽选出受调查学生的班级和专业，一共调查了大一、大二共21个专业的学生。从2016年6月1日开始到6月7日结束以班为单位在课堂中进行网络问卷填答，并即时回收数据。7月底完成数据清查，调查报告由薛晓斌副教授执笔撰写，2016级思政研究生王勃然、2013级思政专业本科生韩绮颜、韩祥宇通读了初稿，并进行了校对。报告于2016年10月完成。

2. 样本概况

本次调查的研究总体为全校范围内一、二年级本科生，本次调查样本班到班上课共1369人，回收整理后获得有效问卷数1136份，有效回收率83%。有效回收率较去年有所降低，主要是因为采用网络集体填答方式，填答配合度稍有降低所致。样本基本情况如下：

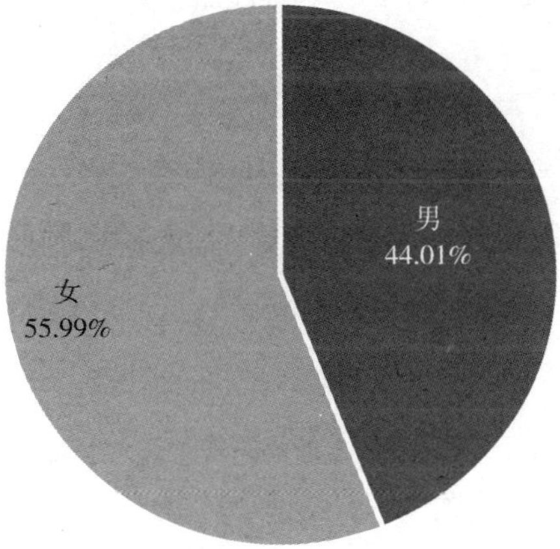

图 5. 1. 2　样本性别

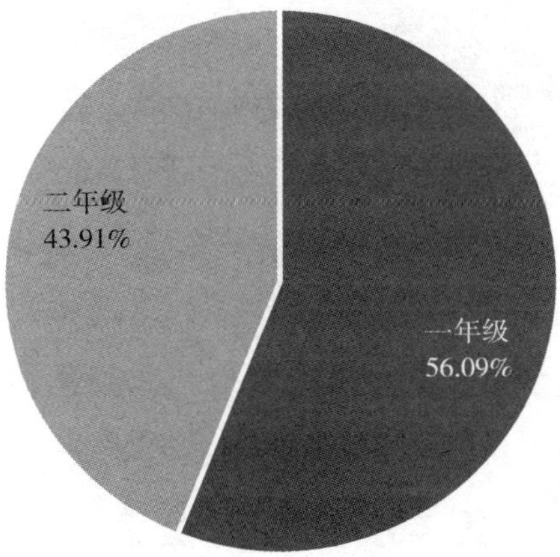

图 5. 1. 3　样本年级

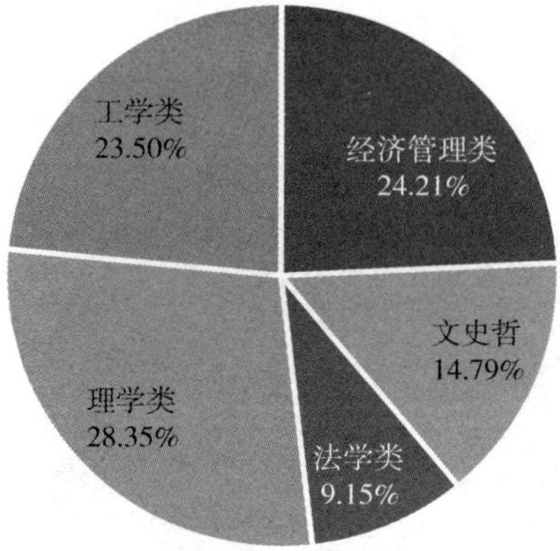

图 5.1.4　样本专业

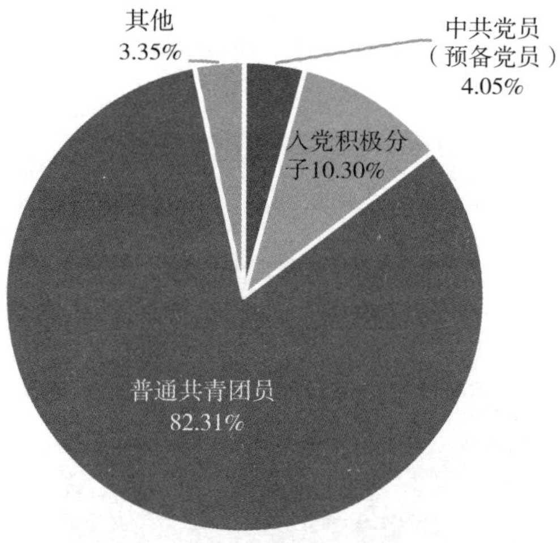

图 5.1.5　样本政治面貌

第 2 部分　基本数据

（一）学生对思想政治理论课课堂教学的评价

在本调查中，学生对思想政治理论课教学评价指的是课堂教学评价，包括学生对教学内容、教学方法与课堂教学组织、考核方式、教师评价，以及学生学习后的收获体验几个方面。

总体状况：从样本情况来看，学生对教学内容、教师持较正面评价，对思想政治理论课的获益感受相对较为正面，与去年的调查比，略有提升。但对闭卷考试方式依然有较大的意见，同时，样本学生依然普遍认为课堂教学的趣味性差，互动参与不足，课堂教学自身关联感不强。

1. 教学内容评价

对于教学内容的考察，主要从信息量、学术视野、内容说服力、内容思想性（深度）、内容清晰准确程度这几个方面进行学生评价。

从表 5.2.1 来看，50%以上受调查者对思想政治理论课教授内容的信息量、学术视野、思想性（深度）、清晰准确性都表现出满意的态度，但对讲授内容说服力的满意度要稍低一点。比较 2015 年同期的数据，我们发现满意度均提高了一些，主要体现在选择非常满意的样本学生比例较大幅增加。

表 5.2.1　学生对思政课教学内容评价（N=1136，行%）（括号内为 2015 年数据）*

题　项	很不满意	不太满意	一般	比较满意	非常满意
信息量丰富程度	3.1（2.0）	4.6（10.8）	23.3（29.6）	40.4（45.7）	28.6（12.0）
学术视野	1.1（2.0）	3.3（11.2）	23.6（32.4）	44.6（44.7）	27.3（9.7）
内容说服力	1.8（3.5）	5.6（13.0）	25.8（36.2）	44.4（38.8）	22.4（8.4）
党理论政策讲授清晰准确	1.3（1.4）	3.6（9.2）	25.7（31.1）	40.0（45.8）	29.4（12.5）
内容深度	1.0（1.6）	3.3（10.4）	21.2（32.8）	46.3（43.7）	28.3（11.6）

注：* 除非特别说明，本报告后续各图表括号内的数据均表示 2015 同期数据，2015 年样本量参见 2015 报告。

2. 教学方法评价

同 2015 调查一样，学生对教学方法的评价，包括课堂教学活动的自身关联感。这包括趣味性、互动参与感、教学内容与自身的距离感、教师的吸引力等方面。课堂教学的自身关联感体现了整个教学活动的组织能否将教师、学生、教学内容在教学活动过程中密切组织在一起，将学生“卷入”到课堂教学中。问卷也设计了学生对于教学方法的总的评价。

从表 5. 2. 2 中可以看到，近 60%的样本学生对课堂教学方法的总体评价表示满意，比去年同期明显增高。

表 5. 2. 2　学生对课堂教学方法总体评价（N=1136，行%）

题　　项	很不满意	不太满意	一般	比较满意	非常满意
课堂教学方法是否满意	2. 4（4. 4）	9. 9（16. 1）	28. 5（36. 8）	35. 3（33. 4）	23. 9（9. 3）

从表 5. 2. 3 来看，课堂教学活动中学生的关联感受各项指标评价比 2015 年同期调查有较明显增高。不过，学生对教学内容自身距离感、课堂的趣味性、课堂互动上评价依然较低一点，而在其他各项指标上评价都比较好。

表 5. 2. 3　学生思政课课堂教学自身关联感评价（N=1264，行%）

题　　项	很不满意	不太满意	一般	比较满意	非常满意
课堂趣味性	6. 4（12. 1）	16. 5（29. 1）	26. 8（32. 2）	28. 7（19. 9）	21. 6（6. 7）
内容与自身的距离感	9. 9（9. 7）	21. 5（34. 0）	31. 2（30. 5）	14. 4（19. 9）	23. 0（5. 9）
课堂互动充分程度	6. 3（10. 4）	16. 9（25. 0）	35. 5（31. 1）	25. 3（23. 2）	16. 0（10. 4）
结合学生实际生活背景	0. 9（2. 1）	5. 5（13. 2）	30. 3（36. 6）	37. 5（35. 7）	25. 9（12. 4）
引用时政热点情况	0. 9（0. 7）	3. 4（6. 3）	24. 1（27. 4）	42. 7（48. 3）	28. 9（17. 3）
个人吸引力	1. 2（2. 6）	4. 8（8. 3）	24. 0（32. 7）	36. 4（39. 7）	33. 5（16. 6）

3. 考核方式评价

对于考核方式的评价，主要从闭卷统考、“死记硬背”内容多少、平时与期末成绩比例、目标效度以及公正程度等五个方面来进行。

从表 5. 2. 4 可以看出，前三个指标两年数据高度接近。绝大多数受调查学生反映思想政治理论课考试中“死记硬背”内容量过大，同时对考试能否达到测量思想道德水平目的普遍持有保留态度。大多数受调查学生对当前闭卷统考方式不满意；对考试评分结构（平时与期末成绩的比重）评价情况要稍好一点。学生对闭卷考试的公正程度总体上还是持正面评价，但今年的评价比去年要低一点。

表 5. 2. 4　学生对思政课考核方式评价（N=1136，行%）

题　项	很不（满意）	不太（满意）	一般	比较（满意）	非常（满意）
闭卷统考	44. 4 （42. 3）	20. 1 （25. 1）	18. 8 （18. 1）	8. 6 （10. 1）	8. 1 （4. 4）
“死记硬背”内容量	51. 8 （50. 0）	30. 0 （32. 5）	12. 8 （12. 3）	2. 1 （3. 6）	3. 3 （1. 6）
平时与期末成绩比例	10. 9 （10. 3）	16. 3 （15. 6）	38. 6 （39. 8）	25. 5 （29. 9）	8. 8 （4. 4）
反映学生思想道德水平	32. 0 （30. 1）	35. 6 （37. 9）	25. 2 （19. 6）	5. 4 （7. 1）	1. 9 （5. 4）
闭卷统考是否公正	15. 6 （11. 6）	14. 9 （12. 2）	33. 6 （27. 5）	25. 4 （38. 8）	10. 6 （9. 8）

4. 教师基本评价

对于教师的评价，问卷从是否照本宣科、教学态度、友善程度、专业水平等方面来进行学生评价。

表 5. 2. 5 表明，受调查学生对老师教学认真态度、老师对学生的尊重友善以及老师的专业水平和个人吸引力评价都很高，并且比去年有比较显著的提高。从受调查学生反映的情况来看，照本宣科的情况不严重，并且比去年数据更好。

表 5.2.5　学生对思政课教师评价满意度（N=1136，行%）

题　　项	很不	不太	一般	比较	非常
照本宣科程度	1.1（2.7）	4.0（11.6）	25.2（29.7）	46.8（38.7）	22.9（17.3）
教学态度认真程度	0.4（0.6）	1.0（2.8）	10.2（14.4）	35.3（49.8）	53.1（32.4）
对学生尊重友善程度	0.4（0.5）	0.6（1.9）	9.1（10.8）	34.9（48.3）	55.1（38.5）
老师专业水平	0.4（0.6）	0.6（1.9）	9.3（15.9）	42.6（52.6）	47.1（29.0）

5. 学习收获

总体评价见表 5.2.6。总体上说，比去年有比较大的进步：对上课收获持负面评价的受调查大学生比例约 15%，50%以上受调查者对思政理论课持正面评价。

表 5.2.6　学生对上思政课收获评价（N=1136，%）

题　　项	毫无收获	不太有收获	一般	比较有收获	非常有收获
思政理论课收获	3.8（8.5）	12.4（24.1）	32.6（37.0）	37.1（26.6）	14.1（3.9）

从表 5.2.7 中可以看出更为具体的评价。在分项指标中半数左右的受调查者都表示通过思想政治理论课的学习，在对马克思主义基本概念和理论、党的理论政策的认识，对拓宽视野，对生活和社会政治问题的思考等各方面都有比较大的收获，和表 5.2.5 对照，评价比较一致。两个年度的对照来看，今年比去年同期的评价略微提升，相对于教学其他方面的满意度来讲，增加状况不太大。如果我们把表 5.2.6、表 5.2.7 理解为评价思想政治理论课堂教学实效性的学生主观指标，我们大体可以这样认为：总体来讲，样本大学生思想政治理论课课堂教学的主观实效性基本呈正面评价，今年比去年同期略有提升。

表 5.2.7 学生思政课学习收获评价（N=1136，行%）

题 项	很不同意	不太同意	中立	比较同意	非常同意
加深马克思主义理论认识	6.6（7.1）	9.4（13.8）	32.5（31.5）	41.5（42.3）	10.0（5.4）
拓宽视野	5.5（7.2）	9.3（14.0）	32.0（32.9）	41.2（39.8）	11.9（6.1）
增进生活感悟	8.6（9.0）	12.9（18.1）	35.1（35.8）	32.9（32.4）	10.4（4.6）
促进社会政治问题思考	6.3（6.2）	10.3（11.8）	30.5（29.9）	40.1（45.7）	12.8（6.4）
增强辨别是非能力	6.9（8.7）	11.4（12.9）	34.9（34.3）	35.0（37.8）	11.8（6.3）
增进党理论政策认识	6.3（6.4）	10.1（10.5）	32.4（31.0）	38.6（44.6）	12.6（7.5）

6. 年级、专业、政治面貌以及性别差异

本项调查通过多因素方差分析比较思政理论课评价的性别、专业、政治面貌以及年级差异。基本结论如下：

1）学生思政理论课评价与性别、专业无显著关系；

2）党员和入党积极分子对思政理论课教学评价要高一些（见图 5.2.1）。

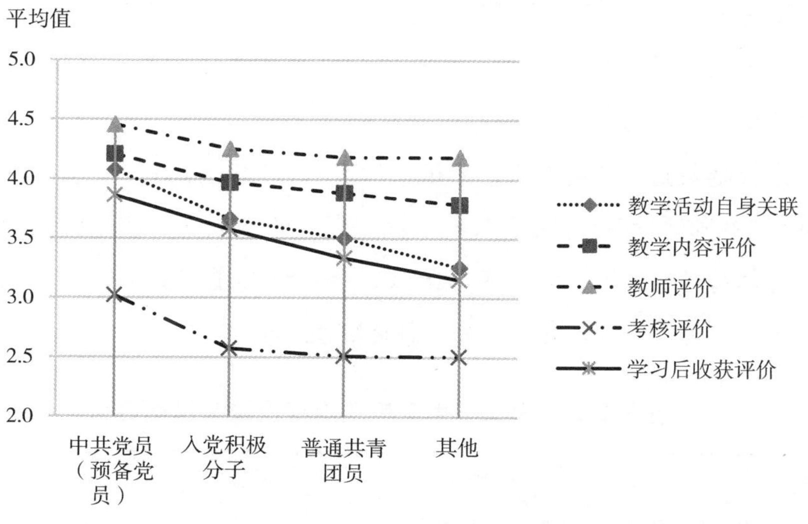

图 5.2.1 不同政治面貌学生思政课评价

3）二年级大学生对思想政治理论课评价比一年级要高一些（参见图5.2.2）。

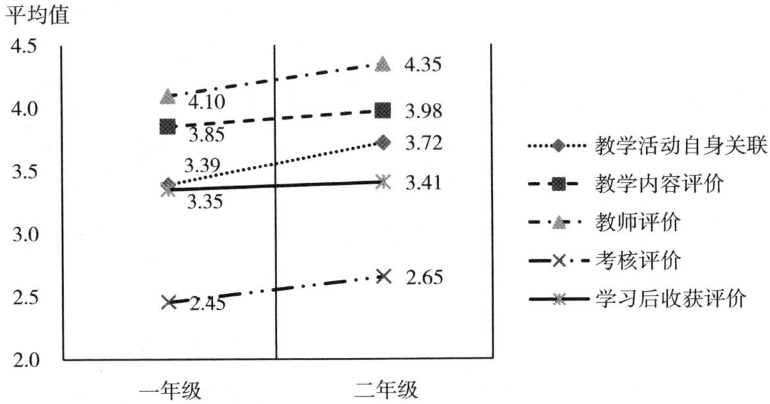

图5.2.2 不同年级学生思政课评价

7. 教学评价总体状况

总的说来，学生对思政理论课教学反映意见最大的是考核方式，在课堂参与感以及课后收获方面评价也不太高。这里将“教学活动自身关联”“教学内容”“教师评价”“考核方式”，以及“课后收获”这五个维度的题目各自加总并计算平均值。由于我们的选项评分为1—5分，故评分中点为3分。

统计结果显示（见表5.2.8和图5.2.3），“教学内容”“教学活动自身关联”“教师评价”“学习后收获评价”因子的均值和中位数皆大于得分中点，总体持肯定态度，而“考核方式”的均值和中位数小于得分中点，持否定态度。另外，教师评价最高，且标准差最小。

表5.2.8 样本学生思想政治理论课各维度评价

	均值	中值	N
教学内容评价	3.90（3.50）	4.00（3.60）	1136（1246）
教学活动自身关联	3.53（3.22）	3.60（3.12）	1136（1251）

续表

	均值	中值	N
教师评价	4.20（3.99）	4.20（4.00）	1136（1250）
学习后收获评价	3.37（3.24）	3.33（3.33）	1136（1257）
成绩考核评价	1.93（2.29）	2.00（2.33）	1136（1260）

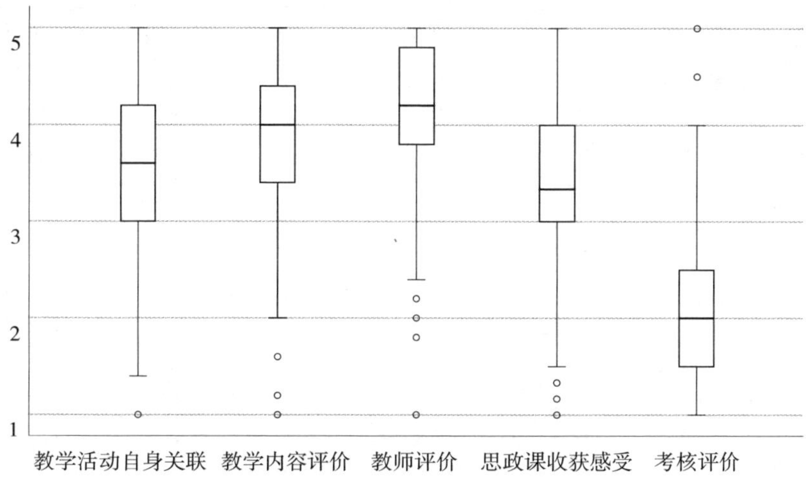

图 5.2.3　样本学生思政课分维度评价

（二）学生学习行为

本部分的学习行为包括学生关于课程学习的认同、动机与策略选择和课堂以及课后学习表现。

总的状况是：在主观上，样本学生对思政理论教育的认可度尚可，学生学习思政课的目的以认知目的为主。两年的调查数据接近。值得注意的是有10%—20%的学生依然对思政教育本身持否定看法；学生思政课学习的动机水平较低，60%左右的受调查者处于“无感”状况。在学习行为上，学生自我报告的课堂听课情况尚可，但互动以及课堂参与水平较低，课后学习状况不佳，学习方法基本上依然是“死记硬背+考前突击”方式。

1. 对思想政治理论课的认同

学生对思想政治理论课的认同是学生对思政理论课价值和意义的看法，直接影响学习动机、学习策略以及课堂课后行为。学生对思政课认同情况如表 5. 2. 9。

表 5. 2. 9　学生对思政课的认同状况（N=1136，行%）

题　　项	毫无	不太有	一般	比较	非常
马克思主义理论教育必要性	7. 7 （6. 7）	11. 8 （13. 1）	28. 3 （27. 1）	32. 8 （36. 4）	19. 4 （16. 7）
开设思政理论课必要性	8. 2 （7. 1）	12. 1 （13. 3）	26. 5 （26. 2）	31. 6 （36. 4）	21. 7 （17. 0）
价值观引导必要性	7. 3 （5. 7）	9. 2 （9. 6）	25. 1 （24. 2）	35. 4 （39. 3）	23. 0 （21. 1）
思政理论课对以后工作生活价值	8. 7 （8. 9）	13. 3 （17. 1）	31. 8 （30. 9）	31. 1 （32. 5）	15. 1 （10. 7）
思政理论课是否促进专业学习	15. 8 （15. 4）	20. 2 （27. 7）	35. 0 （29. 3）	17. 4 （20. 9）	11. 5 （6. 7）
思想政治教育的社会政治意义	6. 2 （5. 9）	6. 6 （8. 4）	28. 2 （27. 2）	34. 9 （39. 5）	24. 1 （19. 0）
党的理论政策学习是否有意义	6. 9 （5. 8）	11. 1 （11. 5）	30. 3 （33. 5）	34. 0 （34. 1）	17. 8 （15. 1）

从表 5. 2. 9 看出，今年的认同度略为提升。这也符合现实状况：认同度增强或者减弱应该迟滞于课堂教学的评价的变化，在一年之内不太可能发生戏剧性变化。总体上来讲，南开大学学生对马克思主义理论教育的认可程度比较正面，各指标持正面看法的（比较必要、非常必要）占 50%—60%之间，但对思想政治教育对于专业课学习的促进作用评价较低一些。另一方面，各指标上持否定意见的占 10%—20%，三成左右学生选择了“一般”。考虑问卷调查可能给学生带来一定的填答压力，持负面意见的学生比例比问卷显示出来的或许要高一些。这表明，近五分之一的南开大学学生对思想政治理论教育持负面态度，这值得我们持续追踪调查，也需要我们高度重视。

2. 学生的学习动机、目的与学习策略

前面的认同指学生对思想政治教育本身意义和价值的认可，但和学生学习行为更为直接关联的是学习动机。问卷设计了“学习动机”和“学习策略”两个方面的题项，下面对此做以简要数据分析。

（1）学习动机与目的。学习动机是指学生学习思想政治理论课课程的基本动力状况，这里从课程本身重要性的感知、对学习感兴趣的程度两个方面来考察。

表 5.2.10　学生思政课学习动机（N=1136，行%）

题　项	很不	不太	一般	比较	非常
重要程度	7.7（9.5）	15.6（16.4）	33.9（34.0）	26.1（28.5）	16.6（11.5）
喜欢程度	6.3（7.7）	13.3（15.3）	56.4（59.1）	16.0（14.0）	8.0（3.9）

对比去年同期数据，我们发现无论是重要性认识还是喜好程度，都呈现弱的增加趋势。这与表 5.2.9 也构成对应。但我们发现，重要性的评价依然滞后于对课程本身意义的评价，同时，依然有四分之三的受调查者并不喜欢思政课程。喜好是内在动机激发的最直接方面，重要性认知涵盖内在与外在动机两个方面，既包括内在价值认识，也包括工具性价值判断。从这两个指标来看，样本学生思想政治理论课动机水平依然偏低，值得充分关注。

在学习目的上，表 5.2.11 显示，受调查者学习思想政治理论类课程的最主要目的是“拿高分”“理解当今中国社会政治现象”和“拓展视野”，均占到样本总体的 50%以上；选择“没想法”和“其他”的人数最少；选择“能过就行”约占样本学生五分之一。同时，工具性目标（拿高分）与认知目标都为本校学生所看重。不过值得注意的是，直接选择“学习马克思主义学说”“学习党的理论政策”的受调查者比例依然不太高。对比去年的数据（表 5.2.12），我们发现，学生对思想政治理论课的目的定位排序基本没变，态度基本没变。结合表 5.2.9、表 5.2.10，这大体上说明，学生学习的动机在一段时间内相对是不会发生太大变化的，这是我们在进行教学设计时需要认真考虑的客观现实状况，需要一定的教学手段进行改善。

表 5.2.11　思政课学习目的 频率（2016 年）

	百分比	个案百分比
拿高分	20.0%	65.1%
理解当今中国社会政治现象	18.4%	59.7%
拓宽视野	15.6%	50.6%
学习马克思主义学说	9.9%	32.3%
学习中国历史	9.8%	31.7%
学习党的理论政策	8.5%	27.6%
解答生活中许多疑惑	8.2%	26.8%
能过就行	6.1%	19.7%
没想法	2.2%	7.0%
其他	1.4%	4.4%
总计	100.0%	324.9%

表 5.2.12　思政课学习目的 频率（2015 年）

	百分比	个案百分比
拿高分	18.5%	51.0%
理解当今中国社会政治现象	17.7%	48.9%
拓宽视野	17.3%	47.8%
学习中国历史	11.3%	31.2%
学习马克思主义学说	8.7%	24.0%
学习党的理论政策	8.0%	22.1%
能过就行	7.6%	21.0%
解答生活中许多疑惑	7.3%	20.1%
没想法	3.2%	8.9%
其他	0.3%	1.0%
总计	100.0%	275.8%

（2）学习策略。表 5.2.13 表明，近一半的样本学生觉得思政课比较难，约五分之一的同学觉得容易。相对去年的调查，学生的难度感增高了。受调查者填答“通过思政理论课学习，发现思政理论课是一门‘背书课’”这一问题时，近 60%的同学认同这种看法，和去年水平相当。对于“对您而言，‘考前突击’是不是应对思政理论课考试的基本方法?”这一问题，近 80%的学生给予了肯定答案，这比去年降低了一些，但依然是一个非常高的比例。换言之，“死记硬背+考前突击”的方法依然是学生学习思政课的基本方法，这一点尚未根本改变。

表 5.2.13　学生思政课学习策略（N=1136，行%）

题　　项	不同意	不太同意	中立	比较同意	很同意
思政理论课学习很容易	16.4 （11.8）	30.9 （28.2）	32.1 （35.5）	14.4 （20.0）	6.2 （4.4）
思政理论课是一门“背书课”	7.3 （3.4）	9.2 （9.8）	25.1 （29.6）	35.4 （38.3）	23.0 （18.9）
“考前突击”是应考基本方法	不是 20.1 （12.9）	—	是 79.9 （87.1）		

3. 课堂行为

学生思想政治理论课课堂行为直接反映出学生对此类课程课堂教学质量的态度与评价，也隐含着学生对课程本身的认同程度。这里我们选取比较有代表性的“出勤率”“听课认真程度”以及“参与课堂互动情况”三个题项来进行分析。

（1）出勤率。从表 5.2.14、表 5.2.15 可以看出，本学期超过 70%的受调查者表示从没有逃过课，约五分之一的受调查者表示逃课有 1—2 次。仅有 5%的受访者称自己逃课在 3—5 次及以上，比较去年的数据有较大的改进。当然，这里是自我报告的数据。从样本情况来看，经管与理工专业逃课比例要低一些。同时，通过表 5.2.15 我们可以发现，逃课状况主要在二年级获得改善。今年的数据看来几乎没有年级差异。当然，这主要是由于年级差异（今年的二年级就是去年的一年级）还是由于课程的改进引起的，尚不能作明确的判断。

表 5.2.14　不同专业学生思政课逃课自我报告（%，N=1248）

		经管类	文史哲	法学类	理学类	工学类	总体
翘课频率	从没翘课	73.1 (62.5)	69.6 (46.5)	66.3 (53.9)	74.8 (68.9)	71.5 (58.1)	72.1 (60.3)
	1—2 次	23.3 (26.3)	25.6 (39.4)	26.0 (29.8)	17.1 (21.6)	22.5 (28.9)	21.9 (27.6)
	3—5 次	3.3 (10.4)	3.0 (12.9)	4.8 (12.4)	5.0 (7.4)	4.9 (9.5)	4.2 (9.9)
	6—10 次	0.4 (0.4)	1.2 (0.6)	1.9 (3.4)	1.6 (1.1)	0.4 (2.1)	1.0 (1.4)
	10 次以上	0.0 (0.4)	0.6 (0.6)	1.0 (.6)	1.6 (1.1)	0.7 (1.4)	0.8 (0.9)
合计		100.0	100.0	100.0	100.0	100.0	100.0

表 5.2.15　不同年级学生思政课逃课自我报告（%，N=1243）

		大一	大二	总体
翘课频率	从没翘课	70.9（70.6）	74.3（59.0）	72.1（60.4）
	1—2 次	22.8（21.8）	20.1（30.2）	21.9（27.5）
	3—5 次	4.2（6.5）	4.3（8.1）	4.2（9.7）
	6—10 次	1.0（0.6）	0.8（1.4）	1.0（1.5）
	10 次以上	1.1（0.4）	0.4（1.3）	0.8（0.9）
合计		100.0	100.0	100.0

（2）听课与课堂互动。如表 5.2.16—5.2.19 是两年样本学生听课与课堂互动基本情况。

表 5.2.16　样本学生课堂听讲状况（%，N=1243）

题　　项	总是认真听讲	基本认真听讲	有时认真听讲	几乎不太听讲	根本没听过
课堂是否认真听讲	14.2（7.8）	29.2（22.9）	33.1（37.7）	17.9（24.9）	5.6（6.67）

表 5.2.17　样本学生课堂回答问题积极性（%，N=1243）

题　　项	非常积极	比较积极	不太参与	从不参与	老师几乎不提问
课堂回答问题积极性	7.0（4.2）	12.3（10.5）	37.6（51.9）	17.2（23.5）	25.9（9.9）

表 5.2.18　样本学生课堂主动提问积极性（%，N=1243）

题　　项	经常提问	偶尔提问	从不提问	几乎没有机会提问
课堂主动提问积极性	5.6（3.7）	22.5（22.5）	56.4（63.6）	15.4（10.2）

表 5.2.19　样本学生参与课堂讨论积极性（%，N=1243）

题　项	非常积极	比较积极	不太参与	从不参与	几乎没有机会参与
学生参与课堂讨论积极性	7.0（4.1）	16.6（15.3）	41.2（51.1）	17.9（21.2）	17.3（8.3）

表 5.2.16 显示，在听课认真程度上，学生的自我评价比 2015 年同期有比较明显的提高。在课堂提问、回答问题、参与课堂讨论上，学生的实际参与状况相对去年几乎没有变化。但今年的数据显示，学生对课堂提问、回答问题以及课堂讨论机会缺失比去年要更加在意一点。这表明课堂教学需要进一步增进课堂互动环节。

这几个问题采用的是“迫答”方式提问，即要求受调查者明确回答自己的行为是积极还是消极的，没有中间选项，这更能够明确地呈现学生自己的行为状况。

4. 学生课后行为

学生在思想政治理论课的课后行为一方面反映出学生对课程本身的重视程度，另一方面也与学生应对考试的基本方式紧密相连。在本调查中，我们主要从课程复习、知识拓展以及交流沟通几个方面来进行考察。

表 5.2.20　学生思政课平时思政课学习行为（行%，N=1136）

题　项	从不	偶尔	一般	经常
复习教材	9.4（37.5）	23.2（29.1）	35.3（24.4）	32.0（8.9）
阅读相关书籍文献资料	15.1（18.1）	33.8（37.0）	38.6（33.6）	12.5（11.3）
和同学朋友讨论相关话题	16.4（14.0）	31.7（32.5）	40.0（39.6）	14.3（11.5）
主动和老师沟通交流	30.1（31.2）	34.7（39.1）	27.9（24.5）	7.3（5.2）

从表 5.2.20 中可以看到，近三分之一的受调查者表示在平时很少或从不复习专业课程，这比去年有显著的进步（去年同期约三分之二）。在阅读与课程相关的书籍文献资源上，积极性也有比较明确的提高。和同学交流以及主动和老师沟通的状况没有太大的变化。近 65%的学生表示不会主动与老师沟通交流，但有半数以上的学生称会经常与同学朋友讨论课程相关的话题。

（三）学生的改进意见

学生是学习主体，学生对课堂教学的态度和改变愿望是进行教育评价的基本依据之一，也是教学改革的重要参照。在本小节中从目的预期、教学方式改进、课外交流方式改进、考核方式改进、改革信心等几方面来进行分析，力图从整体上把握学生对思想政治理论课教学改进的基本要求和期待。

总的状况是，样本学生希望思政理论课能够很好地开拓学生的视野，引导思维方式，解答现实疑问以及成长问题，培养学生公共事务参与能力。这与思政理论课本身的目标有一定的差距，但这也是学生的现实要求，需要精心引导。在教学方法改进上，学生最希望增强课堂教学的趣味性，加强案例教学方法的使用，加强实践活动。在师生沟通方式上，学生希望能够充分使用各种网络非面对面沟通方式，同时加强讲座、座谈会、互动沙龙等方式的沟通。在成绩考核方面，学生希望进行多方面的考核，笔试以开卷或者半开卷方式为主。

1. 改进目的预期

同去年一样，本年度问卷设计了“请您设想一下，如果对思政理论课教学进行改革，您最期望达到什么?”这一题项。今年设计为不限选项的多选题（去年限最多三项）调查结果如表 5. 2. 21（2015 年度数据见表 5. 2. 22）。数据显示，两年的调查结果没有太大的差别。学生更加期望思政课成为开阔视野，引导思维方式，帮助解答现实社会或者个人疑惑，培养公共事务参与能力的课程，一半左右的样本学生都选择了这几项，呈现出较高的积极性，但同时样本学生对学习马克思主义理论、学习党的理论政策的期望不大。这与表 5. 2. 11 一致。这是思想政治教育值得重视的一个现实问题。

表 5. 2. 21　思政课学习目的期望（2016 年）

	百分比	个案百分比
开阔学生视野	15. 6%	63. 9%
引导思维方式	13. 2%	54. 1%
解答社会现实疑问	11. 7%	48. 1%
培养公共参与能力	10. 4%	42. 4%
解决人生成长困惑	9. 8%	40. 1%
与所学专业相结合	9. 7%	39. 5%
提高思想道德素质	8. 3%	33. 8%
提高学术性	6. 3%	25. 7%
加强理论知识教学	4. 9%	20. 2%
提高马克思主义水平	4. 7%	19. 4%
加强理论政策宣传	3. 3%	13. 5%

续表

	百分比	个案百分比
没有期望	1.2%	4.8%
其他	0.8%	3.4%
总计	100.0%	409.1%

表 5.2.22　思政课学习目的期望（2015 年）

	百分比	个案百分比
开阔学生视野	19.9%	50.4%
引导思维方式	13.2%	33.3%
解答社会现实疑问	12.5%	31.5%
解决人生成长困惑	11.6%	29.3%
培养公共参与能力	11.6%	29.3%
与所学专业相结合	8.0%	20.3%
提高思想道德素质	6.6%	16.7%
提高学术性	5.6%	14.1%
加强理论知识教学	3.9%	9.9%
提高马克思主义水平	3.4%	8.6%
没有期望	1.8%	4.6%
加强理论政策宣传	1.2%	3.1%
其他	0.7%	1.7%
总计	100.0%	252.9%

2. *教学方法改进*

本年度在教学方法改进意见上，增加了“网络平台教学”选项，并且不限定选项数目。数据如表 5.2.23（表 5.2.24 为 2015 年度数据）。数据显示，在教学方法改进问题上，选择“增强课堂的趣味性”人数比例依然最大（62.1%），远远高于其他方面的要求，这一定程度上表明，趣味性不足是当前思想政治理论课教学中比较突出的问题，应当在教学改革中加以重视和改进。其次学生较为关注的依然是“加强案例教学”（45.8%），“加强学生实践”（32.1%），“加强课堂讨论或辩论”（30.1%）、“加强课外阅读指导”（24.2%）也受到学生的关注。同时对网络平台教学、师生沟通互动（课堂内和课堂外）、教学技巧、专题教学等方面的教学方法改进方向也有所期待。这些都反映出学生对传统单向知识性传授教学方式的不满足，表达出了学生对增强思想政治理论课教学方式多样性的愿望。

表 5.2.23　思政课教学方法改进期望（2016 年）

	百分比	个案百分比
增强课堂趣味性	19.0%	62.1%
加强案例教学	14.0%	45.8%
加强学生实践	9.8%	32.1%
加强课堂讨论或辩论	9.2%	30.1%
加强课外阅读指导	7.4%	24.2%
网络平台教学	6.7%	21.9%
增强师生课堂互动	6.6%	21.5%
充分使用多媒体	6.5%	21.1%
增强师生课外沟通交流	6.4%	20.9%
提高教师教学技巧	5.6%	18.4%
采用专题教学方式	5.6%	18.2%
没有期待	1.8%	6.0%
其他	1.3%	4.1%
总计	100.0%	326.4%

表 5.2.24　思政课教学方法改进期望（2015 年）

	百分比	个案百分比
增强课堂的趣味性	25.3%	57.9%
加强案例教学	18.1%	41.4%
加强学生实践	10.6%	24.1%
加强课堂讨论或辩论	9.5%	21.8%

续表

	百分比	个案百分比
加强课外阅读指导	7.2%	16.5%
充分使用多媒体	6.6%	15.0%
增强师生课堂互动	6.2%	14.1%
采用专题教学方式	4.7%	10.7%
提高教师教学技巧	4.6%	10.4%
增强师生课外沟通交流	3.9%	9.0%
没有期待	2.4%	5.6%
其他	0.8%	1.8%
总计	100.0%	228.3%

3. 课外交流方式

在课外交流方式的问题上，如表5.2.21，两个年度基本没有差别。“微信或QQ讨论”最受学生青睐，超过半数的样本学生选择了这个选项。选择“举办人生或者时政开放讲座”“邮件沟通”“举办师生互动沙龙”“建立课外学习小组”“微博课堂”等选项的样本学生近三分之一。这一定程度表明，随着时代的发展，日常生活中各种新兴媒体被广泛使用，它们所富含的互动特点，及其学生学习主动性要求的满足，是学生比较喜欢这些沟通方式的重要缘由。另外值得注意的是，在沟通方式选择上也体现出了学生的求知欲：学生比较看重的沟通方式差不多都富有知识创新的意涵。这对于研究型大学而言，是思想政治理论课教学值得注意的问题。

表5.2.25 学生期待的课外沟通方式（2016年）

	应答%	个案%
微信或QQ讨论	21.2%	54.5%
举办人生、时政开放讲座	12.5%	32.0%
邮件沟通	10.7%	27.6%
举办师生互动沙龙	10.7%	27.4%

续表

	应答%	个案%
建立课外学习小组	10.4%	26.7%
微博课堂	9.9%	25.4%
OfficeTime	7.4%	19.0%
构建在线讨论平台	7.2%	18.6%
组建专题社团	5.4%	13.7%
电话沟通	2.8%	7.2%
您还有其他想法	1.8%	4.6%
总计	100.0%	256.5%

表 5.2.26 学生期待的课外沟通方式（2015 年）

	应答%	个案%
微信或者 QQ 讨论	20.1%	42.9%
举办人生、时政开放讲座	14.6%	31.2%
邮件沟通	13.2%	28.1%
举办师生互动沙龙	10.1%	21.5%
构建在线讨论平台	9.6%	20.3%
微博课堂	9.2%	19.6%
建立课外学习小组	8.8%	18.8%
office time	5.7%	12.0%
组建专题社团	5.6%	11.9%
电话沟通	2.5%	5.4%
其他	0.7%	1.4%
总计	100.0%	213.0%

4. *考核方式*

如表 5.2.27，在成绩结构上，本年度样本学生最希望将“出勤率”（占样本学生的 75.4%）、“考试成绩”（占样本学生的 63%）综合纳入成绩考核。同时样本学生也希望把“论文写作”（48.9%）、“课堂听课情况”

（44.8%）以及“社会实践效果”（44.2%）纳入考核标准之中。另外学生还比较关注“课堂展示”、“与老师互动情况”。与去年同期数据比较，大体一致。这说明学生的意见相对是比较稳定的。

表 5.2.27 样本学生对成绩结构的看法（2016 年）

	应答%	个案%
出勤率	21.0%	75.4%
考试成绩	17.5%	63.0%
论文写作	13.6%	48.9%
课堂听课情况	12.5%	44.8%
社会实践效果	12.3%	44.2%
课堂展示效果	9.8%	35.2%
与老师互动情况	7.3%	26.3%
面试	3.9%	14.2%
其他	2.0%	7.3%
总计	100.0%	359.4%

表 5.2.28 样本学生对成绩结构的看法（2015 年）

	应答%	个案%
出勤率	18.2%	44.9%
社会实践效果	16.3%	40.3%
最终卷面笔试成绩	15.6%	38.6%
论文写作	13.4%	33.1%
课堂展示效果	11.3%	27.9%
课堂听讲情况	10.3%	25.6%
与老师互动情况	9.4%	23.2%
面试	5.2%	12.9%
其他	0.4%	0.9%
总计	100.0%	247.3%

在考试方式的选择上，开卷或者半开卷的方式看来较受欢迎，两个年度的数据也基本没有差别（见表 5. 2. 29 和图 4. 2. 18）。

表 5. 2. 29 学生对思政课考试方式建议（%，N=1136）

题 项	全部开卷	全部闭卷	半开卷	写论文
学生思政课考试方式建议	46. 9（41. 5）	7. 6（9. 7）	24. 1（25. 8）	21. 4（23. 0）

5. 改革信心

问卷中我们设计了一个问题来了解学生对课堂教学改革成功的信心状况，让学生 1—10 分打分。受调查学生对教学改革信心程度的评分均值为 6. 07（2015 年度 5. 72 分），中位值为 6 分（2015 年度 6 分），比去年稍有提升，但这依然不是一个太乐观的信心水平。我们进行课堂教学改革，需要对学生做相关的讲解宣传，鼓励其信心。

第 3 部分 当前思政理论课课堂教学存在的若干问题

本部分依据第 1 部分的理论探讨以及第 2 部分的调查数据对南开大学思政理论课课堂教学的基本状况进行初步的评估和诊断。问题评估主要基于学生调查，以学生的教学评价和学习行为数据为依据。包括如下内容：（1）课堂教学实效性需要继续增强；（2）学生学习主动性和积极性需要进一步提升；（3）课堂教学需要进一步结合学生的需求；（4）成绩评定方法需要进一步改革。

（一）课堂教学实效性需要进一步增强

当前对思想政治理论课课堂教学实效性评价尚未形成公认的评价指标。本报告采用多维度的方式进行评价，主要用于诊断教学中存在的问题。评价从如下四方面维度的指标进行：（1）学生对马克思主义的认同；（2）学生的政治制度认同；（3）学生对思政课的接受、喜好程度；（4）学生思政课学习的收获感受。其中（1）（2）两方面指向思政理论教育的根本目的，（3）（4）指向课堂教学的实际效果。当然，（1）（2）两个方面不仅仅受课堂教学的影响，但思政课教学的重要目的就是引导（1）（2）两个方面朝正面发展。（3）（4）和课堂教学直接关联。如果课堂教学有较好的效果，就会从（3）（4）两方面的指标体现出来，并通过（3）（4）两方面的持续稳定变化最终影响到（1）（2）。由于是面向学生的问卷调查，所设计的指标主要还是主观指标。

1. 样本学生对马克思主义的认同

马克思主义理论教育是理想信念教育的核心内容，也是马克思主义认识论和方法论教育的核心内容，因此学生对马克思主义的认同是思想政治教育的实效性评价核心内容。问卷设计了三个相关问题测试学生对马克思主义的主观认同。学生的回答情况见表 5.3.1。数据表明，样本学生对马克思主义有着较高的认同，对于马克思主义的意义和价值，有 70%左右的样本学生表达了明确的支持态度。超过半数的同学认同坚持马克思主义在思想观念多样化时代的意义。几个题项有较明确反对意见的不到 10%。值得注意的是，有 20%—40%的学生持中立态度，从教育的角度来看，中立态度或者反对态度的是重要的教育改进对象。另一方面，两年的数据高度一致，这一定程度展现了一个时期大学生的基本思想状况。总体说来，一方面，我们肯定学生思想状况的基本面，但同时，思想政治教育也面临着不容轻视的实效性挑战。

表 5.3.1 样本学生对马克思主义的认同（N=1136，行%）

题　　项	不同意	不太同意	中立	比较同意	很同意
在当代世界，马克思主义依然有其重要价值	1.6 (1.0)	1.4 (2.9)	19.6 (18.5)	47.1 (49.5)	30.3 (28)

续表

题　项	不同意	不太同意	中立	比较同意	很同意
社会思想观念越是多样化，就越是需要坚持马克思主义	3.0 (2.2)	6.3 (6.8)	39.8 (37.6)	32.7 (36.3)	18.2 (17.1)
马克思主义对我们的生活和工作都有积极意义	2.1 (1.1)	5.3 (4.7)	34.3 (33.0)	40.3 (44.9)	18.0 (16.2)

2. 学生的政治制度认同

无论是在政治学还是在思想政治教育中，政治制度认同都是核心问题。理想信念教育的核心就是政治认同教育。问卷采用了中国当代政治研究中较为经典的政治制度认同调查题项设计，并增加了对党领导的支持态度。表5.3.2表明，50%—60%的样本大学生有着明确的政治认同，表达中立立场的约占30%—40%，明确表达不同意见的基本在10%以内。与其说这里描述的是思想政治教育的效果，不如说反映的是现实中实实在在的观念状况。总体看来，实效性问题值得重视。

表5.3.2　样本学生的政治认同（N=1136，行%）

题　项	不同意	不太同意	中立	比较同意	很同意
我很自豪生活在现行制度下	2.4 (2.8)	3.7 (6.2)	42.4 (36.7)	34.1 (38.7)	17.4 (15.6)
我有义务支持现行政治制度	1.6 (1.5)	2.6 (3.4)	30.6 (25.4)	39.4 (47.0)	25.8 (22.6)
我拥护现行政治制度	1.5 (1.1)	2.2 (4.7)	34.1 (33.0)	37.1 (44.9)	25.1 (16.2)
我觉得公民基本权利得到了保障	3.3 (2.5)	9.2 (9.0)	34.2 (32.8)	38.8 (40.7)	14.4 (15.0)
我相信我国司法机关能够公正司法	2.7 (5.0)	11.3 (10.2)	38.8 (37.6)	34.1 (34.6)	13.1 (12.6)
只有坚持中国共产党的领导，我国才能实现现代化	2.7 (2.1)	3.1 (3.3)	32.1 (29.9)	36.1 (38.9)	26.0 (25.9)

3. 学生对思政课的接受和喜好程度

学生对思政课的接受和喜好包括对思政课的认同、对思政课的喜欢程度以及对思政课学习后的收获评价。这几个方面都与思政课课堂教学密切相关。其中对思政课的学习后收获评价以及喜好程度更是直接受课堂教学效果的影响。相关数据在本报告第2部分中已经给出，为了阅读方便，这里复制过来，并重新编号。

（1）学生对思政课的认同。学生对思政课的认同指学生对思政课的价值判断，这种价值判断又会影响学生思政课的喜好和学习目的，同时课堂教学效果一定程度上又会影响认同。表5.3.3表明，总体上来说，学生对思政课的价值评价持正面看法。同时，对比两年的数据，我们发现学生的正面价值评价略微增长。有可能由教学的改进所引起（因为学生的基本政治态度两年来没有明确变化）。

表5.3.3 学生对思政课的认同（N=1136，列%）

题　项	毫无	不太有	一般	比较	非常
马克思主义理论教育必要性	7.7 (6.7)	11.8 (13.1)	28.3 (27.1)	32.8 (36.4)	19.4 (16.7)
开设思政理论课必要性	8.2 (7.1)	12.1 (13.3)	26.5 (26.2)	31.6 (36.4)	21.7 (17.0)
价值观引导必要性	7.3 (5.7)	9.2 (9.6)	25.1 (24.2)	35.4 (39.3)	23.0 (21.1)
思政理论课对以后工作生活价值	8.7 (8.9)	13.3 (17.1)	31.8 (30.9)	31.1 (32.5)	15.1 (10.7)
思政理论课是否促进专业学习	15.8 (15.4)	20.2 (27.7)	35.0 (29.3)	17.4 (20.9)	11.5 (6.7)
思想政治教育的社会政治意义	6.2 (5.9)	6.6 (8.4)	28.2 (27.2)	34.9 (39.5)	24.1 (19.0)
党的理论政策学习是否有意义	6.9 (5.8)	11.1 (11.5)	30.3 (33.5)	34.0 (34.1)	17.8 (15.1)

（2）学生对思政课的喜好。喜好是内在动机的重要源泉。对课程的喜好既可以是一种既往学习生活经验中形成的态度，也有可能与环境中形成的

目标有关，并影响课程的学习，但这种态度也可以经由课程学习产生或者发生改变。一般而言，通过对一门课程的学习和接触，对课程的态度是教育效果一个重要的指标：因为态度本身应该是教育目的的一部分。表 5.3.4 表明，尽管我们无从知晓课程开始时的态度状况，但在接近期末进行调查的数据表明，明确表示喜欢课程的学生比例 20%左右，和明确表示不喜欢的相当，而近 60%的样本学生表示既不喜欢也不排斥。这不是一个太令人满意的分布。同时，分布的年级差异很小表明不同思政课程差异很小。当然，相较去年同期数据（括号内的），有一定进步。

表 5.3.4　不同年级样本学生对思政课程的喜好程度（列%，N=1136）

		一年级	二年级	合计
	非常排斥	6.1（5.3）	6.0（9.4）	6.0（7.5）
	比较排斥	14.3（14.6）	12.1（16.4）	13.3（15.5）
	既不喜欢也不排斥	58.4（60.5）	55.0（58.5）	56.9（59.4）
	比较喜欢	12.7（15.8）	19.5（11.2）	15.7（13.4）
	非常喜欢	8.5（3.8）	7.4（4.6）	8.0（4.2）
合计		100.0	100.0	100.0

结合上述两个方面，我们能够得出这样的结论：从学生对课程的接受程度来看，总体的状况尚需进一步改进。尤其表 5.3.3 表明，学生有着相当的接受课程的基础，但从表 5.3.4 看来，实际的情况不太令人满意。

4. 学生思政课学习的收获

学生学完一个学期后，对该学期学习该门课程的收获进行的主观评价一定程度表明了学习的基本效果。这是实效性最为直接的体现。这种态度体验相当程度来自于课堂教学，但也与学生自身的学习思考密切相关。本调查结合思想政治教育的目的和学生的学习目的，作出了六个方面的指标

（表5.3.5）。① 数据表明，总体上来讲，一半以上的受调查者表示，通过课程的学习，"加深了对马克思主义概念、理论的认识""增进了对党理论政策的认识""促进了对社会政治问题的思考""拓展了视野"，在"增强了辨别是非的能力"以及"增进了生活感悟"两方面，持正面评价的样本学生比例稍微低一点。同时，持负面评价的比例在15%左右（同样，"增强了辨别是非的能力""增进了生活感悟"比例稍高一点）。这表明，思政理论课的学习效果总体上是正面的，样本学生肯定了该课程学习的实际价值，与对该类课程的价值评估一致。同时，对比去年的数据，我们能够看到比较明显的进步。三分之二左右的样本学生态度中立，也表明有着较大的改进空间。

表5.3.5　样本学生思政课学习的收获

题　项	很不同意	不太同意	中立	比较同意	非常同意
加深马克思主义理论认识	6.6 (7.1)	9.4 (13.8)	32.5 (31.5)	41.5 (42.3)	10.0 (5.4)
拓宽视野	5.5 (7.2)	9.3 (14.0)	32.0 (32.9)	41.2 (39.8)	11.9 (6.1)
增进生活感悟	8.6 (9.0)	12.9 (18.1)	35.1 (35.8)	32.9 (32.4)	10.4 (4.6)
促进社会政治问题思考	6.3 (6.2)	10.3 (11.8)	30.5 (29.9)	40.1 (45.7)	12.8 (6.4)
增强辨别是非能力	6.9 (8.7)	11.4 (12.9)	34.9 (34.3)	35.0 (37.8)	11.8 (6.3)
增进党理论政策认识	6.3 (6.4)	10.1 (10.5)	32.4 (31.0)	38.6 (44.6)	12.6 (7.5)

5. 基本结论

从样本数据来看，我校思政课教学有着比较直接且明显的效果，并且相

① 需要说明的是，在问卷设计上，由于思想宣传话语的强大影响会形成一定的问卷填答压力，一般不宜直接将相关文件中标准表述直接拿来进行问题设计。

对去年有所提高。样本学生对思政政治理论课的价值总体认可，但也存在不少态度不明确甚至反对态度的现象，学生对思政理论课的喜好态度水平较低，改进任务比较紧迫。同时，从最终的教育目标来看，思想政治理论课教学仍然面临着比较艰巨的实效性挑战。

（二）学生学习主动性和积极性需要进一步提升

学生学习主动性和积极性是教育教学过程顺利进行的必要条件，也是达成思政课实效性的重要基础。这种主动性和积极性主要表现在三个方面：学习态度，学习策略，课堂课后学习行为。

1. 学习态度

学习态度主要体现为主观的学习动机与目的。学习动机和目的是教育教学的基础，影响教育教学过程并影响目标的实现；同时改善学习动机和目的也是教育教学的目标之一，任何教学设计都必须考虑怎样作用于学生的学习目的动机，并以此来改进教育教学的过程。学生的学习行为是教学过程中学生活动的基本体现，课堂和课后的行为是教学中各种问题的集中体现点，也是教育教学致力于改进教学过程的直接作用点。在前面我们已经将学生的喜好还是排斥以及对思政课的价值认识放到实效性问题中做了说明。从学习态度角度看，表 5.3.3、表 5.3.4 表明样本学生对思政课是喜欢还是排斥方面问题比较突出。在对思政课重要性认识上，情况稍好一点（见表 5.3.6），也不见得太乐观。

表 5.3.6　样本学生对思政课自身重要性的认识（N=1136，行%）

题　项	很不	不太	一般	比较	非常
重要程度	7.7（9.5）	15.6（16.4）	33.9（34.0）	26.1（28.5）	16.6（11.5）

另一方面，学生对学习的主观目的认识上，调查表明，学生最看重的学习目的是拿高分，其次是理解当今中国社会政治现象，然后是学习马克思主

义和党的理论政策。同时，有四分之一的学生选择了“没想法”或者“能过就行”。这表明，对于我校学生而言，知识性学习是学习思政理论课的基本目的，但同时，成绩激励是非常重要的影响因素。不容忽视的是，持有混学分态度的学生比例也不少。这值得我们认真关注学习目标问题。如下表，今年的数据和去年的一样，揭示了本校学生思政理论课一般性认知需求与马克思主义理论教育需求的正相关关系，重要性认识、思想政治理论课喜欢程度与认知需求之间的正相关关系。同时，表中的数据也表明，拿高分的目的与认知需求之间的关系不显著：换句话说，没有证据表明在目前的思政课教学安排下，学生的外在动机与内在动机之间存在着相互促进的关系，这显然是教学设计应该解决的重要动机问题。

表 5.3.7　思政课学习目的与动机间皮尔逊相关系数（N=1136）

	拿高分	能过就行	拓宽视野	解答生活疑惑	理解中国社会政治	学习中国历史	学习马克思主义	学习党理论政策	没想法	其他	很重要?	喜欢或排斥
拿高分	1											
能过就行	-.393**	1										
拓宽视野	-.026	-.139**	1									
解答生活疑惑	.014	-.125**	.335**	1								
理解中国社会政治	.045	-.184**	.405**	.339**	1							
学习中国历史	.023	-.090**	.219**	.311**	.317**	1						
学习马克思主义	.017	-.087**	.283**	.314**	.326**	.371**	1					
学习党理论政策	-.022	-.069*	.280**	.311**	.372**	.400**	.583**	1				
没想法	-.101**	.192**	-.217**	-.128**	-.279**	-.143**	-.153**	-.124**	1			
其他	-.050	.012	-.063*	-.004	-.077**	-.072*	-.047	-.065*	.025	1		
很重要?	-.038	-.206**	.346**	.309**	.369**	.246**	.360**	.366**	-.179**	-.034	1	
喜欢或排斥	-.052	-.196**	.378**	.343**	.355**	.281**	.372**	.362**	-.204**	-.014	.666**	1

注：** $p<0.01$，* $p<0.05$。

2. 学习策略

如表 5.2.13 所表明，当前学生应对思政理论课学习的基本方法依然是“死记硬背+考前突击”。这是一种比较糟糕的学习方法，不利于基本概念、理论的真正掌握，不利于马克思主义世界观的建立和方法论的运用，也不利于培养学生的马克思主义认同、政治制度认同以及对党的领导的认同（见表 5.3.8）。当然，表中的数据也同时说明，正是由于认知动机（主要的学习内在动机）不足，往往使得学生采取“死记硬背+考前突击”的方式进行课程学习。

依照认知学习理论，学生对学习知识本身的认识具有非常重要的作用，往往影响学习的目的，并进一步影响学习策略的选择。本项调查的数据（见表 5.3.9）表明，对于思想政治理论课程，这个理论同样成立。特别地，对思政教育的认同与认知目标之间的相关系数达到中等以上，更说明对思想政治教育的认同与认知目的之间明确关联。括号内为控制认知目的后思政教育认同与学习策略的偏相关系数，我们发现，这种对思政教育的认知可能既通过认知目的中介变量影响学习策略，也对学习策略产生直接影响。考虑到“死记硬背+考前突击”学习策略的普遍性（认为思政课是“背书课”的样本比例接近七成，而考前突击的方式接近八成，见表 5.2.13），我们大体可以判断，闭卷统考考试方法对这种学习策略产生了重要影响。

表 5.3.8　学习动机、学习策略与教学实效性间皮尔逊相关系数（N=1136）

	拿高分	能过就行	没想法	一般认知	马克思主义认知	课程重要性	课程喜欢程度	考前突击	背书课	马克思主义认同	制度认同	党领导认同
拿高分	1											
能过就行	-.393**	1										
没想法	-.101**	.192**	1									
一般认知	.014	-.198**	-.278**	1								

续表

	拿高分	能过就行	没想法	一般认知	马克思主义认知	课程重要性	课程喜欢程度	考前突击	背书课	马克思主义认同	制度认同	党领导认同
马克思主义认知	.008	-.103 **	-.176 **	.502 **	1							
课程重要性	-.038	-.206 **	-.179 **	.452 **	.406 **	1						
课程喜欢程度	-.052	-.196 **	-.204 **	.474 **	.424 **	.666 **	1					
考前突击	.043	.154 **	.069 *	-.222 **	-.228 **	-.248 **	-.308 **	1				
背书课	.068 *	.132 **	.120 **	-.346 **	-.233 **	-.309 **	-.397 **	.287 **	1			
马克思主义认同	-.039	-.096 **	-.147 **	.333 **	.333 **	.454 **	.434 **	-.155 **	-.237 **	1		
制度认同	-.022	-.110 **	-.156 **	.307 **	.290 **	.374 **	.402 **	-.196 **	-.188 **	.581 **	1	
党领导的认同	.011	-.119 **	-.175 **	.273 **	.280 **	.341 **	.351 **	-.126 **	-.171 **	.662 **	.622 **	1

注：** $p<0.01$，* $p<0.05$。

表 5.3.9 思政教育认同与学习目的、策略间的皮尔逊相关系数（N=1136）

	拿高分	能过就行	没想法	一般认知	马克思主义认知	课是否很重要	课喜欢程度	“考前突击”	“背书课”
思想政治教育认同	-.078 *	-.178 **	-.220 **	.517 **	.458 **	.772 **	.718 **	-.274 ** (-2.35) **	-.376 ** (-1.61) **

注：** $p<0.01$，* $p<0.05$。

3. 课堂课后学习行为

本报告第二部分对学生课堂课后学习行为做出了一个基本结论：总体上来讲，学生的学习行为还有着相当程度的消极表现，同时，课堂环境，尤其是师生互动的相关环境状况一定程度上压制了学生的主动沟通，并由此影响到了学生的学习体会。在这里，特别通过调查数据说明学生学习行为的积极性主要受到了学生本身的态度和学习策略的影响。

表 5. 3. 10　思政教育认同、学习目的、学习策略与学习行为间皮尔逊相关系数（N=1136）

	思政教育认同	能过就行	拿高分	一般性认知	马克思主义认知	“背书课”？	“考前突击”？	思政课收获感受
课后积极性	.489**	-.173**	.021	.321** (.082*)	.347** (.159**)	-.229** (-.263**)	-.321** (-.051)	.500** (.271**)
课堂积极性	.418**	-.185**	.045	.279** (.085*)	.302** (.146**)	-.181** (-.288**)	-.374** (-.004)	.483** (.282**)

注：** $p<0.01$, * $p<0.05$。

从表 5. 3. 10 可以看出，拿高分目的定位对课堂课后的积极性均不产生影响。持有消极学习目标定位（“能过就行”）的课堂课后积极性均要低一些；抱有积极内在认知动机的学生课堂课后积极性都要高；采用考前突击方式的学生课堂课后积极性都要低一些；思政课学习后的收获感受与学习行为的积极性密切相关。尤其值得注意的是，对思政教育的认同是影响课堂课后积极性的重要因素。括号内为控制思政教育认同后的偏相关系数。对比相应的相关系数可以发现，认知需求与课堂课后积极性相关减弱，尤其是一般性认知与课堂课后积极性的关系。换句话说，如果学生一般意义上倾向于否定思政理论课的价值，认知需求与课堂投入之间的关系就没有那么紧密，尤其是一般性认知需求就不会促进积极性的学习行为。

基本结论：2016 年度调查数据再次表明，学生思政课学习目的是多样的，包括一般性认知目的以及马克思主义求知目的，这两方面的认知目的，以及获取好成绩的功利目的。一般性知识获取目的与马克思主义求知目的这两个方面是相互促进的，并促进了学生的学习主动性，构成了重要的内在动机基础，也促使学生选择良好的学习策略，是思政教育实效性实现的重要教育基础。获取好成绩的功利目的是学生学习课程的重要基础，但目前状况下，与学生课堂教学中的学习活动，与学生对思想政治理论课实际重视态度，以及与学生的政治认同没有表现出应有的关系。同时，调查数据也表明，学生对思政理论课的价值意义认识也是影响学生学习目标定位、学习策略选择以及学习行为积极性的重要因素。有一部分学生表现出消极被动的学习态度。这些状况说明，在当前的思想政治教育中，学生已经形了相对固化的对课程的刻板印象，形成了相对固化的对思政课的价值认知、学习态度和学习策略，并形成了一种不良的循环。

（三）课堂教学需进一步结合学生的需求

思想政治理论教育的实效性达成必须以学生的既有状况为基础，充分了解学生各方面的既有的学习基础，分析学生现有各方面状况与教学目的之间的关系，分析当前教学状况中未能结合学生实际状况并进而影响到教学目标达成的问题。前面（二）分析了学生的基本状况，这一部分分析教学过程状况与学生实际状况的结合程度。

反映课堂活动过程的主要调查数据包括：学生对课堂教学的评价，学生的课堂行为，学生对课堂教学的改进建议。数据的来源是学生方面的感受，这里的分析同样以实效性达成为基础，分析学生课堂学习各方面环节感受与实效性达成之间的关系。

1. 教学内容、教学方法、教师评价、课堂教学关联感受与实效性目标

本报告第二部分描述了学生对课堂教学各方面的评价，这里探讨课堂教学各方面评价与实效性目标达成之间的关系。如表 5. 3. 11 所示，数据分析表明，学生对教学内容、教师、教学方法、教学活动自身关联性与思政课收获感受评价以及与制度认同、党的领导认同、马克思主义认同、思想政治教育认同均呈正相关，这表明，课堂教学各方面的积极评价均会促进思想政治教育的实效性。去年的调查报告在理论上探讨了教学活动关联性的价值，认为这种关联性是学生实实在在地在课堂活动中感受到的一种参与感，一种积极的课堂气氛。一种所讲所学与自身关系密切的感受，是教学实效性达成的重要课堂情景因素。所以，在这里也给出了控制了教学活动自身关联性变量后教学内容评价、教师评价、教学方法评价、思政课收获评价与评估实效性

几个方面变量的偏相关系数。表 5.3.11 中括号内的偏相关系数表明，在控制教学活动自身关联性后，课堂教学各方面评价与实效性之间的关系都显著减弱，特别是学生教学方法评价与实效性之间变为没有显著相关。这充分说明，提高思想政治教育的实效性，我们需要在教学内容上、教师的教学水平上进一步提高，同时，教学活动自身关联性是课堂教学组织中非常关键的一个环节，提高教学活动自身关联性感受会有效增强思政课的教学效果。

需要补充说明的是，这种课堂教学的自身关联性包括但不限于学生在课堂中的参与性活动（老师提问、学生主动提问、讨论等环节），这是一种学生“卷入”课堂的体验，是一种课堂活动的整体效果，并不局限于某一种技术手段或者方法的使用。表 5.3.12 是控制学生课堂积极性后的偏相关系数，与上表对比我们发现，控制教学活动自身关联感后的偏相关系数小一些。

表 5.3.11 教学活动自身关联性与教学评价、教学实效性之间的皮尔逊相关系数（N=1136）

	教学内容评价	教师评价	教学方法评价	思政课收获评价	教学活动自身关联性
教师评价	.679**	1			
教学方法满意	.724**	.585**	1		
思政课收获感受	.524**	.425**	.436**	1	
教学活动自身关联性	.748**	.689**	.750**	.543**	1
制度认同	.328** (.160**)	.291** (.119**)	.249** (.034)	.436** (.338**)	.303**
党的领导的认同	.291** (.160**)	.257** (.119**)	.191** (.004)	.372** (.290**)	.252**
马克思主义认同	.314** (.161**)	.280** (.121**)	.238** (.041)	.505** (.436**)	.284**
对思想政治教育的认同	.437** (.159**)	.369** (.081**)	.354** (.016)	.746** (.666**)	.460**

注：** $p<0.01$，* $p<0.05$。

表 5.3.12 课堂教学评价与教学时效性之间的偏相关系数
（控制变量=课堂积极性，N=1136）

	教学内容评价	教师评价	教学方法评价	思政课收获感受
教师评价	.613	1.000		
教学方法满意	.668	.520	1.000	
思政课收获评价	.412	.320	.322	1.000
制度认同	.262**	.236**	.132**	.381**
党的领导的认同	.259**	.232**	.151**	.273**
马克思主义认同	.260**	.226**	.177**	.454**
对思想政治教育的认同	.284**	.235**	.194**	.693**

注：** $p<0.01$，* $p<0.05$。

2. 学生的认知需求与教学实效性

学生的认知需求是通过教学活动过程实现的，通过认知需求的满足实现教学目标。教学活动过程最主要的是两个方面：内容以及教学方法。前面已经讨论过教学方法中非常重要的一个环节就是课堂教学活动的自身关联性。这里同样主要依据偏相关系数做出解释。从表 5.3.13 中可以看出，控制学习目的后，教学内容、教师评价、教学方法评价与思政课收获评价、政治认同以及对思政教育认同的偏相关系数明显变小，这说明学生的学习目的是教学过程中不可忽视的因素，表面上看起来是教学内容、教师表现、教学方法以及收获产生的影响，事实上包括学生学习目的因素的影响。如果进一步控制教学活动的自身关联性（见表 5.3.14），相关系数会进一步减小。这进一步印证了前面关于教学活动自身关联性的结论。

表 5.3.13 课堂教学评价与教学时效性之间的偏相关系数
（控制变量=学习目的，N=1136）

	教学内容评价	教师评价	教学方法评价	思政课收获评价	教学活动自身关联性
教师评价	.679**	1			

续表

	教学内容评价	教师评价	教学方法评价	思政课收获评价	教学活动自身关联性
教学方法满意	.724**	.585**	1		
思政课收获评价	.524** (447**)	.425** (359**)	.436** (383**)	1	
教学活动自身关联性	.748**	.689**	.750**	.543**	1
制度认同	.328** (.249**)	.291** (.1228**)	.249** (.186**)	.436** (.313**)	.303**
党的领导的认同	.291** (.216**)	.257** (.197**)	.191** (.128**)	.372** (.250**)	.252**
马克思主义认同	.314** (.226**)	.280** (.210**)	.238** (.167**)	.505** (.382**)	.284**
对思想政治教育的认同	.437** (.337**)	.369** (.290**)	.354** (.280**)	.746** (.629**)	.460**

注：** $p<0.01$，* $p<0.05$。

表 5.3.14　课堂教学评价与教学实效性之间偏相关系数
（控制学习目的、教学活动自身关联性）

	教学内容评价	教师评价	教学方法评价	思政课收获感受
教师评价	.613**	1.000		
教学方法满意	.668**	.520**	1.000	
思政课收获评价	.178**	.073*	.066*	1.000
制度认同	.135**	.114**	.037	.244**
党的领导的认同	.138**	.114**	.006	.196**
马克思主义认同	.134**	.117**	.046	.340**
对思想政治教育的认同	.119**	.072*	.024	.558**

注：** $p<0.01$，* $p<0.05$。

3. 学生的认知需求、课堂参与与教学实效性

教学活动过程中，教师基于学生的认知目的和教学目标，致力于构建学

生积极参与，有着充分自身关联感受的课堂，才能使得学生的认知需求得到满足，从而达到教学目标。这是去年调查的基本结论，这里通过本年度的调查数据再次得到证实。见表 5. 3. 15，控制学生的课堂课后参与积极性表现后，对比相关变量的相关系数变化表明这一点。比较括号内外的相关系数，可以发现，控制学生课堂课后参与后，学习目的与学生评价以及政治认同各方面的相关有明显的减弱特点。表 5. 3. 16 是控制课堂教学自身关联感变量后的偏相关系数，可以发现系数的减小更为明显。这再次表明了课堂教学自身关联感受在课堂教学组织中的核心价值。

表 5. 3. 15　学习目的、教学评价与教学实效性间皮尔逊相关系数（控制变量：课堂参与）

	拿高分	能过就行	一般认知目	马克思主义认知	教学内容评价	教师评价	教学方法评价	思政课收获感受
拿高分	1							
能过就行	-. 393 **	1						
一般认知	. 014	-. 198 **	1					
马克思主义认知	. 008	-. 103 **	. 502 **	1				
教学内容评价	. 012 (-. 008)	-. 121 ** (-. 049)	. 285 ** (. 175 **)	. 239 ** (. 098 **)	1			
教师评价	. 035 (. 034)	-. 121 ** (-. 050)	. 230 ** (. 154 **)	. 184 ** (. 082 *)	. 679 ** (. 612 **)	1		
教学方法评价	. 019 (-. 015)	-. 062 * (-. 026)	. 205 ** (. 092 *)	. 192 ** (. 057)	. 724 ** (. 662 **)	. 585 ** (. 518 **)	1	
思政课收获评价	-. 042 (-. 092)	-. 166 ** (-. 091)	. 528 ** (. 431 **)	. 432 ** (. 275 **)	. 524 ** (. 395 **)	. 425 ** (. 318 **)	. 436 ** (. 303 **)	1
制度认同	-. 022 (-. 033)	-. 110 ** (-. 066)	. 307 ** (. 216 **)	. 290 ** (. 188 **)	. 328 ** (. 250 **)	. 291 ** (. 231 **)	. 249 ** (. 119 **)	. 436 ** (. 363 **)
党的领导的认同	. 011 (. 015)	-. 119 ** (-. 104 **)	. 273 ** (. 176 **)	. 280 ** (. 205 **)	. 291 ** (. 249 **)	. 257 ** (. 228 **)	. 191 ** (. 140 **)	. 372 ** (. 255 **)
马克思主义认同	-. 039 (-. 041)	-. 096 ** (-. 085 *)	. 333 ** (. 272 **)	. 333 ** (. 274 **)	. 314 ** (. 247 **)	. 280 ** (. 221 **)	. 238 ** (. 164 **)	. 505 ** (. 439 **)

续表

	拿高分	能过就行	一般认知目	马克思主义认知	教学内容评价	教师评价	教学方法评价	思政课收获感受
思想政治教育认同	-.078** (-.101**)	-.178** (-.141**)	.517** (.426**)	.458** (.327**)	.437** (.261**)	.369** (.229**)	.354** (.169**)	.746** (.668**)

注：** p<0.01，* p<0.05。

表 5.3.16　学习目的、教学评价与教学实效性间皮尔逊相关系数（控制变量：关联感）

	拿高分	能过就行	一般认知	马克思主义认知	教学内容评价	教师评价	教学方法评价	思政课收获感受
拿高分	1.000							
能过就行	-.394**	1.000						
一般认知	.009	-.170**	1.000					
马克思主义认知	.003	-.074*	.463**	1.000				
教学内容评价	-.003	-.042	.113**	.075*	1.000			
教师评价	.030	-.048	.049	.010	.340**	1.000		
教学方法评价	.007	.048	-.013	-.001	.372**	.142**	1.000	
思政课收获感受	-.062*	-.118**	.463**	.362**	.210**	.083**	.052	1.000
制度认同	-.030	-.076*	.242**	.231**	.160**	.119**	.034	.338**
党的领导的认同	.006	-.091**	.217**	.231**	.160**	.119**	.004	.290**
马克思主义认同	-.046	-.063*	.275**	.281**	.161**	.121**	.041	.436**
思想政治教育认同	-.098**	-.137**	.453**	.397**	.159**	.081**	.016	.666**

注：** p<0. 01，* p<0. 05。

以上分析表明，教师能否为课堂教学活动提供优质的教学内容，这些教学内容能否满足学生的认知需求，以及教学活动的组织是否让学生感受到足够的关联性（包括学生积极地参与课堂活动），这两方面是达成教学实效性的基础。从基本数据状况来看，学生对思政理论课课堂的教学内容方面、教师教学态度方面均有高度肯定，并相对去年有一定程度的提高。但综合学生的认知需求、学生的课堂课后行为、教学活动过程学生的关联感受和学生的教学评价所进行的深入分析表明，我们的课堂教学内容尚不能够充分满足学生的认知需求，我们的课堂教学过程未能让学生感受到足够的自身关联性。对照2015年度的调查，这方面的状况并没有显著改善，这是当今我校思政教学实效性问题的主因。进一步的教学改革措施应该致力于这两方面问题的根本改善。

（四）成绩评定方法需要进一步改革

思政课成绩评定既是一种教育评价，又是一种激励机制，必须将教育目标、学生的学习目的，以及激励机制必须具备的社会性要求结合在一起，才能更好发挥其积极作用。这种社会性要求包括教育公平规范以及学生的认可度。

同2015年度的报告一样，报告第二部分数据分析已经显示出一半以上的样本学生对于统考的方式、考试中死记硬背的内容量以及其效度表达出较严重的不满（见表5.2.4），这事实上表明，这种成绩评定机制的社会性要求已经在一定程度上不被认可。不过，学生对统考的公平性评价相对比较正面。

目前成绩评定办法的核心问题是，没有有效地将学生的学习目标有效地整合在思想政治教育目标中。从表5.3.8中可以看出同没有表示希望拿高分的学生比较，希望拿高分的同学在体现教育实效性的几个指标上并没有显著差别。从表5.3.7可以看出，学生思政课学习动机中，拿高分与知识真理的学习之间没有相关性。这充分表明了这一点。

统考方式的成绩考评存在的问题在教学过程中也突出表现出来。表

5.3.10的数据表明，同其他目标定位的学生相比，目标定位于拿高分的学生在课堂课后积极性表现上并没有显著差别。换言之，要想取得较好的学习成绩，不需要在课堂课后有更多的投入，数据分析显示，致力于拿高分的学生也并没有觉得学习难度要高一些。以上表明，对学生来讲，获得较好的学分不需要过多的课堂课后学习投入，能很好地应对死记硬背的考试就行，那么课堂教学的价值体现在哪里呢?

不过，面向学生的问卷调查并不能够为成绩评定提供更多的教学目标依据和测量学依据，所以，这里的评估也仅仅是结合学生学习动机和社会性属性要求的部分结论。

第4部分 改进建议

南开大学马克思主义学院被遴选为全国重点建设马克思主义学院，对全体师生都是一个很重要的激励，这在2016年度调查数据上已经有所体现：2016年度的教学调查各方面的指标相对去年都有一定的提升。但正如第三部分的数据分析诊断所表明的那样，当前我校思想政治理论课课堂教学依然存在如下问题：1. 学生对思政课的学习意义和价值认识欠缺是影响学生思政课学习目的、动机和策略的重要因素；2. 学生思政课学习的多样性目的，尤其是认知目的没有得到充分满足，课堂教学没有较好协调教学目标和学生多样学习目的动机之间的关系；3. 课堂是教师和学生互动构建起来的，体现互动构建最基础性的指标是学生的课堂自身关联感受，这是当前课堂教学的薄弱之处；4. 需要进一步改进思政理论课成绩评定方式。针对上述问题，本报告提出如下六方面改进建议。

（一）将思政课形象塑造作为一项重要教学改革任务

去年的调查报告提出，“从中学到大学，各级学校往往都是在这样的一种模式（教法上的单项灌输+学法上的考前突击死记硬背，引注）中进行思政课教学，在这样的政治教育模式中，学生会形成一种相对固化的对课程的刻板印象，形成相对固化的对思政课的价值认知、学习态度和学习策略，并形成一种不良的循环”。两个年度的数据分析均表明，这种不良循环对思政教育的实效性产生了非常明显的负面效应。这表明，改变学生对思政理论课的刻板认知已经是教学改革必须面对的重要困难。必须通过改变学生对思政理论课的认识，为改进学生的学习态度、学习策略、课堂行为，为提高思政课的教学实效性奠定基础。研究性大学的学生，具备这样的基础：学生的求知求真理的愿望相比普通大学更为强烈。同时，这也是建设一流研究型大学的要求。

本报告建议学院鼓励有教学艺术特点、教学质量高效果好、学养深厚、有个性色彩的思政课教师投入到高质量、高吸引力思政课堂的打造工作之中，充分展示马克思主义学院教师的真理追求精神、教学艺术、学术才华和个性特点，将思政课老师凸显在学生的名师名家视野之中。这是改进思政课形象的比较有效的方式，也是建设重点马克思主义学院的基础性工作。同时，现在也是一个较好的时机：如果学校开始推进名师建设，那我们就会处于明显的不利竞争处境。

（二）以思政教育目标为依据，以思政课教材为蓝本，充分结合学生的认知需求，提供高质量的教学内容

马克思主义理论教育如果不能够提供给学生高质量、高水平的教学内容，在一流大学中，无论在教学还是在学术吸引力上都是致命伤。两个年度的调查数据都表明，满足学生的多样化认知需求是思想政治教育实效性达成的基础，而当今思政教育问题核心之一就是没有很好地将学生的认知需求同思政教育目标充分结合，而是强调单一的灌输式的宣讲。具体来讲，这就需要教师在深入研究教学任务，研究教材，研究学生的基础上，为每一堂课提供高质量的知识内容，将这些知识内容转换成教学过程中每一个模块的活动内容，并构建出相应的教学语言。这需要任课老师作出艰苦的努力，也是教师发挥教学艺术的重要价值之所在。

我们应该充分认识到，思政理论课教育的目的不是让学生记住背住基本的理论条文。对于大学生而言，马克思主义理论课程如果不能提高学生的理论认识水平，不能提高学生观察社会思考社会的能力，不能给学生面临人生选择时带来启发，这样的课程对于学生而言是没有价值的，对于马克思主义理论教育而言也是失败的。在现代研究型大学中，每一门人文社会科学都在培养学生的理论思维和社会现实的观察能力，每一门自然科学都在培养学生在专门知识领域的学习能力和研究能力，每一门工学学科都在培养学生在面临具体的技术问题提供专业的解决方案，这些知识技能和思维方式都是在专业的基础上，通过理性去说服人的。思想政治理论教育要是不能够提供这样的知识源泉，在研究性大学中是没有自身的知识地位的（哪怕可以通过权力设置更多的课程）。马克思主义教育者应该认识到现代大学马克思主义教育面临的这种知识竞争。如果不能很好地应对这样的知识竞争局面，只是口头强调政治上的必要性，强调单向的灌输，最终会失去马克思主义的吸引力。

（三）构建互动充分的课堂，使学生充分感受到教学活动的自身关联性

课堂教学是通过教学活动构建起来的，让学生感受到充分的自我关联感受，是学生有着丰富知识和思维体验和共同感体验的过程，并在这样的过程中不断达成教育的目的。传统的灌输强调真理的宣讲，强调对明确结论的知晓和遵循，但这不适应大学教学。一方面，正如前面所说，现代大学的教育是建立在知识和真理的理性研究基础之上，通过理性去说服人，去启发人的思考，去培养理论思维能力，而灌输与其背道而驰；另一方面，当代学生更加接受平等讨论问题，更加强调自身的主动研究而不是被动接受，更加注重自身的兴趣而不是外在的压力，这与灌输式宣讲也不相协调。同时，两个年度的调查数据都表明，在学生眼里，本校的思政理论课课堂教学模式仍然局限于遵循知识宣讲模式：老师都是好老师，课程学习也有其价值，但课堂缺

少互动，教学内容和教学方式离自身距离远，这不能够调动起学生的学习兴趣和研究马克思主义理论的热情，反而会使学生陷入思政理论课刻板印象的恶性循环，从而妨碍思政理论课教学实效性的达成。因此，努力解决教学中活力课堂的构建成为当前课堂教学改革的重要努力方向。

（四）通过多种方式进一步密切教师和学生的联系

师生的联系是思想政治教育非常重要的一个方面。通过师生联系，教师能够不断地了解学生，认识学生，不断更新对教育对象的认识，能够针对具体的问题组织教学活动，同时，学生具有各种个性特点的疑问在这种沟通中能够得到一定的解决。尤其重要的是，通过师生的联系能够构建丰富的思想政治教育的资源，构建思政课的学生基础，让学生能够具体地、实实在在地感受到思想政治理论课程以及思想政治理论课教师与其自身的关联与价值，增进认同。从调查数据来看，学生也非常希望能够有更多的这样的联系。这种师生联系可以通过多种方式进行，例如各种线上交流活动，以个人为单位面对面沟通交流，理论沙龙，专题讲座等等方式。

（五）改革学生成绩评定方式

建议逐步取消目前统考方式，根据具体的教学活动组织学生认可的、多样化的、对教学组织活动能够产生较好激励效果的多种考评方式。

（六）充分研究思政课堂的教学规律，构建高质量思政课程的科学基础

思想政治教育有着教育的普遍规律，同时又有自身特有的一些规律，但这些规律是什么，怎样在教育教学中遵循，思政理论课做得不多。从公开发表的各种研究论文和著作来看，思政理论课教学研究往往更强调宏观的目标任务，强调文件的解读，强调基本的规范。这些研究都非常有必要。但教学过程不是意识形态争论，教学过程有自身的规律特点必须遵循，如果不去认

真探讨在每一门具体课程中，在每一节具体的课堂教学中，如何去理清教学目标和任务，如何去研究学生，如何去研究教育教学中遭遇到的具体问题，并在此基础上构建有效的教学模式，那么思政理论课的教学就会永远处于一种粗放的状态。这需要我们在教学改革中围绕教学中需要解决的各种现实问题和困难，加强思政理论课教学研究。这些研究需要既面对具体教学过程中的问题和困难，又面对各种不同情境不同学科的共同教学难题，广泛借鉴学习科学和教育科学的各种最新研究成果，做好思政理论课教育教学规律的自身研究。这种研究是高质量思政理论课教学改革的基础。

（七）构建教师教学绩效的科学评价模式，激发教师的教学活力

构建思政理论课教师教学绩效的科学评价模式是促进思政理论课课堂教学改革的重要制度保障。长期以来，对思想政治教育教师教学的管理均高度重视各种问题并进行动态调控，除了政治标准外，对思政课的实际教学效果缺乏科学细致的评价标准。在思想政治教育教学中，在深入研究思想政治教育教学方法规律的基础之上，提炼出科学合理，操作性强，认可度高，能涵盖政治标准和教学技术标准的课堂教学绩效评价方法，对于构建良性的教学激励机制，激发教师进行教学研究，改进课堂教学有着非常重要的意义。

六、南开大学思想政治理论课课堂教学状况调查(2017 年)

第 1 部分　调查简介

（一）调查目标与调查设计

1. 调查目标

南开大学思想政治理论课课堂教学状况调查（2017 年）延续 2015 年和

2016年调查的基本目的：（1）全面调查本校学生对于思想政治理论课课堂的教学内容、教学方法、教师教学态度、成绩评定办法的评价，以及学生的课堂收获感受；（2）全面调查本校学生思想政治理论课的学习目的定位、动机水平、学习策略以及课堂课后行为；（3）了解学生对于思想政治理论课教学的改革意愿要求；（4）在调查数据基础之上，以思想政治教育基本理论为依据，评估当前思政理论课的教与学两方面的状况，研究影响当前思政理论课教学效果的核心问题，提供思想政治理论课教学改革的依据；（5）数据对比，对照2015年以来同期数据分析思想政治理论课课堂教学的动态；（6）通过数据对比，进一步确认思政理论课课堂教学存在的问题，并进一步进行理论总结，提出更加有确证度的诊断结论和更有效的教学改革建议。本学年度对南开大学本科四门思政理论课课堂教学进行了抽样问卷调查，由此可以达成一个新的目标：（7）初步比较四门思政理论课课堂教学状况的异同，探索四门课程教学内容和方法的异同，并在此基础上提出完善相关教学与教学管理的建议。

2. 调查的理论基础、方法与问卷内容

在2015年课题说明中，曾经以图示的方式说明了本项调查的基本理论框架。如图6.1.1，该理论框架由三个大模块构成。其核心思想是，学校思想政治教育的实效性是在教学活动中，通过学生不断产生新的认识和体验（教学效果感受）并由此形成循环往复这样一种过程中产生的。这是以学习过程为中心的理论模型。任何科学的教学过程设计都必须建立在对学习过程规律的认识基础之上。这也是本调查是以学生为中心收集数据的基本理论依据。本项研究采用了如下基本理论观点：

（1）思想政治教育要发挥其效用，需经由受教育者在教学活动中的学习过程实现；思想政治教育的政治性主要体现在教育目标和内容上，而在教育和学习的过程上，思想政治教育遵循一般的教育和学习原理。这也就意味着，思想政治理论课的教学设计必须在客观分析影响教学过程的诸因素基础上，明确思想政治理论课的具体教学目标，遵循学习过程的规律，进行科学

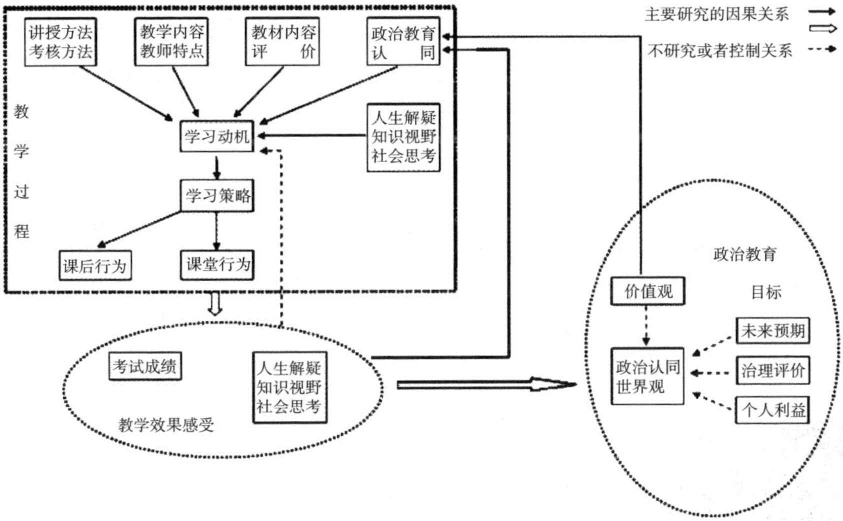

图 6.1.1 研究基本理论框架图

的教学过程设计。

（2）学生永远是主动的学习者和探索者，大学生尤其如此。在学习一门课程时，学生往往会对课程学习进行价值评估，构建自身在课程学习中的期望，并形成自身的学习策略。这个过程受着学习环境的巨大影响。从中学时代开始，学生对政治理论课程的评估和学习策略已经经历了若干次循环反馈，往往已经形成固有的刻板印象，形成了既有的学习策略。

（3）学生有效的课堂学习行为是评估课堂教学的基本标准，是学校思想政治教育的主渠道发挥效用的基础。在大学的大组（班）教学中，学生课堂学习行为的有效性主要受两个方面因素的影响：一是课堂教学必须充分满足学生的认知需求，二是课堂教学活动必须构建起充分的关联感受。

（4）教师是课堂教学的设计者、组织者和实施者。教师的课堂教学是将教学目标和内容设计为教师和学生的共同活动内容，通过课堂活动达成教学目标。这是一项具有高度创造性和实践性的工作，需要教师将教学目标和内容创造性地转化为一系列共同活动过程。

（5）学业成绩考核既是评价学生学业成就的重要方法，同时又是激励机制。必须将教育目标、学生的学习动机和激励机制必须具备的社会性要求结合在一起，才能更好地发挥其积极作用。

以上理论基础既有相关的一般教育学和学习科学的支持，也有思想政治教育的理论基础。同时，在历年调查数据分析中也获得了明确的数据支持。当然，相关理论研究尚需深入，要获得更高的理论效度，实证研究对象尚需延伸到各级各类高校大学生。

本项调查确定了如下基本内容：（1）学生对思政理论课堂教学各方面的评价，既包括对教学内容、方法、教师、成绩考核的评价，也包括学生思想政治理论课课堂教学过程中的学习感受、意见和想法，以及知识收获和思想收获状况。（2）学生对思政理论课本身的评价，思政理论课学习目的、知识需求与学习动机，以及学习策略。（3）学生学习行为，包括课堂和课后的学习行为表现。（4）学生对思想政治理论课教学的改进期待，包括学生对政治理论课的认知需求，学生对课堂教学方法改进的意见，对师生互动方式的建议，对成绩考核方法的建议等方面。（5）学生的基本政治态度：主要包括马克思主义信念、制度认同、党的领导信念等。这些变量作为衡量思想政治理论课课堂教学实效性的重要指标。同时，为了探讨实效性问题还设计了其他一些控制变量（如治理评价、社会发展预期、自由主义观念、权威主义观念等）。（6）学生个人基本情况：包括性别、年龄、年级、专业、政治面貌、家庭背景（收入、阶层、职业、城乡、父母政治面貌）等。

调查问卷的基本内容结构相较于 2016 年度（问卷见报告附录）仅做了有限几个题目的增删。

在方法上，2017 年度继续采用问卷调查的方法。同时，本年度的调查还使用了课堂观察方法。

（二）调查过程与样本概况

1. 调查过程

2017 年度调查项目由薛晓斌副教授负责，马克思主义学院思想政治教育专业以下同学参与了问卷修改讨论：16 级思政专业硕士生舒高磊、王勃然，13 级本科生韩祥宇、韩绮颜，14 级的陈蒙、寇静、寇旺旺、王琪、王香杰、郑颖，15 级的金赞研、田哲人。鉴于去年网络调查方法有效回收率有所降低，本学期使用纸质问卷进行调查。同时，调查覆盖本科四门思政理论课程，分两个阶段进行。2016 年 11 月 1 日开始到 11 月 15 日进行本科一年级的“思想道德修养与法律基础课程”（本报告简称为“思修”）以及二年级的“中国近现代史纲要课程”（本报告简称为“近现代史”）调查，2017 年 5 月 1 日至 5 月 15 日进行“毛泽东思想和中国特色社会主义理论体系概论课程”（本报告简称为“毛中特”）的调查。“马克思主义基本原理概论课程”（本报告简称为“原理”）由于采用专题教学方式，一般由两个老师共同承担一个教学班的授课任务，为了扩大授课教师样本，分两次进行调查，第一次 5 月 1 日至 15 日进行，第二次于 6 月 1 日至 10 日进行。本年度调查抽样方式做了改变，由随机抽取各教研室一半任课教师到普查到思政理论课每一位任课教师，随机抽取其授课班级的两个教学班，再到抽取的班思政理论课堂上随机抽取 20 名学生进行调查（利用上课前或者刚下课时的一段时间组织问卷填答）。问卷整理输机完毕后 6 月 20 日完成数据清理。调查报告由薛晓斌副教授执笔撰写，2015 级思政专业本科生刘燕、方小龙，2016 级思政专业本科生靳斯琪通读初稿，并进行了修改、校对。报告于 2017 年 10 月 5 日完成初稿，2018 年 5 月改定。

2. 样本概况

本次研究总体为全校范围内一、二年级本科生，本次调查样本班到班上课学生共 1358 人，回收整理后获得有效问卷数 1256 份，有效回收率约

92%。有效回收率较去年更高，主要是因为使用纸质问卷课堂现场填答，受调查学生配合度更高。样本基本情况如图 6.1.2-图 6.1.6：

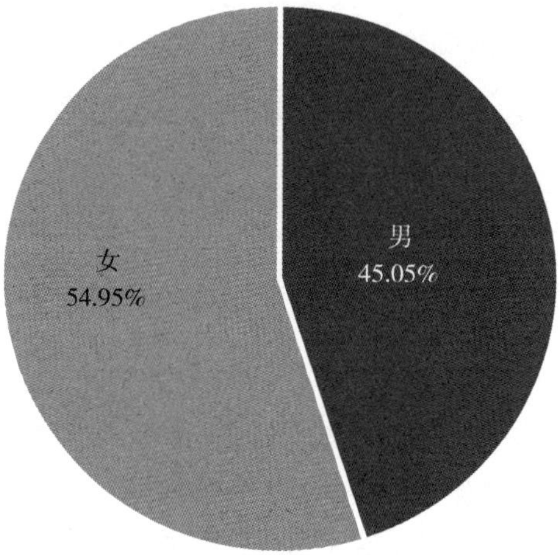

图 6.1.2　样本学生性别

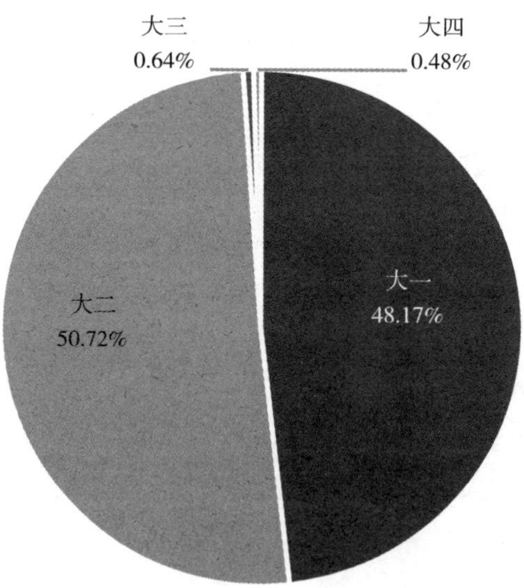

图 6.1.3　样本学生年级

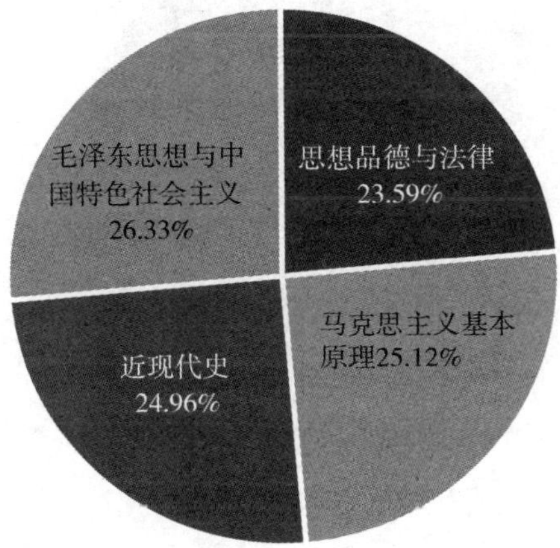

图 6. 1. 4 四门思政理论课程样本学生分布

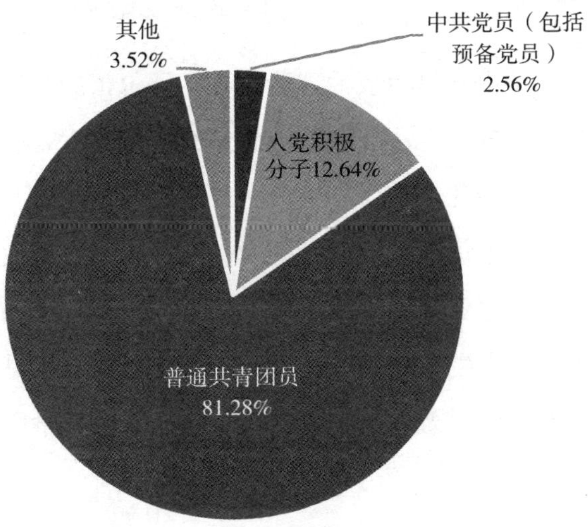

图 6. 1. 5 样本学生政治面貌

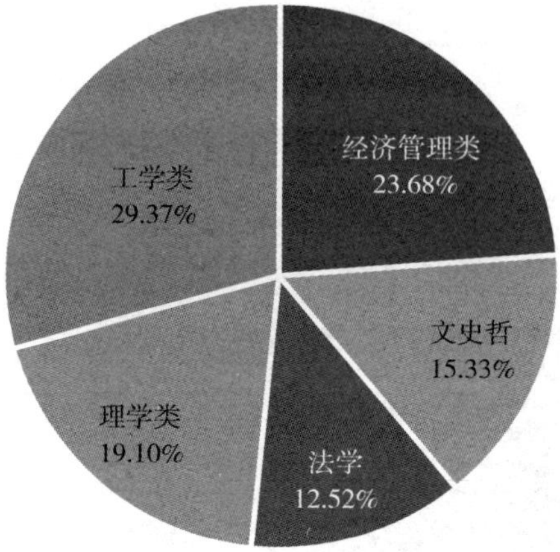

图 6.1.6　样本学生专业

第 2 部分　基本数据：总体状况

（一）学生对思想政治理论课课堂教学的评价

在本调查中，学生对思想政治理论课教学评价指的是课堂教学评价，包括学生对教学内容、教学方法与课堂教学组织、考核方式、教师评价，以及学生学习后的收获体验几个方面。

总体状况：从样本情况来看，学生对教学内容、授课教师评价高，对思想政治理论课的获益感受相对较为正面，相比较去年稳中有升，并且过去 3 年呈持续提升趋势。学生对闭卷考试方式依然有较大的意见，同时，样本学生依然普遍认为课堂吸引力不足，互动参与较缺乏，教学内容与自身距离感较远。

1. 教学内容评价

对于教学内容的评价，主要从内容视野、内容说服力、内容深度、内容清晰准确程度这几个方面进行学生评价。过去两年的调查将教学内容信息量、学术视野分为两项指标，今年的调查合为内容视野一项指标。

从表 6. 2. 1 来看，70%左右受调查者对思想政治理论课教授内容视野、内容说服力、内容深度、清晰准确性四方面都表现出满意的态度。比较三年的数据（内容视野指标没有过去两年的数据），我们发现 2016 年度的满意度比 2015 年度的有显著提高，而今年与去年相比，在党理论政策讲授清晰度上有一定的提升，其余两项指标略微有下降。

表 6. 2. 1　学生对思政理论课教学内容评价（行%）
（括号内为依次为 2016 年、2015 年数据）*

题　　项	很不满意	不太满意	一般	比较满意	非常满意
内容视野	1. 8	5. 3	26. 6	47. 6	18.
内容说服力	1. 8 （1. 8，3. 5）	7. 0 （5. 6，13. 0）	24. 6 （25. 8，36. 2）	46. 7 （44. 4，38. 8）	20. 0 （22. 4，8. 4）
党理论政策清晰准确	1. 7 （1. 3，1. 4）	4. 9 （3. 6，9. 2）	19. 8 （25. 7，31. 1）	47. 3 （40. 0，45. 8）	26. 3 （29. 4，12. 5）
内容深度	1. 3 （1. 0，1. 6）	4. 0 （3. 3，10. 4）	24. 3 （21. 2，32. 8）	49. 4 （46. 3，43. 7）	21. 2 （28. 3，11. 6）

注：* 除非特别说明，本报告后续各图表括号内的数据均表示 2016 年、2015 年同期数据，样本量参见各年度调查报告。

2. 教学方法评价

在本项调查中，学生评价课堂教学方法的指标落实在学生在课堂中的实际感受上，核心是课堂教学活动的自身关联感。这包括课堂吸引力、互动参与感、教学内容与自身的距离感、教师的吸引力等方面。课堂教学的自身关联感体现了整个教学活动组织能否将教师、学生、教学内容在教学活动过程中密切联系在一起，将学生“卷入”到课堂教学中。

如表 6. 2. 2，课堂教学活动中学生的关联感受各项指标评价比 2016 年同期调查结果稳中略有升，并且数据更加趋中一点。比较三年来的数据，学生对教学内容自身距离感、课堂的吸引力、课堂互动评价依然较低一点，而在其他各项指标上评价都比较好。这表明，这三个方面是课堂教学需要持续努力的相对薄弱的环节。

表 6.2.2 学生思政理论课课堂教学自身关联感评价（行%）

题项	很不满意	不太满意	一般	比较满意	非常满意
课堂吸引力*	5.8	17.5	28.8	32.5	15.4
内容与自身的距离感	3.8 (9.9，9.7)	20.4 (21.5，34.0)	28.5 (31.2，30.5)	32.2 (14.4，19.9)	15.2 (23.0，5.9)
课堂互动充分程度	4.6 (6.3，10.4)	15.4 (16.9，25.0)	30.8 (35.5，31.1)	32.9 (25.3，23.2)	16.3 (16.0，10.4)
结合学生实际生活背景	1.0 (0.9，2.1)	7.7 (5.5，13.2)	28.7 (30.3，36.6)	40.4 (37.5，35.7)	22.2 (25.9，12.4)
引用时政热点情况	1.5 (0.9，0.7)	6.2 (3.4，6.3)	23.8 (24.1，27.4)	45.2 (42.7，48.3)	23.2 (28.9，17.3)
个人吸引力	2.2 (1.2，2.6)	6.6 (4.8，8.3)	26.0 (24.0，32.7)	39.7 (36.4，39.7)	25.5 (33.5，16.6)

注：* 今年问卷问题是“您觉得本学期思政理论课课堂是否有吸引力?”，过去两个年度问卷上的问题表述是“您觉得本学期思政理论课课堂是否有趣味?”

3. 考核方式评价

从前两年的数据看，样本学生对思政理论课成绩评价中意见最大的方面是考试内容中死记硬背的内容太多。由于目前四门思政理论课采用了不同的成绩考核方式，所以本年度的调查主要针对死记硬背问题进行，并让受调查者对成绩考核方法满意度做出一般性评价。

表 6.2.3 学生对思政理论课考核方式评价（行%）

题项	太多（很不满意）	较多（不太满意）	一般	较少（比较满意）	很少（非常满意）
“死记硬背”量	30.4 (51.8，50.0)	39.1 (30.0，32.5)	18.4 (12.8，12.3)	8.8 (2.1，3.6)	3.3 (3.3，1.6)
成绩考核方法*	8.8	19.8	33.6	28.3	9.4

注：* 今年问卷问题是“您对本学期期末思政理论课的成绩考核方法满意么?”，过去两个年度问卷问题表述是“您对思政理论课闭卷统考的态度如何?”。由于不具有可比性，所以过去两个年度数据未给出。

从表 6. 2. 3 可以看出，样本学生对死记硬背内容量的满意度较过去两年有一定提升，但是，大部分受调查学生反映思想政治理论课考试中“死记硬背”内容量依然过大（占样本学生近 70%）。对考核方式表示满意的学生近四成，表示不满意的学生近三成。

4. 教师基本评价

对于教师的评价，本调查从是否照本宣科、教学态度、友善程度、专业水平等四个方面指标来进行学生评价。

表 6. 2. 4 表明，受调查学生对教师教学认真态度、教师对学生的尊重友善以及教师的专业水平和个人吸引力评价都很高，与去年数据基本持平。从受调查学生反映的情况来看，照本宣科的情况不严重，不过满意度比去年稍有落差。

表 6. 2. 4　学生对思政理论课教师满意度（行%）

题　　项	很不	不太	一般	比较	非常
照本宣科程度	2. 0 (1. 1, 2. 7)	6. 2 (4. 0, 11. 6)	27. 4 (25. 2, 29. 7)	36. 9 (46. 8, 38. 7)	27. 9 (22. 9, 17. 3)
教学态度认真程度	1. 0 (0. 4, 0. 6)	1. 0 (1. 0, 2. 8)	7. 8 (10. 2, 14. 4)	37. 4 (35. 3, 49. 8)	52. 7 (53. 1, 32. 4)
对学生尊重友善程度	1. 0 (0. 4, 0. 5)	1. 0 (0. 6, 1. 9)	6. 6 (9. 1, 10. 8)	35. 5 (34. 9, 48. 3)	56. 0 (55. 1, 38. 5)
老师专业水平	0. 8 (0. 4, 0. 6)	0. 9 (0. 6, 1. 9)	9. 2 (9. 3, 15. 9)	44. 6 (42. 6, 52. 6)	44. 5 (47. 1, 29. 0)

5. 学习收获

学生思政理论课学习收获感受分为“加深马克思主义理论认识”“拓展视野”“增进生活感悟”“促进对社会政治问题的思考”“增强辨别是非能力”“增进对党的理论政策认识”等六个方面指标。

表 6.2.5　学生思政理论课学习收获评价（N=1136，行%）

题　项	很不同意	不太同意	中立	比较同意	非常同意
加深马克思主义理论认识	5.0 (6.6，7.1)	10.9 (9.4，13.8)	28.9 (32.5，31.5)	45.7 (41.5，42.3)	9.6 (10.0，5.4)
拓宽视野	4.0 (5.5，7.2)	8.5 (9.3，14.0)	25.5 (32.0，32.9)	50.6 (41.2，39.8)	11.4 (11.9，6.1)
增进生活感悟	4.5 (8.6，9.0)	13.2 (12.9，18.1)	27.8 (35.1，35.8)	43.0 (32.9，32.4)	11.6 (10.4，4.6)
促进社会政治问题思考	3.7 (6.3，6.2)	8.5 (10.3，11.8)	25.1 (30.5，29.9)	49.0 (40.145.7)	13.6 (12.8，6.4)
增强辨别是非能力	4.1 (6.9，8.7)	9.7 (11.4，12.9)	29.2 (34.9，34.3)	44.2 (35.0，37.8)	12.7 (11.8，6.3)
增进党理论政策认识	3.7 (6.3，6.4)	9.3 (10.1，10.5)	26.7 (32.4，31.0)	46.5 (38.6，44.6)	13.9 (12.6，7.5)

从表 6.2.5 中可以看出，在各项指标中 55%—65%左右的受调查者都表示通过思想政治理论课的学习，在对马克思主义基本概念和理论、党的理论政策的认识，对拓宽视野，对生活感悟和对社会政治问题的思考等各方面都有比较大的收获。并且，今年比去年有较高提升。如果我们把学习收获各指标理解为评价思想政治理论课堂教学实效性的学生主观指标，我们大体可以这样认为：总体来讲，三年来样本大学生对思想政治理论课课堂教学主观实效性评价正面，并且逐年提升。

6. 教学评价总体状况

将学生对思政理论课堂教学各维度评价分别加总，并除以每个维度的题项数，我们就能更加容易看出学生对课堂教学各方面评价的一般情况，并进行各维度的比较（评分中点为 3 分）。表 6.2.6 表明，三年来，学生评价最高的都是教师评价。这表明我校有一支受到学生高度肯定的思政理论课教师队伍。本年度学生对思政理论课教学各方面均持肯定态度，相对于去年而言，学习后收获评价和成绩考核方法评价有一定的提升。三年来学生反映意见最大的都是成绩考核方式，尽管今年的评价要高一点，但成绩考核方式评价的提升主要是由于近现代史课程采用了开卷考试所导致。这也是标准差较高一点的原因。同时三年来，课堂教学各维度中课堂教学活动自身关联感及课后收获方面评价相对其他方面也稍低一点。

表 6.2.6 样本学生思想政治理论课各维度评价

	均值	中值	标准差*
教学内容评价	3.82（3.90，3.50）	4.00（4.00，3.60）	.721
教学活动自身关联	3.58（3.53，3.22）	3.5（3.60，3.12）	.766
教师评价	4.24（4.20，3.99）	4.25（4.20，4.00）	.646
学习后收获评价	3.52（3.37，3.24）	3.67（3.33，3.33）	.813
成绩考核评价	3.1（2.54，2.29）	3.0（2.20，2.33）	1.097

注：* 标准差只给出本年度的数据。

（二）学生学习行为

本部分的学习行为是广义的，包括学生主观上对课程的认同、学习动机、学习策略选择，以及课堂课后实际学习表现。

总的状况是：在主观上，2017 年度样本学生对思政理论教育的认可度比去年有明显的提升。三年来的调查表明，学生学习思政理论课的目的以认知目的为主。值得注意的是有 10%—20%的学生依然对思政教育本身持否定看法；学生思政理论课学习的动机水平较低，60%左右的受调查者处于“无感”状况。在学习行为上，学生自我报告的课堂听课情况尚可，但互动以及课堂参与水平较低，课后学习状况不佳，学习方法基本上依然是“死记硬背+考前突击”方式。

1. 对思想政治理论课的认同

学生对思政理论课的认同直接表现为学生对思政理论课价值和意义的看法，并影响学习动机、学习策略以及课堂课后行为。对思政理论课认同情况如表 2.7。

表 6.2.7　学生对思政理论课的认同状况（行%）

题　　项	毫无	不太有	一般	比较	非常
马克思主义理论教育必要性	5.0 (7.7，6.7)	10.0 (11.8，13.1)	20.4 (28.3，27.1)	39.1 (32.8，36.4)	25.4 (19.4，16.7)
开设思政理论课必要性	5.7 (8.2，7.1)	8.9 (12.1，13.3)	19.5 (26.5，26.2)	38.5 (31.6，36.4)	27.4 (21.7，17.0)
价值观引导必要性	5.2 (7.3，5.7)	6.3 (9.2，9.6)	17.9 (25.1，24.2)	39.8 (35.4，39.3)	30.8 (23.0，21.1)
思政理论课对工作生活价值	5.8 (8.7，8.9)	11.2 (13.3，17.1)	29.8 (31.8，30.9)	32.7 (31.1，32.5)	20.4 (15.1，10.7)
思政理论课是否促进专业学习	11.2 (15.8，15.4)	18.0 (20.2，27.7)	34.4 (35.0，29.3)	23.4 (17.4，20.9)	12.9 (11.5，6.7)
思想政治教育的社会政治意义	3.8 (6.2，5.9)	4.4 (6.6，8.4)	18.8 (28.2，27.2)	41.9 (34.9，39.5)	31.7 (24.1，19.0)
党的理论政策学习是否有意义	3.8 (6.9，5.8)	5.4 (11.1，11.5)	20.4 (30.3，33.5)	41.8 (34.0，34.1)	28.6 (17.8，15.1)

如表 6.2.7，今年的认同度相对去年有比较明显的提升，并且过去三年都处于上升趋势。总体来讲，南开大学学生对马克思主义理论教育的认可度比较正面，2017 年度调查中各指标上持正面看法（比较必要、非常必要）的学生占比 60%以上，这是一个比较显著的成就。各指标上持否定意见者也在持续下降，选择“一般”的受调查者比例也在降低。但对思想政治教育是否促进专业课学习方面评价较低一些。不过，依然有 8%—15%左右的受调查者对思政教育持相对负面态度。

2. 学生的学习动机、目的与学习策略

前面的认同指学生对思想政治教育本身意义和价值的认可，但和学生学习行为更为直接关联的是学习动机。问卷设计了“学习动机”和“学习策略”两个方面的题项，下面对这两方面的数据进行分析。

学习动机与目的　学习动机是指学生学习思想政治理论课课程的基本动力状况，这里从课程本身重要性的感知、对学习感兴趣的程度两个方面来考察。

对比去年同期数据，我们发现重要性认识提升比较明显，喜好程度则呈现弱的增加趋势（见表 6.2.8）。这与表 6.2.7 也构成对应。但我们发现，重要性的评价依然滞后于对课程本身意义的评价，同时，依然有四分之三的受调查者并不表示喜欢思政理论课程。喜好是内在动机激发的最直接方面，重要性认知涵盖内在与外在动机两个方面，既包括内在价值认识，也包括工具性价值判断。从这两个指标来看，样本学生思想政治理论课动机水平依然偏低，值得充分关注。

表 6.2.8　学生思政理论课学习动机（N=1136，行%）

题　项	很不	不太	一般	比较	非常
重要程度	5.0 （7.7，9.5）	8.3 （15.6，16.4）	28.4 （33.9，34.0）	37.2 （26.1，28.5）	21.2 （16.6，11.5）
喜欢程度	4.1 （6.3，7.7）	10.3 （13.3，15.3）	59.9 （56.4，59.1）	19.1 （16.0，14.0）	6.6 （8.0，3.9）

如表 6.2.9，在学习目的上，本年度受调查者学习思想政治理论课程的最主要目的是“拓展视野”“理解当今中国社会政治现象”和“拿高分”，均占到总应答的近 20%；① 选择“没想法”和“其他”的人数最少；选择“能过就行”占总应答数的 6.4%，这表明持消极学习目的的应答数不到 10%。如果将学习目的区分为认知目的和工具性目的，我们发现，样本学生以认知型目的为主，占总应答数的四分之三左右，同时，选择工具性目标（拿高分）不到 20%。考虑到拿高分占目的排序第三，所以我们依然认为，认知目标与工具目标都为本校学生所看重。不过值得注意的是，直接选择

① 为了便于三年调查数据的比较，百分比使用了应答百分比，即选择某一个选项的人数占总选择答案数的百分比。

"学习马克思主义学说""学习党的理论政策"的受调查者比例依然不太高。对比过去两年的数据，我们发现，本年度调查显示学生相对于过去更看重一般性认知目标，但是否是一种发展趋势，尚不明确。

表 6.2.9　思政理论课学习目的（总应答数列%，括号内为占样本数列%）

	2017	2016	2015
拓宽视野	19.1（57.1）	15.6（50.6）	17.3（47.8）
理解当今中国社会政治现象	18.2（54.5）	18.4（59.7）	17.7（48.9）
拿高分	17.7（52.9）	20.0（65.1）	18.5（51.0）
学习中国近现代史	10.9（32.7）	9.8（31.7）	11.3（31.2）
学习马克思主义学说	9.0（26.9）	9.9（32.3）	8.7（24.0）
解答生活中的许多疑惑	8.4（25.1）	8.2（26.8）	7.3（20.1）
学习党的理论政策	8.1（24.3）	8.5（27.6）	8.0（22.1）
能过就行	6.4（19.1）	6.1（19.7）	7.6（21.0）
没想法	2.1（6.3）	2.2（7.0）	3.2（8.9）
其他	0.1（0.4）	1.4（4.4）	0.3（1.0）
总计	100.0（299.3）	100.0（324.9）	100.0（276）

学习策略　表 6.2.10 中，受调查者填答"通过思政理论课学习，发现思政理论课是一门'背书课'"这一问题时，今年有 40%左右的同学认同这种看法，比去年降低了近 20 个百分点。这表现出相当的进步：在学生眼中，背书考试的策略已经没有那么重要了。对于"对您而言，'考前突击'是不是应对思政理论课考试的基本方法"这一问题，依然有超出 70%的学生给予了肯定答案，这比去年降低了一些，但依然是一个非常高的比例。换言之，"死记硬背+考前突击"的方法还非常管用，这一点尚未根本改变。另一方面，学生更多选择考前突击，也说明平时的课程学习重视程度很不乐观。

表 6.2.10 学生思政理论课学习策略（行%）

题项	不同意	不太同意	中立	比较同意	很同意
思政理论课是一门“背书课”	5.0 （7.3，3.4）	17.0 （9.2，9.8）	35.1 （25.1，29.6）	32.0 （35.4，38.3）	10.9 （23.0，18.9）
“考前突击”是应考基本方法	不是 26.7 （20.1，12.9）	—	是 73.3 （79.9，87.1）		

3. 课堂行为

学生思政理论课课堂行为直接反映出学生对课堂教学质量的态度与评价，也隐含着学生对课程的认同程度。这里我们选取比较有代表性的“出勤率”“听课认真程度”以及“参与课堂互动情况”三个方面学生自我报告数据来进行分析。

（1）出勤率。近三年样本学生出勤状况自我报告见表 6.2.11. 从表中数据看，2017 年表示从未逃过课的学生占 78.8%，1 至 2 次占 14.5%，两者合计占 93.3%，这是一个很不错的比例。三年的数据对比看，改进也比较显著。

表 6.2.11 不同专业学生思政理论课逃课自我报告（列%）

		2017	2016	2015
翘课频率	从没翘课	78.8	72.1	60.3
	1—2 次	14.5	21.9	27.6
	3—5 次	3.4	4.2	9.9
	6—10 次	1.5	1.0	1.4
	10 次以上	1.8	0.8	0.9
合计		100.0	100.0	100.0

（2）听课与课堂互动。如表 6.2.12—表 6.2.15 是三年来样本学生听课与课堂互动基本情况。总体上来看，听课认真程度较好，但课堂互动状

况较差。表 6. 2. 12 表明，三年来学生听课状况不断改善，但值得注意的是，依然有大约五分之一的学生几乎不听课或者根本不听课。表 6. 2. 13、表 6. 2. 14 表明，无论是在回答老师课堂提问还是主动向老师提问上，学生课堂行为都比较消极，并且三年来没有明显的提升。三年的数据都表明（表 6. 2. 13、表 6. 2. 14、表 6. 2. 15），学生对主动型的课堂参与（向老师提问或者课堂讨论）比被动型的课堂参与（回答老师问题）要积极一些。

表 6. 2. 12　2015—2017 年思政理论课学生听讲状况自我报告（列%）

		2017	2016	2015
是否认真听课	根本没听过	3. 3	5. 6	6. 7
	几乎不太听讲	16. 9	17. 9	24. 9
	有时认真听讲	36. 1	33. 1	37. 7
	基本认真听讲	32. 7	29. 2	23. 0
	总是认真听讲	11. 0	14. 2	7. 8
N		1251	1243	1248

表 6. 2. 13　2015—2017 年思政理论课学生课堂回答问题状况自我报告（%）

		2017	2016	2015
课堂回答问题状况	非常积极	5. 4	7. 0	4. 2
	比较积极	19. 3	12. 3	10. 5
	不太愿意参与	46. 7	37. 6	51. 9
	从不参与	16. 8	17. 2	23. 5
	老师几乎不提问	11. 9	25. 9	9. 9
N		1251	1243	1243

表 6.2.14 2015—2017 年思政理论课学生主动提问情况状况自我报告（%）

		2017	2016	2015
主动提问状况	经常提问	4.4	5.6	3.7
	偶尔提问	22.3	22.5	22.5
	从不提问	63.6	56.4	63.6
	没有机会提问	9.8	15.4	10.2
N		1249	1243	1247

表 6.2.15 2015—2017 年思政理论课学生参与课堂讨论状况自我报告（%）

		2017	2016	2015
参与课堂讨论状况	非常积极	5.5	7.0	4.1
	比较积极	28.8	16.6	15.3
	不太愿意参与	38.6	41.2	51.1
	从不参与	15.6	17.8	21.2
	几乎无机会参与	12.4	17.3	8.3
N		1247	1243	1248

这几个问题采用的是“追答”方式提问，即要求受调查者明确回答自己的行为是积极还是消极的，没有中间选项，这或许更能够明确地呈现学生自己的行为状况。

4. 学生课后行为

学生在思想政治理论课的课后行为一方面反映出学生对课程本身的重视程度，另一方面也与学生应对考试的基本方式紧密相连。在本调查中，我们主要从课程复习、知识拓展以及交流沟通几个方面来进行考察。

表 6.2.16　学生思政理论课平时学习行为（行%）

题　项	从不	偶尔	一般	经常
课下看教材	14.7 （32，37.5）	42.1 （35.3，29.1）	27.7 （23.2，24.4）	15.5 （9.4，8.9）
阅读相关书籍文献资料	14.7 （15.1，18.1）	36.2 （33.8，37.0）	39.3 （38.6，33.6）	9.8 （12.5，11.3）
和同学朋友讨论相关话题	11.5 （14.0，14.0）	34.9 （31.7，32.5）	42.0 （40.0，39.6）	11.5 （14.3，11.5）
主动和老师沟通交流	30.9 （30.1，31.2）	37.2 （34.7，39.1）	25.7 （27.9，24.5）	6.3 （7.3，5.2）

从表 6.2.16 中可以看到，2017 年度依然有一半以上的受调查者表示较少看教材或者基本不看教材，一半左右的受调查者表示从不阅读或者偶尔阅读思政理论课相关书籍或者文献，接近一半的受调查者表示从不或者偶尔和同学讨论思政理论课相关话题，近七成学生表示从不或者偶尔与思政理论课老师沟通交流。这说明了相当数量的学生的思政理论课学习还主要停留在上课听听，考试才抓紧，平时基本不管的状况。不过，在课下看教材上，连续三年的数据呈现出积极提升的状况。

（三）学生的改进意见

学生是学习主体，学生对课堂教学的态度和改变愿望是进行教育评价的基本依据之一，也是教学改革的重要参照。在本小节中从目的预期、教学方式改进、课外交流方式改进、考核方式改进等几方面来进行分析，力图从整体上把握学生对思想政治理论课教学改进的基本要求和期待。

总的状况是，样本学生希望思政理论课能够很好地开拓学生的视野，引导思维方式，解答现实疑问以及成长问题，培养学生公共参与能力。这与思政理论课本身的目标有一定的差距，但这也是学生的现实要求，需要精心引导。在教学方法改进上，学生最希望增强课堂教学的趣味性，加强案例教学方法的使用，加强实践活动。在师生沟通方式上，学生希望能够充分使用各种网络非面对面沟通方式，同时加强讲座、座谈会、互动沙龙等方式的沟通。在成绩考核方面，学生希望进行多方面的考核，笔试以开卷或者半开卷方式为主。

1. 改进目的预期

同去年一样，本年度问卷设计了“请您设想一下，如果对思政理论课教学进行改革，您最期望达到什么?”这一不限选项的多选题。连续三年的调查结果没有根本性差别，这表明学生对思政理论课的学习期望三年来基本一致。学生更加期望思政理论课成为开阔视野，引导思维方式，帮助解答现实社会或者个人疑惑，培养公共参与能力的课程，但同时样本学生对学习马克思主义理论、学习党的理论政策的期望不大。这与前面表 6.2.9 一致。这是思想政治教育值得重视的一个现实问题。

表 6.2.17 思政理论课教改目的期望（2015—2017 年），（应答列%，括号内为个案例%）

	2017	2016	2015
开阔学生视野	16.2（59.0）	15.6（63.9）	19.9（50.4）
解答社会现实疑问	13.7（49.7）	11.7（48.1）	12.5（31.3）
引导思维方式	12.9（46.8）	13.2（54.1）	13.2（33.3）
解决人生成长困惑	10.8（39.3）	9.8（40.1）	11.6（29.3）
培养大学生公共参与能力	10.3（37.6）	10.4（42.4）	11.6（29.3）
与所学专业相结合	9.1（33.1）	9.7（39.5）	8.0（20.3）
提高学生思想道德素质	8.9（32.4）	8.3（33.8）	6.6（16.7）
提高学术性	5.8（21.2）	6.3（25.7）	5.6（14.1）
加强基本理论知识教学	4.1（14.9）	4.9（20.2）	3.9（9.9）
提高学生马克思主义理论水平	4.1（14.8）	4.7（19.4）	3.4（8.6）
加强党的理论政策宣传	2.5（9.0）	3.3（13.5）	1.2（3.1）

续表

	2017	2016	2015
没有期望	1.2（4.2）	1.2（4.8）	1.8（4.6）
其他	0.5（2.0）	0.8（3.4）	0.7（1.7）
总计	100.0（364.2）	100.0（409.1）	100.0（252.9）

2. 教学方法改进

本年度在教学方法改进意见上，增加了“网络平台教学”选项，并且不限定选项数目。表 6.2.18 数据显示，三年来的意见基本一致。这是我们教学改革中值得注意的问题。在教学方法改进问题上，选择“增强课堂的趣味性”人数比例依然最大（21.5%），远远高于其他方面的要求，这一定程度上表明，趣味性不足是当前思想政治理论课教学中比较突出的问题，应当在教学改革中加以重视和改进。其次，学生较为关注的依然是“加强案例教学”（15.2%），“加强课堂讨论或辩论”（9.6%），“加强课外阅读指导”（9.1%）、“加强学生实践”（9.0%）也受到学生的关注。同时对网络平台教学、师生沟通互动（课堂内和课堂外）、教学技巧、专题教学等方面的教学方法改进方向也有所期待。这些都反映出学生对传统单向知识性传授教学方式的不满足，表达出了学生对增强思想政治理论课教学方式多样性的愿望。

表 6.2.18　思政理论课教学方法改进期望（2015—2017 年，应答列%，括号内为个案例%）

	2017	2016	2015
增强课堂趣味性	21.5（62.3）	19.0（62.1）	25.3（57.9）
加强案例教学	15.2（44.2）	14.0（45.8）	18.1（41.4）
加强课堂讨论或辩论	9.6（27.9）	9.2（30.1）	9.5（21.8）
加强课外阅读指导	9.1（26.3）	7.4（24.2）	7.2（16.5）
加强学生实践	9.0（26.1）	9.8（32.1）	10.6（24.1）

续表

	2017	2016	2015
增强师生课堂互动	6.4（18.7）	6.6（21.5）	6.2（14.1）
充分使用多媒体	6.2（18.1）	6.5（21.1）	6.6（15.0）
网络平台教学	6.2（18.0）	6.7（21.9）	-
增强师生课外沟通交流	5.2（14.9）	6.4（20.9）	3.9（9.0）
采用专题教学方式	4.8（14.0）	5.6（18.4）	4.7（10.7）
提高教师教学技巧	4.8（13.8）	5.6（18.3）	4.6（10.4）
没有期待	1.7（4.8）	1.8（6.0）	2.4（5.6）
其他	0.4（1.1）	1.3（4.1）	0.8（1.8）
总计	100.0（290.2）	100.0（326.4）	100.0（228.3）

3. 课外交流方式

在课外交流方式的问题上，如表6.2.19，三年来学生的选择基本一致。“微信或QQ讨论”最受学生青睐，超过半数的样本学生选择了这个选项。选择“举办人生或者时政开放讲座”“邮件沟通”“举办师生互动沙龙”“建立课外学习小组”“微博课堂”等选项的样本学生接近或超过三成。这一定程度表明，学生比较倾向于互动式的沟通方式，尤其是微信这样的日常生活广泛使用的快捷互动方式。另外值得注意的是，在沟通方式选择上也体现出了学生的求知欲：学生也比较看重有一定深度的讲座以及知识讨论形式。这是思想政治理论课教学值得引起注意的问题。

表6.2.19　学生期待的课外沟通方式（2015—2017年）
（应答列%，括号内为个案例%）

	2017	2016	2015
微信或QQ讨论	23.2（51.6）	21.2（54.5）	20.1（42.9）
举办人生或者时政开放讲座	14.0（31.2）	12.5（32.0）	14.6（31.2）
举办师生互动沙龙	11.2（24.9）	10.7（27.4）	10.1（21.5）

续表

	2017	2016	2015
邮件沟通	10.2（22.7）	10.7（27.6）	13.2（28.1）
建立课外学习小组	10.0（22.2）	10.4（26.7）	8.8（18.8）
构建在线讨论平台	8.9（19.8）	7.2（18.6）	9.6（20.3）
微博课堂	7.2（16.1）	9.9（25.4）	9.2（19.6）
师生定期课下交流（Office Time）	6.6（14.7）	7.4（19.0）	5.7（12.0）
组建专题社团	5.7（12.6）	5.4（13.7）	5.6（11.9）
电话沟通	2.3（5.1）	2.8（7.2）	2.5（5.4）
其他	0.6（1.3）	1.8（4.6）	0.7（1.4）
总计	100.0（222.3）	100.0（265.5）	100.0（213.0）

4. *考核方式*

如表 6.2.20，在成绩结构上，本年度样本学生最希望将“出勤率”（占总应答数 25.1%），“考试成绩”（占总应答数 20.2%）综合纳入成绩考核。同时样本学生也希望把“课堂听课情况”（占总应答数 12.1%）、“论文写作”（占总应答数 10.9%）以及“社会实践效果”（占总应答数 10.9%）纳入考核标准之中。另外学生还比较关注“课堂展示”、“与老师互动情况”。与过去两年数据比较，大体一致。这说明学生的意见相对是比较稳定的。

表 6.2.20　样本学生对成绩结构的看法（列%）

	2017	2016	2015
出勤率	25.1	21.0	18.2
考试成绩	20.2	17.5	15.6
课堂听课情况	12.1	12.5	10.3
论文写作	10.9	13.6	13.4
社会实践效果	10.9	12.3	16.3
课堂展示效果	10.6	9.8	11.3

续表

	2017	2016	2015
与老师互动情况（发言情况）	7.6	7.3	9.4
面试	2.3	3.9	5.2
其他	0.2	2.0	0.4
总计	100.0%	100.0%	100.0%

在考试方式的选择上，开卷或者半开卷的方式看来较受欢迎，三个年度的数据也基本没有差别（见表6.2.21）。

表6.2.21 学生对思政课考试方式建议（N %）

题 项	全部开卷	全部闭卷	半开卷	写论文
学生思政课考试方式建议	46.4（46.9，41.5）	8.8（7.6，9.7）	27.0（24.1，25.8）	17.9（21.4，23.0）

第3部分 基本数据：不同课程的状况

本年度对四门课程均进行了抽样调查，我们可以对照不同思政理论课程课堂教学基本情况。数据处理上主要使用平均值进行比较。

总体上来说，四门思政理论课在教学上体现了各自的特点。在教学内容上，思修教学内容更加贴近学生实际生活问题，原理教学内容更加理论化，毛中特教学内容更加贴近当代中国现实问题，而近现代史课程对学生来说更加偏重知识。在教学方法上，四门课中比较突出的是毛中特课程：课堂吸引力、课堂互动、老师个人吸引力这三个一般性指标上都居于前列。

学生对四门课的学习目的和意义、学习动机和学习策略、教学改革期望等方面没有显著差别，体现了思政理论课整体性的一面。但在课堂行为上，体现了与四门课教学评价相一致的一些差别。

（一）课堂教学评价

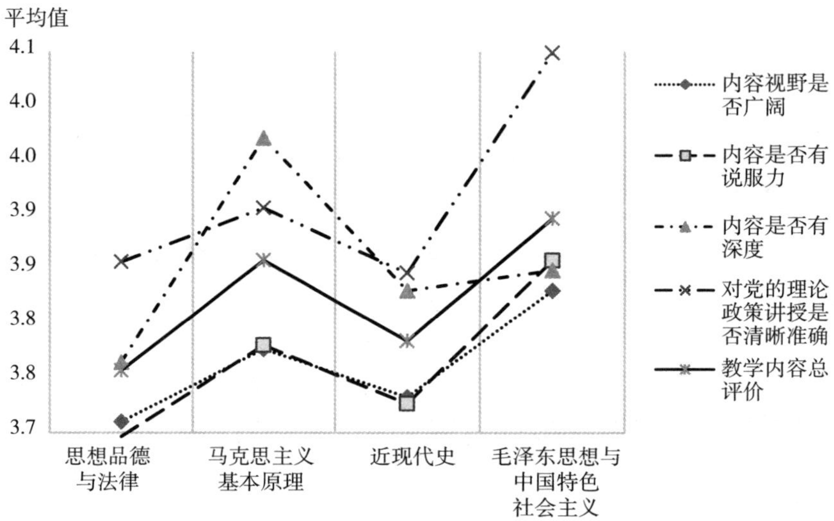

图 6.3.1 各门课程教学内容学生评价

1. 教学内容评价

图 6.3.1 是不同课程教学内容的评价。总体上看（图 6.3.1 中粗黑虚线表示四门课总体情况），样本学生对毛中特课程、原理课程的教学内容评价较高，对思修、近现代史课程的教学内容评价稍低一点，但推论到总体显著性稍差（sig. = 0.056，Brown - Forsythe 法，渐进 F（3，1157.466）= 2.517）。在分项指标上，统计检验表明，思修课程相比于原理课程内容深度上要差一点（sig<0.05），近现代史相比于毛中特课程在清晰准确性上要差一点（sig<0.05）。这可能与课程内容有关，但也提示了每一门课程可能有潜在缺陷以及教学改进的方向：思修课程似乎应该进一步提高内容的思想深度，近现代史课程或许要进一步提高历史准确性。

2. 课堂教学关联感评价

课堂教学关联感是教学方法产生效果与否的重要指标。如图 6.3.2，四门课程在总体评价上有差别。思修以及毛中特课程在总体指标上较好，原理以及近现代史课程要稍差一点（sig. <0. 05）。分项指标上，数据表明，毛中特课在互动是否充分、课堂吸引力、老师是否引用时政热点、老师个人吸引力等几个方面得分最高（sig. <0. 05），思修课在讲授内容与自身距离感、老师是否结合学生的实际生活背景上得分最高（sig. <0. 05），近现代史课在与学生互动、教学内容与自身距离感、是否结合实际生活背景、是否引用时政热点几个方面的指标都最低（sig. <0. 05）。事实上，这一定程度是不同课程教学内容本身所决定的：思修课内容是面向学生的社会生活实际的，所以在自身距离感与结合学生实际生活背景上得分最高，毛中特课程内容本身和时政热点联系非常密切，而近现代史课程不是很容易与学生的实际生活背景、时政热点相联系，与学生自身距离感自然也较为远一点。不过值得注意的是，样本中毛中特课程在课堂吸引力、课堂互动、老师个人吸引力这三个一般性指标上都居于前列。

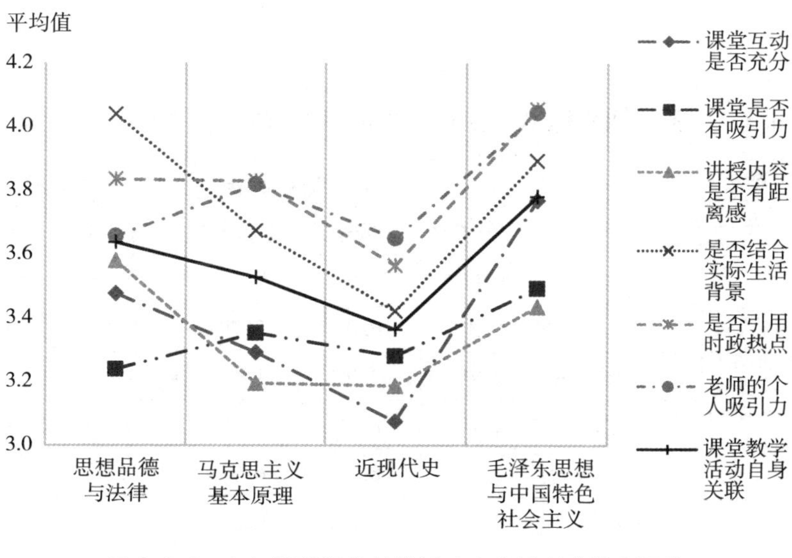

图 6. 3. 2 各门课程课堂教学活动自身关联感学生评价

3. 成绩考核方式评价

在成绩考核方式上，我们能够感到一个非常大的差别：近现代史课程成绩考核评价显著高于其余三门课程，而其余三门课程并没有显著性差异。这主要是由于近现代史纲要课程采用了开卷考试。不过，数据表明，还有一小部分学生在问卷调查时不清楚期末会采用何种成绩考核方法，见表 6.3.1。

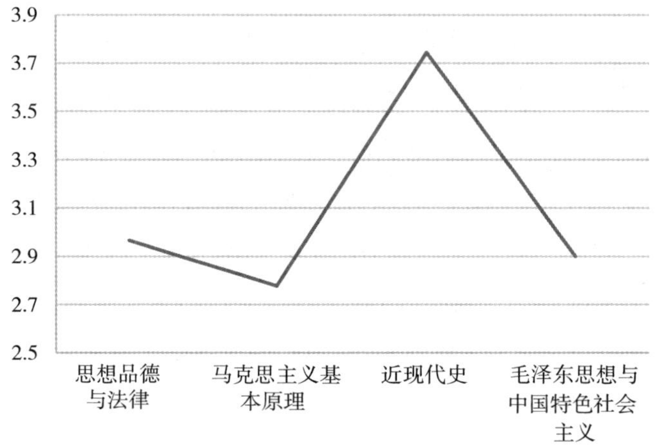

图 6.3.3　各门课程成绩考核方式学生评价

表 6.3.1　各门课程样本学生对期末成绩考核方式的理解（N=1235）

		思政理论课程				合计
		思修	原理	近现代史	毛中特	
您本学期期末思政理论课会采用什么样的考核办法？	闭卷考试	70.6%	72.6%	7.2%	70.3%	55.4%
	开卷考试	6.5%	10.0%	75.7%	10.1%	25.4%
	半开半闭考试	4.4%	3.9%	1.6%	4.6%	3.6%
	写论文	2.7%	3.5%	7.9%	5.5%	4.9%
	以上都不是	12.6%	8.7%	6.9%	9.2%	9.3%
	不清楚	3.1%	1.3%	0.7%	0.3%	1.3%
合计		100.0%	100.0%	100.0%	100.0%	100.0%

4. 教师基本评价

数据表明，学生对教师评价是整个课堂教学评价中最高的，并且不同课程在总的教师评价上没有显著差异（F检验，sig>0.1），在照本宣科问题上，四门课的评价都比其他几个指标偏低。这是值得注意的一个问题，并且数据表明思修课程照本宣科问题上学生评价要显著低于近现代史以及毛中特课程（sig.<0.05）。在评价老师是否认真教学上，四门课程没有显著性差别。在评价老师对学生的尊重友善上，总体评价都很高，但近现代史课程该指标要稍低一点（sig.<0.05）。在评价老师的专业水平上，毛中特课、原理课要高一些，思修课要低一些（sig.<0.05）。这是值得注意的。这可能与课程内容有关。授课老师怎样更好地发挥自身的专业水平，让课堂教学更好地促进学生思考，使学生有更多收益，是进一步努力的方向。

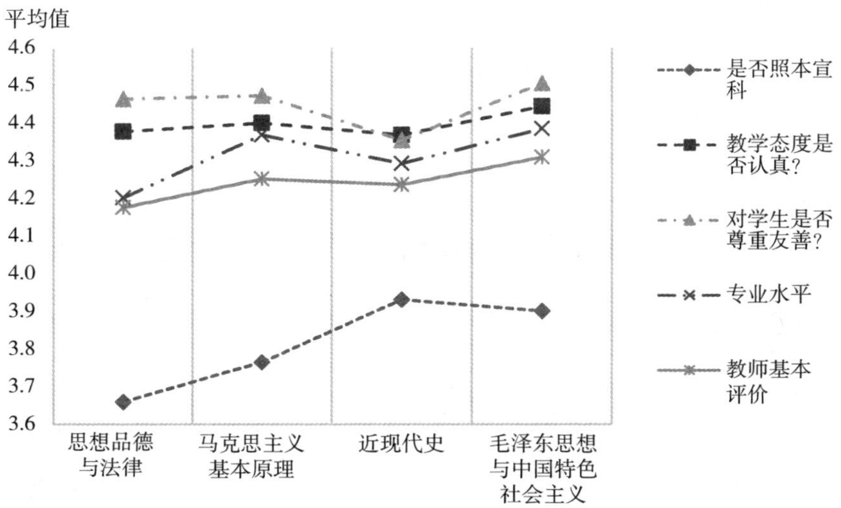

图6.3.4 各门课程学生教师评价

5. 学习收获评价

总体上来讲，通过四门课程的学习，学生的总体评价没有显著性差别（sig.>0.1），但在分项指标上，毛中特课程的影响要稍大一点，具体如下。在加深对马克思主义理论认识方面，呈现出显著差别，毛中特课程的评分要高一些，并显著高于思修课程（sig.<0.05）；在促进对社会政治问题的思考方面，毛中特课程的评分要高于其余三门课（sig.<0.05）；在拓宽视野、增

进对党的理论政策认识方面都没有非常显著的证据表明毛中特的评价好于其余课程；在增进生活感悟、增强辨别是非能力两项指标上四门课程均没有体现出显著差别（sig. >0.1）。

6. 总体状况

四门课程学生的总体教学评价异同如图 6.3.6 所示。学生对四门思政理论课课堂教学总体评价上是有差别的。马克思主义基本原理概论课程的总体评价要稍低一点（sig<0.05）。如果不计入考核方式评价，则是近现代史课程的教学总体评价要稍低一点（sig<0.05）。除期末成绩考核方法外，四门课程课堂教学关联感上有所差别，而在其余维度上的差别不太显著。

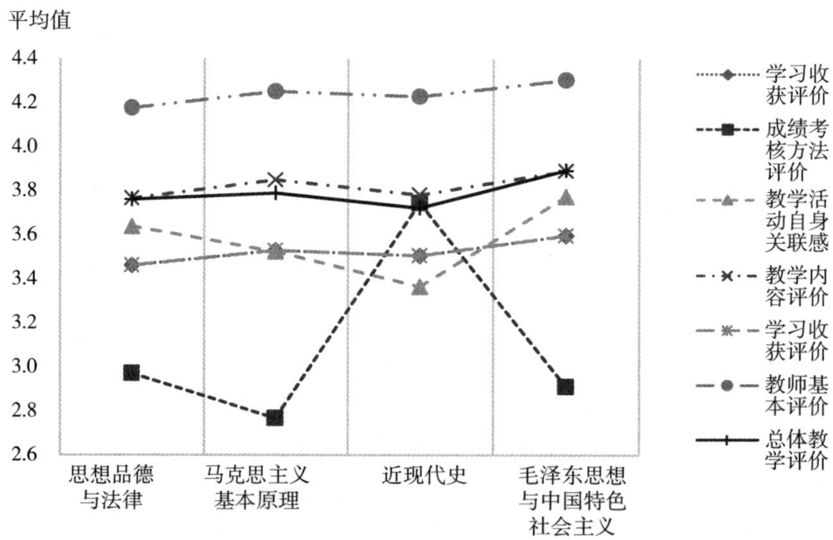

图 6.3.5　各门课程课堂教学总体状况学生评价

（二）学习行为

1. 对思政理论课的认同

修各门思政理论课程的学生对思政教育认同总体上以及分项指标上均无

显著性差别。这大体说明，学生心中，对思政理论课已经形成了一个总体价值判断：这四门课是同一类型的课程，课程根本目标是一致的。

2. 学生的学习动机、目的与学习策略

（1）动机水平。在对思政理论课的重要性感知以及喜欢程度上，不同课程学生没有显著差别。这表明，学生对学习这四门课程的动机水平没有显著差别。都是政治理论课，内心的判断和感觉是一样的，这类课程说不上喜欢，但学生认为课程很重要。

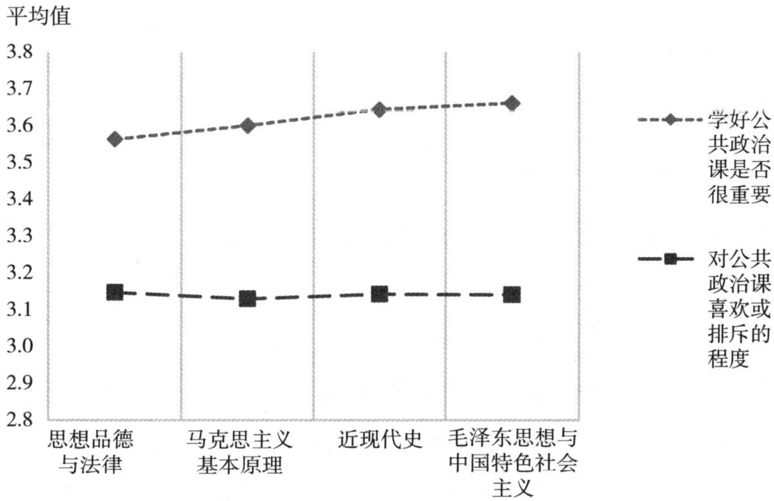

图 6.3.6　各门课程学生动机水平

（2）学习目的。学生对不同思政理论课程的学习目的定位既有共同点也有差别。这些共同点是不同思政理论课程学生的共同需求，差别是不同课程学生的特殊期望。

表 6.3.2　不同思政理论课程学生学习目的比较（列，应答%）

	思修	原理	近现代史	毛中特
拿高分	45.1	48.5	61.0	57.5
能过就行	24.2	22.3	16.8	13.8

续表

	思修	原理	近现代史	毛中特
拓宽视野	52. 6	57. 9	59. 4	58. 1
解答生活中的许多疑惑	31. 4	27. 5	19. 0	23. 2
理解当今中国社会政治现象	46. 8	57. 6	55. 2	58. 1
学习中国近现代史	24. 6	29. 1	46. 5	29. 7
学习马克思主义学说	27. 6	27. 5	27. 1	25. 7
学习党的理论政策	21. 5	24. 6	22. 9	28. 1
没想法	5. 8	5. 8	5. 2	8. 0
其他	0. 3	0. 3	0. 3	0. 6
应答总计	279. 9	301. 1	313. 4	302. 8

百分比和总计以应答数为基础。

如前表 6. 3. 2，不同课程的样本学生的学习目的前三位都是拓宽视野、拿高分、理解当今中国社会政治现象。尽管不同课程样本学生排序稍有不同，但我们发现，认知目的都是最主要的目的：拓宽视野，认识中国社会政治的现实问题是学生的基本学习目标。选择“没想法”的学生所占比例很少，这从另一方面印证了学生普遍具有相对明确的学习目的性。我们也可以发现，高年级学生（修毛中特和近现代史课程学生）对于分数追求的热情比低年级要高一点。近现代史纲要课程的学生学习中国近现代史的要求积极一些，但学习马克思主义学说、学习党的理论政策目的对四门思政理论课学生来说没有太大的差别。对于学习思修的一年级新生来讲，理解当今中国社会政治现象要求也比其他课程学生要低一点。

（3）学习策略。如表 6. 3. 3、表 6. 3. 4 显示，不同课程学生学习策略有所不同，但主要还是体现在近现代史课程和其他三门课程的差别。

表 6.3.3 不同课程学生学习策略比较（列%）

		思想道德与法律	马克思主义基本原理	近现代史	毛泽东思想与中国特色社会主义	合计
本学期思政理论课的学习，让您觉得思政理论课就是一门“背书课”？	很不同意	6.2	2.9	6.8	4.0	4.9
	不太同意	15.4	13.2	23.5	15.3	16.9
	不同意不反对	33.9	33.8	39.4	33.6	35.2
	比较同意	31.5	38.9	24.2	33.9	32.2
	很同意	13.0	11.3	6.1	13.1	10.9
合计		100.0	100.0	100.0	100.0	100.0

注：Pearson 卡方（df=12）=40.020，sig.<.001（双侧）。

表 6.3.4 不同思政理论课程学生应考策略比较（列%）

		思想道德与法律	马克思主义基本原理	近现代史	毛泽东思想与中国特色社会主义	合计
“考前突击”或者“期末突击”？	不是	31.7	21.0	25.8	28.8	26.7
	是	68.3	79.0	74.2	71.2	73.3
合计		100.0	100.0	100.0	100.0	100.0

注：Pearson 卡方（df=3）=9.573，sig.<.05（双侧）。

数据表明，近现代史课程采用“死记硬背”的学习策略的学生所占比例要少一点。但在应对考试上，近现代史采用考前突击方式的学生比例并不低。换句话说，除考试方式以外，课程学习内容、教学方式、考查内容等均可能会影响学生的学习策略。例如，同样采用闭卷统考方法，思修的状况要好一点，而原理的状况要差一点。这表明，不同思政课程要充分认识到自身学科的学习内容特点、考核内容以及考核方式的有机结合。

3. 课堂行为

（1）出勤。从自我报告出勤率来看，尽管样本显示出四门课程自我报告出勤率稍有差别，但推论到总体不显著。

表 6.3.5　各门思政理论课程自我报告缺课状况

		思想道德与法律	马克思主义基本原理	近现代史	毛泽东思想与中国特色社会主义	合计
您这个学期思政理论课的“翘课”频率?	从没翘过课	85.0	74.7	76.8	80.1	79.1
	1—2 次	8.9	18.5	16.8	13.5	14.5
	3—5 次	2.4	3.2	3.9	3.1	3.2
	6—10 次	1.7	1.3	1.0	1.8	1.5
	10 次以上	2.0	2.3	1.6	1.5	1.9
合计		100.0	100.0	100.0	100.0	100.0

注：sig. =.182（双侧）。

（2）听课与课堂互动。从听课情况来看，思修与法律基础课程样本学生表示总是认真听讲的比例相对稍要高，但总体来看，毛中特课程听课认真情况要更好一些。在回答老师问题上，毛中特课堂和思修课堂学生的积极性可能更好一点。同时，近现代史纲要课程和马克思主义原理课程稍差，师生的互动状况稍显消极，课堂参与状况也相对不够充分。这也与前面学生对各门课程课堂教学评价状况相一致。

表 6.3.6　各门思政理论课自我报告听课认真程度比较（列%）

		思想道德与法律	马克思主义基本原理	近现代史	毛泽东思想与中国特色社会主义	合计
您在本学期思政理论课课堂中是否认真听讲?	总是认真听讲	16.8	9.1	7.4	10.7	10.9
	基本认真听讲	27.7	29.8	31.1	41.6	32.7
	有时认真听讲	32.5	37.2	39.5	35.2	36.1
	几乎不太听讲	18.5	20.1	19.4	10.1	16.9
	根本没听过	4.5	3.9	2.6	2.4	3.3
合计		100.0	100.0	100.0	100.0	100.0

注：Pearson 卡方（df=12）=42.019，sig. <.001（双侧）。

表 6.3.7　各门思政理论课学生回答老师提问状况比较（列%）

		思想道德与法律	马克思主义基本原理	近现代史	毛泽东思想与中国特色社会主义	合计
在本学期思政理论课中，您回答老师问题的情况?	非常积极	11.0	4.2	2.6	4.0	5.3
	比较积极	23.3	15.2	16.5	22.4	19.3
	不太愿意参与	40.4	44.0	47.4	54.0	46.6
	从不参与	15.8	22.3	15.2	14.1	16.8
	老师几乎不提问	9.6	14.2	18.4	5.5	11.9
合计		100.0	100.0	100.0	100.0	100.0

注：Pearson 卡方（df=12）=70.838，sig. <.001（双侧）。

表 6.3.8　各门思政理论课学生主动向老师提问状况比较（列%）

		思想道德与法律	马克思主义基本原理	近现代史	毛泽东思想与中国特色社会主义	合计
在本学期思政理论课中，您主动向老师提问的频率?	经常提问	6.2	5.2	1.6	4.9	4.5
	偶尔提问	23.8	18.1	23.9	23.0	22.2
	从不提问	58.6	68.1	63.4	63.5	63.5
	几乎没有机会提问	11.4	8.7	11.0	8.6	9.9
合计		100.0	100.0	100.0	100.0	100.0

注：Pearson 卡方（df=9）=15.462，sig. =.079（双侧）。

表 6.3.9　各门思政理论课学生参与课堂讨论状况比较（列%）

		思想道德与法律	马克思主义基本原理	近现代史	毛泽东思想与中国特色社会主义	合计
在本学期思政理论课中，您参与课堂讨论的情况	非常积极	10.6	4.5	1.9	5.0	5.4
	比较积极	34.6	19.4	22.4	35.6	28.0
	不太愿意参与	30.5	44.2	36.4	42.7	38.6
	从不参与	13.7	18.4	18.8	10.8	15.4
	几乎没有机会参与	10.6	13.5	20.5	5.9	12.6
合计		100.0%	100.0%	100.0%	100.0%	100.0%

注：Pearson 卡方（df = 12）= 91.103，sig. <.001（双侧）。

（3）学生课后行为。本次调查没有明确证据表明不同思政理论课程学生在课下教材阅读、文献资料阅读、与同学朋友讨论与思政理论课相关话题、主动和老师沟通等几方面有显著差别。

（三）学生的改进意见

1. 改进的目的预期

通过表 6.3.10 我们发现，不同思政理论课程的学生对教改目的期望没有明显的差别。这再一次体现了学生对思政理论课程总体意义和价值判断的一致性。

表 6.3.10　不同思政理论课程学生教改目的期待比较（列，应答%）

		思想道德与法律	马克思主义基本原理	近现代史	毛泽东思想与中国特色社会主义
教改目的期望[a]	提高学术性	5.7	6.1	5.5	6.0
	解决人生成长困惑	13.9	10.7	8.9	10.0
	加强基本理论知识教学	4.2	4.0	4.2	4.1

续表

		思想道德与法律	马克思主义基本原理	近现代史	毛泽东思想与中国特色社会主义
教改目的期望[a]	开阔学生视野	15.4	16.4	16.7	16.3
	培养大学生公共参与能力	10.2	10.2	10.8	10.2
	提高学生马克思主义理论水平	3.4	3.5	4.7	4.5
	引导思维方式	12.3	13.5	12.7	12.9
	提高学生思想道德素质	7.8	8.4	10.0	9.1
	与所学专业相结合	9.8	10.3	8.8	7.5
	加强党的理论政策宣传	2.7	2.0	2.6	2.7
	解答社会现实疑问	12.6	13.2	13.6	15.2
	没有期望	1.5	1.2	0.8	1.0
	其他	0.5	0.4	0.8	0.5
总计（应答 N）		983	1155	1198	1187

注：百分比和总计以应答数为基础。

2. 教学方法改进

如表 6.3.11，不同思政理论课程的学生对教学方法改进意见没有明显的差别。

表 6.3.11　各门思政理论课学生教法改进意见比较（列，应答%）

		思想道德与法律	马克思主义基本原理	近现代史	毛泽东思想与中国特色社会主义
教学方法改进[a]	加强课堂讨论或辩论	11.7	8.7	11.4	7.1
	加强案例教学	13.1	14.3	14.9	18.1
	充分使用多媒体	7.8	5.9	4.7	6.9
	增强课堂趣味性	21.7	22.1	22.4	19.8

续表

		思想道德与法律	马克思主义基本原理	近现代史	毛泽东思想与中国特色社会主义
教学方法改进[a]	提高教师教学技巧	3. 8	5. 0	5. 4	4. 6
	加强学生实践	7. 8	10. 2	9. 2	8. 5
	增强师生课堂互动	7. 7	6. 3	6. 4	5. 7
	加强课外阅读指导	8. 2	8. 8	8. 9	10. 1
	采用专题教学方式	5. 0	4. 8	3. 8	5. 6
	网络平台教学	5. 4	5. 5	6. 1	7. 7
	增强师生课外沟通交流	5. 7	6. 2	5. 1	3. 7
	没有期待	1. 9	1. 7	1. 2	2. 0
总计	(其他应答 N)	043	945	939	974

注：a. 值为 1 时制表的二分组。百分比和总计以应答数为基础。

3. 课外交流方式

如表 6. 3. 12，不同思政理论课程的学生对课外交流方式的期望没有明显的差别。

表 6. 3. 12　各门思政理论课程学生课外交流方式期待比较（列，应答%）

		思想道德与法律	马克思主义基本原理	近现代史	毛泽东思想与中国特色社会主义
课外交流方式[a]	电话沟通	2. 8	2. 3	2. 2	2. 0
	邮件沟通	7. 4	9. 8	11. 8	11. 5
	微信或 QQ 讨论	26. 8	21. 4	22. 9	22. 1
	微博课堂	6. 7	7. 4	6. 1	8. 6
	建立课外学习小组	11. 7	8. 7	10. 4	9. 4
	举办人生或者时政开放讲座	12. 0	14. 4	15. 4	13. 9

续表

		思想道德与法律	马克思主义基本原理	近现代史	毛泽东思想与中国特色社会主义
课外交流方式[a]	举办师生互动沙龙	11.2	12.1	9.9	11.8
	构建在线讨论平台	6.6	10.6	9.0	9.0
	组建专题社团	6.9	5.7	4.6	5.8
	师生定期课下交流（Office Time）	7.2	7.3	7.1	5.1
	其他	0.8	0.3	0.6	0.7
总计（应答N）		609	743	676	710

注：a. 值为1时制表的二分组。百分比和总计以应答数为基础。

4. 成绩考核方式

如表6.3.13，不同思政理论课程的学生对考核成绩结构的设想没有明显的差别。但对于期末考试方式，比较有意思的是，已经采用开卷考试的近现代史课程的学生对闭卷考试的忍受度要低一点（见表6.3.14）。

表6.3.13 各门思政理论课学生对考核成绩结构设想（列，应答%）

		思想道德与法律	马克思主义基本原理	近现代史	毛泽东思想与中国特色社会主义
成绩结构[a]	出勤率	24.3	26.4	24.2	25.7
	课堂听课情况	10.5	12.1	13.0	12.5
	与老师互动情况（发言情况）	8.0	7.8	7.0	7.5
	课堂展示效果	10.8	9.1	10.6	12.3
	论文写作	9.9	10.1	12.5	11.1
	考试成绩	18.8	20.3	21.7	19.9
	社会实践效果	14.2	11.9	9.0	8.8
	面试	3.4	1.9	1.8	2.2

续表

		思想道德与法律	马克思主义基本原理	近现代史	毛泽东思想与中国特色社会主义
成绩结构[a]	其他	0.1	0.3	0.2	0.1
总计（应答 N）		915	924	994	986

注：a. 值为 1 时制表的二分组。百分比和总计以应答数为基础。

表 6.3.14 样本学生对各门思政理论课考试形式的接受（列%）

		思想道德与法律	马克思主义基本原理	近现代史	毛泽东思想与中国特色社会主义	合计
思政理论课的考试以哪种形式您最能接受?	全部闭卷	10.8	9.0	4.2	11.1	8.8
	半开半闭	28.3	29.0	19.9	31.3	27.2
	全部开卷	49.7	43.9	55.4	36.8	46.2
	写论文	11.2	18.1	20.5	20.7	17.8
合计		100.0	100.0	100.0	100.0	100.0

第 4 部分 当前思政理论课课堂教学存在的若干问题

本部分依据第 1 部分的理论基础以及第 2、3 部分的调查数据对南开大学思政理论课课堂教学的基本状况进行初步的评估和诊断。问题评估主要基于学生调查，以学生的教学评价和学习行为数据为依据。包括如下内容：(1) 课堂教学实效性仍需要进一步增强；(2) 学生学习主动性和积极性仍需要进一步提升；(3) 课堂教学仍需要进一步结合学生的需求；(4) 成绩评定方法需要进一步改革。

（一）课堂教学实效性有显著的进步，但仍需要进一步增强

当前对思想政治理论课课堂教学实效性评价尚未形成公认的评价指标。

本年度报告继续采用去年的四维度方式诊断教学中存在的问题：（1）学生的马克思主义认同；（2）学生的政治制度认同；（3）学生对思政理论课的接受、喜好程度；（4）学生思政理论课学习的收获感受。其中（1）（2）两方面指向思政理论教育的根本目的，（3）（4）指向课堂教学的实际效果。当然，（1）（2）两个方面不仅仅受课堂教学的影响，但思政理论课的教学的重要目的就是影响（1）（2）两个方面朝正面发展。（3）（4）和课堂教学直接关联。如果课堂教学有较好的效果，就会在（3）（4）两方面的指标体现出来，并通过（3）（4）两方面的持续稳定变化最终影响到（1）（2）。

1. 对马克思主义的认同

马克思主义理论教育是理想信念教育的核心内容，也是马克思主义认识论和方法论教育的核心内容，因此学生对马克思主义的认同是思想政治教育实效性评价的核心内容。问卷设计了三个相关问题测试学生对马克思主义的主观认同。学生的回答情况见表 6.4.1。数据表明，样本学生对马克思主义有着较高的认同。对于马克思主义的意义和价值，近 80%左右的样本学生表达了明确的支持态度。超过 60%的同学认同坚持马克思主义在思想观念多样化时代的意义。三个题项有较明确反对意见的不到 10%，近 70%的样本学生认同马克思主义对于学习和工作的积极意义。本年度有 15%—30%的学生持中立态度，从教育的角度来看，持中立态度或者反对态度的是重要的教育改进对象。三年的数据呈现一个显著的趋势，就是南开大学思政理论课学生对马克思主义的认同呈现出持续增长的模式。

表 6.4.1　样本学生对马克思主义的认同（N=1256，行%）

题　项	不同意	不太同意	中立	比较同意	很同意
在当代世界，马克思主义依然有其重要价值	1.8 （1.6，1.0）	1.6 （1.4，2.9）	16.2 （19.6，18.5）	42.7 （47.1，49.5）	37.6 （30.3，28）

续表

题　项	不同意	不太同意	中立	比较同意	很同意
社会思想观念越是多样化，就越是需要坚持马克思主义	2.4 (3.0，2.2)	5.8 (6.3，6.8)	30.4 (39.8，37.6)	35.2 (32.7，36.3)	26.2 (18.2，17.1)
马克思主义对我们的生活和工作都有积极意义	1.9 (2.1，1.1)	3.6 (5.3，4.7)	24.6 (34.3，33.0)	41.8 (40.3，44.9)	28.1 (18.0，16.2)

2. 政治制度认同

无论是在政治学还是在思想政治教育中，政治制度认同都是核心问题。理想信念教育的核心就是政治认同教育。问卷采用了中国当代政治研究中较为经典的政治制度认同调查题项设计，并增加了对党领导的支持态度。表 6.4.2 表明，除了对司法公正的认同度稍低一点外，60%—70%的样本大学生有着明确的政治认同，表达中立立场的低于 30%，明确表达不同意见的在 10%以内。三年的数据表明，样本大学生政治认同感在持续增强。

表 6.4.2　样本学生的政治认同（行%）

题　项	不同意	不太同意	中立	比较同意	很同意
我很自豪生活在现行制度下	1.8 (2.4，2.8)	3.5 (3.7，6.2)	28.3 (42.4，36.7)	43.7 (34.1，38.7)	22.7 (17.4，15.6)
我有义务支持现行政治制度	1.6 (1.6，1.5)	2.6 (2.6，3.4)	21.2 (30.6，25.4)	46.7 (39.4，47.0)	27.9 (25.8，22.6)
我拥护现行政治制度	1.2 (1.5，1.1)	1.8 (2.2，4.7)	21.1 (34.1，33.0)	46.5 (37.1，44.9)	29.5 (25.1，16.2)
我觉得公民基本权利得到了保障	1.5 (3.3，2.5)	6.1 (9.2，9.0)	26.5 (34.2，32.8)	44.6 (38.8，40.7)	21.3 (14.4，15.0)

续表

题　项	不同意	不太同意	中立	比较同意	很同意
我相信我国司法机关能够公正司法	2.6 （2.7，5.0）	7.5 （11.3，10.2）	34.5 （38.8，37.6）	37.0 （34.1，34.6）	18.5 （13.1，12.6）
只有坚持中国共产党的领导，我国才能实现现代化	2.6 （2.7，2.1）	3.7 （3.1，3.3）	24.1 （32.1，29.9）	39.3 （36.1，38.9）	30.4 （26.0，25.9）
我的观点与党和政府提倡的价值观很一致*	1.9（-，-）	5.7（-，-）	29.9（-，-）	41.9（-，-）	20.6（-，-）

注：＊2017 年度调查问卷新增。

3. 对思政理论课的接受和喜好程度

学生对思政理论课的接受和喜好包括对思政理论课的认同、对思政理论课的喜欢程度以及对思政理论课学习后的收获评价。这几个方面都与思政理论课课堂教学密切相关。其中对思政理论课学习后收获评价以及喜好程度更是直接受课堂教学效果的影响。相关数据在本报告第 2 部分中已经给出，为了阅读方便，这里复制过来。

学生对思政理论课的认同，学生对思政理论课的认同指学生对思政理论课的价值判断，这种价值判断又会影响学生思政理论课的喜好和学习目的，同时课堂教学效果一定程度上又会影响认同。表 6.4.3 表明，总体上来说，学生对思政理论课的价值评价持正面看法。同时，对比三年的数据，我们发现学生的正面价值评价持续增长。这是一种可喜的变化趋势。

表 6.4.3　学生对思政理论课的认同（行%）

题项	毫无	不太有	一般	比较	非常
马克思主义理论教育必要性	5.0 （7.7，6.7）	10.0 （11.8，13.1）	20.4 （28.3，27.1）	39.1 （32.8，36.4）	25.4 （19.4，16.7）

续表

题项	毫无	不太有	一般	比较	非常
开设思政理论课必要性	5.7 （8.2，7.1）	8.9 （12.1，13.3）	19.5 （26.5，26.2）	38.5 （31.6，36.4）	27.4 （21.7，17.0）
价值观引导必要性	5.2 （7.3，5.7）	6.3 （9.2，9.6）	17.9 （25.1，24.2）	39.8 （35.4，39.3）	30.8 （23.0，21.1）
思政理论课对工作生活价值	5.8 （8.7，8.9）	11.2 （13.3，17.1）	29.8 （31.8，30.9）	32.7 （31.1，32.5）	20.4 （15.1，10.7）
思政理论课是否促进专业学习	11.2 （15.8，15.4）	18.0 （20.2，27.7）	34.4 （35.0，29.3）	23.4 （17.4，20.9）	12.9 （11.5，6.7）
思想政治教育的社会政治意义	3.8 （6.2，5.9）	4.4 （6.6，8.4）	18.8 （28.2，27.2）	41.9 （34.9，39.5）	31.7 （24.1，19.0）
党的理论政策学习是否有意义	3.8 （6.9，5.8）	5.4 （11.1，11.5）	20.4 （30.3，33.5）	41.8 （34.0，34.1）	28.6 （17.8，15.1）

学生对思政理论课的喜好，喜好是内在动机的重要源泉。对课程的喜好既可以是一种既往学习生活经验中形成的态度，也有可能与环境中形成的目标有关，并影响课程的学习，但这种态度也可以经由课程学习产生或者发生改变。一般而言，通过对一门课程的学习和接触，对课程的态度是教育效果一个重要的指标：因为态度本身应该是教育目的的一部分。表 6.4.4 表明，明确表示喜欢课程的学生比例在 20%左右，和明确表示不喜欢的相当，而近 60%的样本学生表示既不喜欢也不排斥。这不是一个太令人满意的分布。当然，相较过去年两年的数据，有一定进步。

表 6.4.4　样本学生对思政理论课的喜好状况（行%）

题项	很不	不太	一般	比较	非常
喜欢程度	4.1 （6.3，7.7）	10.3 （13.3，15.3）	59.9 （56.4，59.1）	19.1 （16.0，14.0）	6.6 （8.0，3.9）

结合上述两个方面，我们能够做出这样的结论：从学生对课程的接受程度来看，总体的状况尚需进一步改进。尤其表 6.4.3 表明，学生有着相当的接受课程的基础，但从表 6.4.4 看来，实际的情况不太令人满意。

4. 思政理论课学习收获

学生学习一门课程到一定时间，对学习该门课程的收获进行的主观评价一定程度表明了学习的基本效果。这是实效性最为直接的体现。这种态度体验相当程度来自于课堂教学，但也与学生自身的学习思考密切相关。本调查结合思想政治教育的目的和学生的学习目的，作出了六个方面的指标（表 6.4.5）。[①] 学生思政理论课学习收获感受分为"加深马克思主义理论认识""拓展视野""增进生活感悟""促进对社会政治问题的思考""增强辨别是非能力""增进对党的理论政策认识"等六个方面指标。从表 6.4.5 中可以看出，在各项指标中 55%—65%的受调查者都表示通过思想政治理论课的学习，在对马克思主义基本概念和理论、党的理论政策的认识，对拓宽视野，对生活和社会政治问题的思考等各方面都有比较大的收获。并且，今年比去年同期的评价有较高提升。如果我们把学习收获各指标理解为评价思想政治理论课堂教学实效性的学生主观指标，我们大体可以这样认为：总体来讲，三年来样本大学生思想政治理论课课堂教学的主观实效性基本呈正面评价，并且逐年提升。

表 6.4.5 样本学生思政理论课学习收获的评价（行%）

题项	很不同意	不太同意	中立	比较同意	非常同意
加深马克思主义理论认识	5.0 (6.6, 7.1)	10.9 (9.4, 13.8)	28.9 (32.5, 31.5)	45.7 (41.5, 42.3)	9.6 (10.0, 5.4)
拓宽视野	4.0 (5.5, 7.2)	8.5 (9.3, 14.0)	25.5 (32.0, 32.9)	50.6 (41.2, 39.8)	11.4 (11.9, 6.1)

① 需要说明的是，在问卷设计上，由于思想宣传话语的强大影响会形成一定的问卷填答压力，一般不宜直接将相关文件中标准表述直接拿来进行问题设计。

续表

题项	很不同意	不太同意	中立	比较同意	非常同意
增进生活感悟	4.5 (8.6，9.0)	13.2 (12.9，18.1)	27.8 (35.1，35.8)	43.0 (32.9，32.4)	11.6 (10.4，4.6)
促进社会政治问题思考	3.7 (6.3，6.2)	8.5 (10.3，11.8)	25.1 (30.5，29.9)	49.0 (40.145.7)	13.6 (12.8，6.4)
增强辨别是非能力	4.1 (6.9，8.7)	9.7 (11.4，12.9)	29.2 (34.9，34.3)	44.2 (35.0，37.8)	12.7 (11.8，6.3)
增进党理论政策认识	3.7 (6.3，6.4)	9.3 (10.1，10.5)	26.7 (32.4，31.0)	46.5 (38.6，44.6)	13.9 (12.6，7.5)

基本结论 从样本数据来看，本校思政理论课教学有着比较直接且明显的效果，并且连续三年持续提升。样本学生对思政理论课的价值总体认可，但也仍然有少量学生态度不明确甚至持反对态度，学生对思政理论课的喜好态度水平尽管有所增长，但还是处于较低水平。思想政治理论课教学仍然面临着实效性问题挑战，改进任务比较紧迫。

（二）学生学习主动性和积极性仍需要进一步提升

学生学习主动性和积极性是教育教学过程顺利进行的必要条件，也是达成思政理论课实效性的重要基础。这种主动性和积极性主要表现在三个方面：学习态度，学习策略，课堂课后学习行为。

1. 学习态度影响因素

学习态度主要体现为主观的学习动机与目的。学习动机和目的是教育教学的基础，影响教育教学过程并影响目标的实现；同时改善学习动机和目的也是教育教学的目标之一，任何教学设计都必须考虑怎样作用于学生的学习目的动机，并以此来改进教育教学的过程。学生的学习行为是教学过程中学生学习活动的基本体现，课堂和课后的行为是教学中各种问题的集中体现点，也是教育教学致力于改进教学过程的直接作用点。在前面我们已经将学生的喜好还是排斥以及对思政理论课的价值认识放到实效性问题做了说明。

从学习态度角度看，表 6.4.6 表明样本学生对思政理论课喜好度偏低。在对思政理论课重要性认识上，过去三年增加程度明显，但也还存在不容忽视的问题：不认为重要的比例仍然将近四成。这表明，改变学生对思政理论课的学习态度是一项非常重要的教学任务。

表 6.4.6　样本学生思政理论课学习动机状况（行%）

题项	很不	不太	一般	比较	非常
重要程度	5.0 （7.7，9.5）	8.3 （15.6，16.4）	28.4 （33.9，34.0）	37.2 （26.1，28.5）	21.2 （16.6，11.5）
喜欢程度	4.1 （6.3，7.7）	10.3 （13.3，15.3）	59.9 （56.4，59.1）	19.1 （16.0，14.0）	6.6 （8.0，3.9）

另一方面，连续三年的调查表明，对于本校学生而言，知识性学习是学习思政理论课的基本目的，同时，成绩激励是非常重要的影响因素。不容忽视的是，持有混学分态度的学生比例也不少。这值得我们认真关注学习目标问题。如表 6.4.7，今年的数据和过去两年一样，揭示了我校学生思政理论课一般性认知需求与马克思主义理论教育需求的正相关关系，重要性认识、思想政治理论课喜欢程度与认知需求之间的正相关关系。同时，表中的数据也表明，拿高分的目的与认知需求之间的关系不显著：换句话说，没有证据表明在目前的思政理论课教学安排下，学生的外在动机与内在动机之间存在着相互促进的关系，这显然是教学设计应该解决的重要动机问题。

表 6.4.7　思政理论课学习目的与动机间皮尔逊相关系数

	拿高分	能过就行	拓宽视野	解答生活疑惑	理解中国社会政治	学习中国历史	学习马克思主义	学习党理论政策	没想法	其他	很重要?	喜欢或排斥
拿高分	1											
能过就行	-.366**	1										
拓宽视野	-.080*	-.166**	1									

续表

	拿高分	能过就行	拓宽视野	解答生活疑惑	理解中国社会政治	学习中国历史	学习马克思主义	学习党理论政策	没想法	其他	很重要?	喜欢或排斥
解答生活疑惑	.076*	-.093**	.233**	1								
理解中国社会政治	.033	-.227**	.302**	.218**	1							
学习中国历史	.047	-.130**	.201**	.134**	.264**	1						
学习马克思主义	.000	-.135**	.173**	.209**	.280**	.310**	1					
学习党理论政策	-.050	-.137**	.149**	.179**	.293**	.260**	.488**	1				
没想法	-.135**	.108**	-.167**	-.111**	-.236**	-.146**	-.120**	-.108**	1			
其他	-.017	.001	.004	-.007	-.018	-.017	.019	-.006	-.016	1		
很重要?	.059*	-.235**	.244**	.208**	.263**	.181**	.286**	.308**	-.169**	.011	1	
喜欢或排斥	-.065*	-.190**	.245**	.220**	.249**	.207**	.285**	.294**	-.121**	-.010	.586**	1

注：** $p<0.01$，* $p<0.05$。

2. 学习策略影响因素

如表 6.2.10 所表明，当前学生应对思政理论课学习的基本方法依然是“死记硬背+考前突击”。这是一种比较糟糕的学习方法，不利于基本概念、理论的真正掌握，不利于马克思主义世界观的建立和方法论的运用，也不利于培养学生的马克思主义认同、政治制度认同以及对党的领导的认同（见表 6.4.8）。当然，表中的数据也同时说明，正是由于认知动机（主要的学习内在动机）不足，往往使得学生采取“死记硬背+考前突击”的方式进行课程学习。

依照认知学习理论，学生对学习知识本身的认识具有非常重要的作用，往往影响学习目的，并进一步影响学习策略的选择。本项调查的数据（见表 6.4.9）表明，对于思想政治理论课程，这个理论同样成立。特别地，对思政教育的认同与认知目标之间的相关系数（加黑）达到中等程度，更说明对思想政治教育的认同与认知目的之间明确关联。括号内为控制认知目的后思政教育认同与学习策略的偏相关系数，我们发现，这种对思政教育的认知可能既通过认知目的中介变量影响学习策略，也对学习策略产生直接影响。考虑到“死记硬背+考前突击”学习策略的普遍性（认为思政理论课是“背书课”的样本比例接近七成，而考前突击的方式接近八成，（见表 6. 2. 10），我们基本可以判断，闭卷统考考试方法对这种学习策略产生了重要影响。

表 6. 4. 8　学习动机、学习策略与教学实效性间皮尔逊相关系数

	拿高分	能过就行	没想法	一般认知	马克思主义认知	课程重要性	课程喜欢程度	考前突击	背书课	马克思主义认同	制度认同	党领导认同
拿高分	1											
能过就行	-. 366 **	1										
没想法	-. 135 **	. 108 **	1									
一般认知	-. 027	-. 241 **	-. 256 **	1								
马克思主义认知	. 029	-. 158 **	-. 133 **	. 414 **	1							
课程重要性	. 059 *	-. 235 **	-. 169 **	. 344 **	. 344 **	1						
课程喜欢程度	-. 065 *	-. 190 **	-. 121 **	. 353 **	. 335 **	. 568 **	1					
考前突击	. 075 *	. 099 **	. 059 *	-. 204 **	-. 221 **	-. 215 **	-. 257 **	1				
背书课	. 084 *	. 060 **	. 084 **	-. 260 **	-. 162 **	-. 155 **	-. 227 **	. 212 **	1			
马克思主义认同	-. 049	-. 126 **	-. 163 **	. 253 **	. 289 **	. 375 **	. 332 **	-. 161 **	-. 149 **	1		
制度认同	. 038	-. 107 **	-. 145 **	. 234 **	. 250 **	. 385 **	. 356 **	-. 164 **	-. 127 **	. 601 **	1	
党领导的认同	. 014	-. 114 **	-. 107 **	. 228 **	. 235 **	. 323 **	. 313 **	-. 216 **	-. 127 **	. 680 **	. 637 **	1

注：** p<0. 01, * p<0. 05。

表 6. 4. 9　思政教育认同与学习目的、策略间的皮尔逊相关系数

	拿高分	能过就行	没想法	一般认知	马克思主义认知	课是否很重要	课喜欢程度	“考前突击”	“背书课”
思想政治教育认同	-. 032	-. 182 **	-. 149 **	. 427 **	. 401 **	. 684 **	. 637 **	-. 227 ** (-. 127 **)	-. 213 ** (-. 107 **)

注：** p<0. 01，* p<0. 05。

3. 课堂课后学习行为影响因素

本报告第二部分对学生课堂课后学习行为做出了一个基本结论：总体上来讲，学生的学习行为还有着相当程度的消极表现，同时，课堂环境，尤其是师生互动的相关环境状况一定程度上压制了学生的主动沟通，并由此影响到了学生的学习体验。在这里，特别通过调查数据说明学生学习行为的积极性主要受到了学生本身的态度和学习策略的影响。

从表 6.4.10 可以看出，拿高分目的定位对课堂课后的积极性均不产生影响。持有消极学习目标定位的（“能过就行”）课堂课后积极性均要低一些；抱有积极内在认知动机的学生课堂课后积极性都要高；采用考前突击方式的学生课堂课后积极性都要低一些；思政理论课学习后的收获感受与学习行为的积极性密切相关。尤其值得注意的是，对思政教育的认同是影响课堂课后积极性的重要因素。括号内为控制思政教育认同后的偏相关系数。对比相应的相关系数可以发现，认知需求与课堂课后积极性相关减弱，尤其是一般性认知与课堂课后积极性的关系。换句话说，如果学生一般意义上倾向于否定思政理论课的价值，认知需求与课堂投入之间的关系就没有那么紧密，尤其是一般性认知需求就不会促进积极性的学习行为。

表 6.4.10　思政教育认同、学习目的、学习策略与学习行为间皮尔逊相关系数

	思政教育认同	拿高分	能过就行	一般性认知	马克思主义认知	“背书课”?	“考前突击”?	思政理论课收获感受
课堂积极性	.416**	.001	-.168**	.309** (.174**)	.313** (.163**)	-.257** (-.160**)	-.356** (-.272**)	.490** (.328**)
课后积极性	.408**	-.004	-.138**	.297** (.165**)	.262** (.144**)	-.188** (-.126**)	-.326** (-.300**)	.477** (.344**)

注：** $p<0.01$，* $p<0.05$。

基本结论：2017 年度调查数据再次表明，学生思政理论课学习目的主要包括两类，认知目的和功利目的。认知目的包括一般性认知目的和马克思主义求知目的这两方面的认知目的。一般性知识获取目的与马克思主义求知目的这两个方面是相互促进的，并促进了学生的学习主动性，构成了重要的内在动机基础，也促使学生选择良好的学习策略，是思政教育实效性实现的重要内在基础。获取好成绩的功利目的是学生学习课程的重要基础，但目前状况下，与学生课堂教学中的学习活动，与学生对思想政治理论课实际重视态度，以及与学生的政治认同没有表现出应有的关系，因此需要通过改进成绩考核方式进行引导。同时，调查数据也表明，学生对思政理论课的价值意义认识是直接影响学生学习动机、学习目标定位、学习策略选择以及学习行为积极性的重要因素。有一部分学生表现出消极被动的学习态度。有证据表明，在当前的思想政治教育中，学生已经形成了相对固化的对课程的刻板印象，形成了相对固化的对思政理论课的价值认知、学习态度和学习策略，并形成了一种不良的循环。

（三）课堂教学需进一步结合学生的需求

思想政治理论教育的实效性达成必须以学生的既有状况为基础，充分了解学生各方面的既有的学习基础，分析学生现有各方面状况与教学目的之间的关系，分析当前教学状况中未能结合学生实际状况并进而影响到教学目标达成的问题。前面（二）分析了学生的基本状况，这一部分分析教学过程状况与学生实际结合状况的结合程度。

反映课堂活动过程的主要调查数据包括：学生对课堂教学的评价，学生的课堂行为，学生对课堂教学的改进建议各方面。数据的来源是学生方面的感受，这里的分析同样以实效性达成为基础，分析学生课堂学习各方面环节感受与实效性达成之间的关系。

1. 教学内容、教学方法、教师评价、课堂教学关联感受与教学实效性

本报告第二部分描述了学生对课堂教学各方面的评价，这里探讨课堂教学各方面评价与实效性目标达成之间的关系。如表 6.4.11 所示，数据分析

表明，学生对教学内容、教师、教学方法、教学活动自身关联性与思政理论课收获感受评价以及与制度认同、党的领导认同、马克思主义认同、思想政治教育认同均呈正相关，这表明，课堂教学各方面的积极评价均会增进思想政治教育的实效性。去年的调查报告在理论上探讨了教学活动关联性的价值，认为这种关联性是学生在课堂活动中感受到的参与感，感受到的课堂气氛积极活跃程度，是一种所讲所学与自身关系密切程度的感受。课堂教学关联感受是教学实效性达成的重要课堂情景因素。所以，在这里也给出了控制教学活动自身关联性变量后教学内容评价、教师评价、教学方法评价、思政理论课收获评价与评估实效性几个方面变量的偏相关系数。如表 6.4.11 中括号内的偏相关系数表明，在控制教学活动自身关联性后，课堂教学各方面评价与实效性之间的关系都显著减弱，特别是学生教学方法评价与实效性之间变为没有显著相关。这充分说明，提高思想政治教育的实效性，我们需要在教学内容上、教师的教学水平上进一步提高，同时，教学活动自身关联性是课堂教学组织中非常关键的一个环节，提高教学活动自身关联性感受会有效增强思政理论课的教学效果。

表 6.4.11 教学活动自身关联性与教学评价、教学实效性之间的皮尔逊相关系数（N=1136）

	教学内容评价	教师评价	思政理论课收获评价	教学活动自身关联性
教师评价	.631**	1		
思政理论课收获感受	.583**	.492**	1	
教学活动自身关联性	.723**	.633**	.580**	1
制度认同	.358** (.218**)	.262** (.107**)	.416** (.315**)	.299**
党的领导的认同	.285** (.188**)	.217** (.110**)	.390** (.332**)	.231**

续表

	教学内容评价	教师评价	思政理论课收获评价	教学活动自身关联性
马克思主义认同	.262 ** (.140 **)	.242 ** (.138 **)	.412 ** (.358 **)	.232 **
对思想政治教育的认同	.423 ** (.197 **)	.342 ** (.127 **)	.629 ** (.536 **)	.411 **

注：** p<0.01，* p<0.05。

需要补充说明的是，这种课堂教学的自身关联性包括但不限于学生在课堂中的参与性活动（老师提问、学生主动提问、讨论等环节），这是一种学生"卷入"课堂的体验，是一种课堂活动的整体效果体验，并不局限于某一种技术手段或者方法的使用。表 6.4.12 是控制学生课堂积极性后的偏相关系数，与上表对比我们发现，控制教学活动自身关联感后的偏相关系数小一些。

表 6.4.12　课堂教学评价与教学实效性间的偏相关系数（控制变量=课堂积极性）

	教学内容评价	教师评价	思政理论课收获感受
教师评价	.624 **	1.000	
思政理论课收获评价	.546 **	.470 **	1.000
制度认同	.311 **	.241 **	.377 **
党的领导的认同	.224 **	.194 *	.317 **
马克思主义认同	.225 **	.223 **	.349 **
对思想政治教育的认同	.336 **	.303 **	.562 **

注：** p<0.01，* p<0.05。

2. 学生的认知需求与教学实效性

学生的认知需求是通过教学活动过程实现的，通过认知需求的满足实现教学目标。教学活动过程最主要的是两个方面：内容以及教学方法。前面已经讨论过教学方法中非常重要的一个环节就是课堂教学活动的自身关联性。

这里同样主要依据偏相关系数做出解释。

表 6.4.13　课堂教学评价与教学实效性间的偏相关系数（控制变量=认知目的）

	教学内容评价	教师评价	思政理论课收获评价	教学活动自身关联性
教师评价	.631**	1		
思政理论课收获感受	.583** (542**)	.492** (.440**)	1	
教学活动自身关联性	.723**	.633**	.580**	1
制度认同	.358** (.307**)	.262** (.209**)	.416** (.344**)	.299**
党的领导的认同	.285** (.229**)	.217** (.164**)	.390** (.321**)	.231**
马克思主义认同	.262** (.194**)	.242** (.185**)	.412** (.330**)	.232**
对思想政治教育的认同	.423** (.343**)	.342** (.255**)	.629** (.533**)	.411**

注：** $p<0.01$，* $p<0.05$。

从表 6.4.13 中可以看出，控制学习目的后，教学内容、教师评价、教学方法评价与思政理论课收获评价、政治认同以及对思政教育认同的偏相关系数明显变小，这说明学生的学习目的是教学过程中不可忽视的因素，表面上看起来是教学内容、教师表现、教学方法以及收获产生的影响，事实上包括学生学习目的因素的影响。如果进一步控制教学活动的自身关联性（表 6.4.14），相关系数会进一步减小。这进一步印证了前面关于教学活动自身关联性的结论。

表 6.4.14　课堂教学评价与教学实效性间偏相关系数（控制认知目的、教学活动自身关联性）

	教学内容评价	教师评价	思政理论课收获感受
教师评价	.312**	1.000	

续表

	教学内容评价	教师评价	思政理论课收获感受
思政理论课收获评价	.269**	.164*	1.000
制度认同	.197**	.082**	.262**
党的领导的认同	.167**	.086**	.281**
马克思主义认同	.114**	.113**	.290**
对思想政治教育的认同	.163**	.076*	.448**

注：** p<0.01，* p<0.05。

表 6.4.15 学习目的、教学评价与教学实效性间皮尔逊相关系数（括号内控制变量为课堂参与）

	拿高分	能过就行	一般认知	马克思主义认知	教学内容评价	教师评价	思政理论课收获感受
能过就行	-.366**	1					
一般认知	-.027	-.241**	1				
马克思主义认知	.029	-.158**	.414**	1			
教学内容评价	-.018 (-.003)	-.053 (.017)	.226** (.134**)	.187** (.098**)	1		
教师评价	.005 (.012)	-.055 (-.009)	.246** (.195**)	.157** (.110**)	.631** (.612**)	1	
思政理论课收获评价	-.026 (-.009)	-.156** (-.083*)	.386** (.277**)	.308** (.212**)	.583** (.533**)	.492** (.448**)	1
制度认同	.038 (-.049)	-.107** (-.080*)	.234** (.196**)	.250** (.210*)	.358** (.307**)	.262** (.233**)	.416** (.378**)
党的领导的认同	.014 (.018)	-.114** (-.116**)	.228** (.179**)	.235** (.166**)	.285** (.217**)	.217** (.186**)	.390** (.317**)
马克思主义认同	-.049 (-.033)	-.126** (-.092**)	.253** (.202**)	.289** (.238**)	.262** (.225**)	.242** (.220**)	.412** (.348**)
思想政治教育认同	-.032** (-.012)	-.182** (-.102**)	.427** (.339**)	.401** (.318**)	.423** (.278**)	.342** (.547**)	.629** (.470**)

注：** p<0.01，* p<0.05。

表 6.4.16 学习目的、教学评价与教学实效性间皮尔逊相关系数（控制变量：关联感）

	拿高分	能过就行	一般认知	马克思主义认知	教学内容评价	教师评价	思政理论课收获感受
能过就行	-.369**	1.000					
一般认知	-.027	-.243**	1.000				
马克思主义认知	.039	-.153**	.394**	1.000			
教学内容评价	.018	.012	.092**	.094*	1.000		
教师评价	.042	-.007	.137**	.065*	.321**	1.000	
思政理论课收获感受	-.001	-.134**	.323**	.263**	.289**	.192**	1.000
制度认同	-.055	-.094**	.180**	.220**	.222**	.107**	.323**
党的领导的认同	.018	-.094**	.185**	.202**	.190**	.110**	.338**
马克思主义认同	-.049	-.093**	.206**	.262**	.145**	.141**	.362**
思想政治教育认同	-.026	-.158**	.377**	.375**	.197**	.120**	.535**

注：** $p<0.01$，* $p<0.05$。

基本结论：

3. 学生的认知需求、课堂参与与教学实效性

教学活动过程中，教师基于学生的认知目的和教学目标，致力于构建学生积极参与，有着充分自身关联感受的课堂，才能使得学生的认知需求得到满足，从而达到教学目标。这是过去两年调查的基本结论，也得到本年度调查数据的再次证实。见前面表 6.4.15，控制学生的课堂课后参与积极性表现后，相关变量的相关系数变化表明这一点。比较括号内外的相关系数，可以发现，控制学生课堂课后参与后，学习目的与学生评价以及政治认同各方面的相关有明显减弱的特点。前面表 6.4.16 是控制课堂教学自身关联感变

量后的偏相关系数，可以发现系数的减小更为明显。这再次表明了课堂教学自身关联感受在课堂教学组织中的核心价值。

以上分析表明，课堂教学活动中教师能否提供优质的教学内容，这些教学内容能否满足学生的认知需求，以及教学活动的组织是否让学生感受到足够的关联性（包括学生积极的课堂参与活动）这两方面是达成教学实效性的基础。从基本数据状况来看，学生对思政理论课课堂教学的教学内容方面、教师教学态度方面均有高度肯定，并相对去年有一定程度的提高。但综合学生的认知需求、学生的课堂课后行为、教学活动过程学生的关联感受和学生的教学评价进行的深入分析表明，我们的课堂教学内容尚不能够充分满足学生的认知需求，我们的课堂教学过程未能让学生感受到足够的自身关联性。对照过去两年的调查，我们发现这方面的状况已经有了一定的改善，但依然是影响实效性问题的主因。进一步的教学改革措施应该致力于这两方面问题的根本改进。

（四）成绩评定方法需要进一步改革

思政理论课成绩评定既是一种教育评价，又是一种激励机制，应将教育目标、学生的学习目的，以及激励机制应具备的社会性要求结合在一起，才能更好发挥其积极作用。这种社会性要求包括教育公平规范以及学生的认可度。

同过去两个年度报告一样，报告第二部分数据分析已经显示出一半以上的样本学生对于统考的方式、考试中死记硬背的内容量以及其效度表达出较严重的不满（见表 6. 2. 3），这事实上表明，这种成绩评定机制的社会性要求已经在一定程度上不被认可。不过，学生对统考的公平性评价相对比较正面。

目前成绩评定办法的核心问题是，没有有效地将学生的学习目标整合在思想政治教育目标中。从表 6. 4. 8 可以看出同没有表示希望拿高分的学生比较，希望拿高分的同学在体现教育实效性的几个指标上并没有显著差别。从

表 6. 4. 7 可以看出，学生思政理论课学习动机中，拿高分与知识真理的学习之间没有相关性。这充分表明了这一点。

统考方式的成绩考评存在的问题在教学过程中也突出表现出来。表 6. 4. 10 的数据表明，同其他目标定位的学生相比，目标定位于拿高分的学生在课堂课后积极性表现上并没有显著差别。换言之，要想取得较好的学习成绩，不需要在课堂课后有更多的投入，数据分析显示，致力于拿高分的学生也并没有觉得学习难度要高一些。以上表明，对学生来讲，获得较好的学分不需要过多的课堂课后学习投入，能很好地应对死记硬背的考试就行，那么课堂教学的价值体现在哪里呢？

不过，面向学生的问卷调查并不能够为成绩评定提供更多的教学目标依据和测量学依据，所以，这里的评估也仅仅是结合学生学习动机和社会性属性要求的部分结论。

第 5 部分　改进建议

从学生的教学评价、课堂行为以及课堂教学实效性指标来看，过去三年来，南开大学马克思主义学院思政理论课课堂教学各方面状况良好，且呈现持续提升态势。调查数据表明，南开大学马克思主义学院拥有一支优秀的教师队伍，课堂教学受到学生的肯定，达到了思政理论课课堂教学目标，完成了思政理论课教学任务。但第 4 部分分析诊断结果表明，当前我校思想政治理论课课堂教学依然存在如下问题：（1）学生对思政理论课的学习意义和价值认识欠缺是影响学生思政理论课学习目的、动机和策略的重要因素；2. 学生思政理论课学习的多样性需求，尤其是认知需求没有得到充分满足，课堂教学没有较好协调教学目标和学生多样学习目的动机之间的关系；3. 课堂是教师和学生互动构建起来的，体现互动构建最基础性的指标是学生的课堂自身关联感受，这是当前课堂教学的薄弱之处；4. 四门不同的思政理论课程自身特点不够突出；5. 需要进一步改进思政理论课成绩评定方式。针对上述问题，本报告提出如下教学改进和教学研究、教学管理建议。

（一）塑造思政理论课形象，增强学生对思政理论课价值的认同

2015 年的调查报告提出：“从中学到大学，各级学校往往都是在这样的一种模式（教法上的单项灌输+学法上的考前突击死记硬背，引注）中进行思政理论课教学，在这样的政治教育模式中，学生会形成一种相对固化的对课程的刻板印象，形成相对固化的对思政理论课的价值认知、学习态度和学习策略，并形成一种不良的循环。”三个年度数据分析均表明，这种不良循环对思政教育实效性产生了非常明显的负面效应。这表明，改变学生对思政理论课的刻板认知已经是教学改革必须面对的重要困难：必须通过改变学生对思政理论课的认识，为改进学生的学习态度、学习策略、课堂行为，为提高思政理论课的教学实效性奠定基础。

本报告建议学院鼓励有教学艺术特色、教学质量高、教学效果好、学养深厚、有个性色彩的思政理论课教师打造高质量、高吸引力思政理论课堂，充分展示马克思主义学院教师的真理追求精神、教学艺术特质、学术才华和个性特点，将思政理论课老师凸显在学生的名师名家视野之中。这是改进思政理论课形象的比较有效的方式，也是建设重点马克思主义学院的基础性工作。

（二）以思政教育目标为依据，以思政理论课教材为蓝本，充分结合学生的认知需求，打造一流大学高质量的教学内容

马克思主义理论教育如果不能够提供给学生高质量高水平的教学内容，在一流大学中，无论在教学还是在学术吸引力上都是致命伤。三个年度的调查数据都表明，满足学生的多样化认知需求是思想政治教育实效性达成的基础，而当今思政教育核心问题之一就是没有很好地将学生的认知需求同思政教育目标充分结合，片面强调单一的灌输式宣讲。具体来讲，这就需要教师在深入研究教学任务，研究教材，研究学生的基础上，为每一堂课提供高质

量的知识内容，将这些知识内容转换成教学过程中每一个模块的活动内容，并构建出相应的教学语言。这需要任课老师作出艰苦的努力，也是教师发挥教学艺术的重要价值之所在。

我们应该充分认识到，思政理论课教育的目的不是让学生死记基本的理论条文。对于大学生而言，马克思主义理论课程如果不能提高学生的理论认识水平，不能提高学生观察社会思考社会的能力，不能给学生面临人生选择时带来启发，这样的课程对于学生而言是没有价值的，对于马克思主义理论教育而言也是失败的。在现代研究型大学中，每一门人文社会科学都在培养学生的理论思维和社会现实的观察能力，每一门自然科学都在培养学生在专门知识领域的学习能力和研究能力，每一门工学学科都在培养学生在面临具体的技术问题提供专业的解决方案，这些知识技能和思维方式都是在专业的基础上，通过理性去说服人的。思想政治理论教育如果不能够提供充满活力的既有理性特点又有感性激发的智慧源泉，在研究性大学中不会有自身的知识地位的（哪怕可以通过权力设置更多的课程），在学生心中也会毫无价值（哪怕有再多的学分约束）。马克思主义教育者应该认识到现代大学马克思主义教育面临的这种知识竞争。如果不能很好地应对这样的知识竞争局面，只是口头强调政治上的必要性，强调单向的灌输，最终会失去马克思主义的吸引力。

（三）构建互动充分的课堂，使学生充分感受到教学活动的自身关联性

课堂教学是通过教学活动构建起来的，应该让学生拥有充分的自我关联感受，使学生产生丰富的知识和思维体验，产生相互沟通合作解决问题的共同感体验，并在这样的过程中不断达成教育的目的。传统的灌输强调真理的宣讲，强调对明确结论的知晓和遵循，但这不适应大学教学。一方面，正如前面所说，现代大学的教育是建立在知识和真理的理性研究基础之上，通过理性去说服人，去启发人的思考，去培养理论思维能力，而单一强制灌输与

其背道而驰；另一方面，当代学生更加接受平等讨论问题，更加强调自身的主动研究而不是被动接受，更加注重自身的兴趣而不是外在的压力，这与灌输式宣讲也不相协调。同时，两个年度的调查数据都表明，在学生眼里，本校的思政理论课课堂教学模式仍然局限于知识宣讲模式：老师都是好老师，课程学习也有其价值，但课堂缺少互动，教学内容和教学方式离自身距离远，这不能够调动起学生的学习兴趣和研究马克思主义理论的热情，反而会使学生陷入思政理论课刻板印象的恶性循环，从而妨碍思政理论课教学实效性的达成。因此，努力解决教学中活力课堂的构建问题成为当前课堂教学改革的重要努力方向。

（四）进一步深入发掘四门思政理论课程自身的教学特点，打造适应不同年级不同课程内容的活力课堂

通过对四门思政理论课程的课堂教学状况进行分析，我们发现学生对于四门课程的主观认知没有太明显的差别。访谈研究也说明了这一点（访谈研究部分在本报告没有呈现出来）。在学生眼中，四门课都是政治课，都是为了宣传政治思想、传递政治观念，只是在内容和形式上各自略微有所侧重，而本质上并没有什么差异：老师特点不显著，教学方法没差别，教学内容也没有太多个性，各门课程离学生距离都有点遥远，不论是课程上所学到的知识还是被传递的理念，在现实生活中都没有切身的感受，都没有途径去实际地具体地去运用它。四门课程在学生心中的印象高度相似甚至“雷同”、“重复”等，使学生对思政理论课认识模糊，从而更加削弱认同度和价值评价，更加大了对思政理论课教学目的达成和实效性发挥的阻碍。

事实上，四门课程就其内容来讲应该具有各自不同的风格：思想道德修养与法律基础课程授课内容和学生的日常生活最为接近，在教学方法上也应切实抓住这一优势，以思修课程为龙头，带动思政理论课降低与学生距离感，提升自身关联感，从而增强思政教学实效性。更为重要的是，大学生阶段是学生重要的成长阶段，尤其应该紧密紧合学生的社会生活出现的思想困

惑，为学生传道解惑。马克思主义基本原理概论课程因其承担教授学生马克思主义三大组成部分的任务，内容全面、系统、科学，因而应更富有理论的睿智和理性的力量；毛泽东思想和中国特色社会主义理论体系概论课程作为马克思主义中国化两大理论成果，其课程应充分体现其科学性、实践性和时代性，在教学过程中应更紧密地与现代中国社会政治现实问题相结合，与时俱进，彰显其真理的时代光芒；中国近现代史纲要课程则更应抓住“历史课堂”丰富性和趣味性的特点，以历史为载体，让学生在中国近现代史、中共党史中，体悟中国共产党带领全民族人民站起来、富起来、强起来的艰难和辉煌，从而增强其对马克思主义、中国共产党、社会主义制度的认同。当前我校思想政治理论课安排为一年级设置思修课以及原理课，二年级安排毛中特与近现代史，就课程深度以及侧重内容来说，这种安排是合理的，因此如何在这种安排之下打造更加符合各门课程自身的教学特点就显得尤为重要。当然，目前对学生眼中四门课程不同特点的调查主要限于定性访谈，问卷调查尚需进一步改进以理解学生对四门课程的具体认知和学习需求。

（五）改革学生成绩评定方式

建议逐步取消目前统考方式，根据具体的教学活动组织学生认可的、多样化的、对教学组织活动能够产生较好激励效果的多种考评方式。

（六）充分研究思政理论课堂教学规律，构建高质量思政理论课程的科学基础

思想政治教育有着教育的普遍规律，同时又有政治教育自身特有的一些规律，但这些规律是什么，怎样在教育教学中遵循，思政教育研究相关研究尚不能够充分满足思政教育实践的需求。从公开发表的各种研究论文和著作来看，思政理论课教学研究往往更强调宏观的目标任务，强调文件的解读，强调基本的规范。这些研究都非常有必要。但教学过程不仅仅是意识形态宣讲，教学过程有自身的规律特点必须遵循，如果不去认真探讨在每一门具体

课程中，在每一节具体的课堂教学中，如何去理清教学目标和任务，如何去研究学生，如何去研究教育教学中遭遇到的具体问题，并在此基础上构建有效的教学模式，那么思政理论课的教学就会永远处于一种粗放的状态。这需要我们在教学改革中围绕教学中需要解决的各种现实问题和困难，加强思政理论课教学研究。这些研究需要既面对具体教学过程中的问题和困难，又面对各种不同情境不同学科的共同教学难题，广泛借鉴学习科学和教育科学的各种最新研究成果，做好思政理论课教育教学规律的自身研究。这种研究是高质量思政理论课教学改革的基础。

（七）构建教师教学绩效的科学评价模式，激发教师的教学活力

构建思政理论课教师教学绩效的科学评价模式是促进思政理论课课堂教学改革的重要制度保障。长期以来，对思想政治教育教师教学的管理均高度重视各种问题并进行动态处置调控，除了政治标准外，对思政理论课的实际教学效果缺乏科学细致的评价标准。在思想政治教育教学中，在深入研究思想政治教育教学方法规律的基础之上，提炼出科学合理，操作性强，认可度高，能涵盖政治标准和教学技术标准的课堂教学绩效评价方法，对于构建良性的教学激励机制，激发教师进行教学研究，改进课堂教学有着非常重要的意义。

七、2016年天津市高校思想政治理论课教学调查报告

第1部分　调查简介

（一）调查目标与调查设计

1. 调查目标

普通高等学校的思想政治理论课是开展大学生思想政治教育工作的主渠

道和重要载体，思想政治理论课既是我国高校大学生的必修课，又是帮助他们树立正确世界观、人生观、价值观的重要途径，同时也体现了社会主义大学的本质要求。2005 年党中央、国务院发布的《关于进一步加强和改进大学生思想政治教育的意见》提出，思想政治理论课课堂教学“要联系改革开放和社会主义现代化建设的实际，联系大学生的思想实际，把传授知识与思想教育结合起来，把系统教学与专题教育结合起来，把理论武装与实践育人结合起来，切实改革教学内容，改进教学方法，改善教学手段。要加强对思想政治理论课的宏观指导，采取有力措施，力争在几年内使思想政治理论课教育教学情况有明显改善”。2015 年 1 月 19 日中共中央办公厅、国务院办公厅印发《关于进一步加强和改进新形势下高校宣传思想工作的意见》提出，“要切实推动中国特色社会主义理论体系进教材进课堂进头脑”，“要建设学生真心喜爱、终身受益的高校思想政治理论课，实施高校思想政治理论课建设体系创新计划，全面深化课程建设综合改革，编好教材，建好队伍，抓好教学，切实办好思想政治理论课”；以“坚持改革创新、注重实效”作为新形势下加强和改进高校宣传思想工作的重要原则。2015 年 7 月 27 日，中宣部、教育部制定并发布的《普通高校思想政治理论课建设体系创新计划》对“准确把握师生思想状况，创新工作理念和方式方法，把解决思想问题与解决实际问题结合起来，不断增强针对性实效性”再次做了强调，对规范、完善思想政治理论课教学，提升思想政治理论课育人效果做了新要求。在此背景下，结合天津市高校开展思想政治理论课教学的实际状况，为提高思想政治理论课教学的实效性、发挥思想政治理论课的主渠道作用、推进思想政治理论课教学改革，我们开展了此次调研。

此次调研采用调查问卷与访谈相结合的形式。访谈有助于我们比较深入了解学生的思想实际，积累生动的个案信息。抽样问卷调查有助于我们比较全面系统地收集数据，并得到有代表性的结果。本调查旨在全面把握天津市高校本科生对思想政治理论课教学内容、教学形式、考核方式的看法与评价，了解学生对思想政治理论课教学意见与改进建议。具体而言，本项调查确定了如下调查目的：

（1）全面了解天津高校学生对于思想政治理论课课堂教学内容与方法、教师教学态度、考核成绩评定和学生感受到的教学效果等各方面的评价；（2）全面调查天津高校学生思想政治理论课的学习目的、动机水平、学习策略以及课堂与课后行为；（3）基本了解天津高校学生对于思想政治理论课教学改革的意愿和需求；（4）立足调查数据，对天津市高校思想政治理论课教学进行实效性试评估，研究影响当前思想政治理论课教学效果的核心因素，提供思想政治理论课教学改革的依据，提出更加有效的教学改革建议。

2. 调查设计

要做到思想政治教育有实效，高校思想政治理论课必须是“学生真心喜爱、终身受益的思想政治理论课”，必须“联系学生的思想实际，将知识传授和思想教育结合起来”。换句话说，思想政治理论课课堂教学必须在坚持正确导向的基础上，让学生感受到切实的知识收获和思想收益，才能够达到思想政治教育的目标，这也是本项研究所坚持的基本理论基础。在这样的基础上，探讨影响学生知识、思想受益的基本过程就成为了衡量思想政治理论课堂教学的基本依据。另一方面，思想政治理论课教学是一个教与学双方互动的过程，在这样一个双向互动的过程中，有着自身动机和目的的学习者，选择各种不同的学习策略，在课堂与课后中构建出各种不同的行为模式，并由此构成自身的学习体验，影响了知识和思想的收获。

本项调查的基本理论框架：

如图 7.1.1 所示，该理论框架由三个大模块构成。其核心思想是，学校思想政治教育的效用是在教学过程中通过教学活动使学生不断产生新的认识和体验（教学效果感受）而形成的一个循环往复的过程。这是思想政治教育产生实效性，达成教育目标的以学习过程为中心的理论模型。之所以以学习过程为中心构建理论模型，原因有二：一是本调查是以学生为中心的调

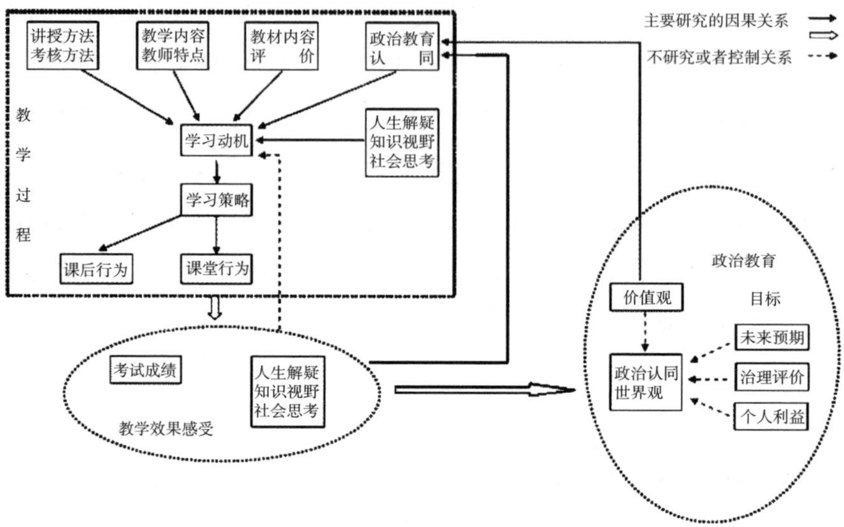

图 7.1.1　研究基本理论框架图

查，需要解释以学生为中心收集的数据；二是任何科学的教学过程设计都必须建立在对学习过程规律的认识基础之上。具体而言，本项研究采用了如下基本理论依据：

（1）思想政治教育要发挥其效用，需经由受教育者在教学活动中的学习过程实现；思想政治教育的政治性主要体现在教育目标和内容上，而在教育和学习的过程上，思想政治教育遵循一般的教育和学习原理。这也就意味着，思想政治理论课的教学设计必须在客观分析影响教学过程的诸因素基础上，明确思想政治理论课的具体教学目标，遵循学习过程的规律，进行科学的教学过程设计。

（2）学生永远是主动的学习者和探索者，大学生尤其如此。在学习一门课程时，学生往往会对课程学习进行价值评估，构建自身在课程学习中的期望，并形成自身的学习策略。这个过程受着学习环境的巨大影响。从中学时代开始，学生对政治理论课程的评估和学习策略已经经历了若干次循环反馈，往往已经构成固有的印象，形成了既有的学习策略。

（3）学生有效的课堂学习行为是评估课堂教学的重要方面，是学校思想政治教育的主渠道发挥效用的基础。在大学的大组（班）教学中，学生课堂学习行为的有效性主要受两个方面因素的影响：一是课堂教学必须充分满足学生的认知需求，二是课堂教学活动必须构建起充分的关联感受。

（4）学业成绩考核既是评价学生学业成就的重要方法，同时又是激励机制。必须将教育目标、学生的学习动机和激励机制必须具备的社会性要求结合在一起，才能更好地发挥其积极作用。

以上理论基础既有相关的一般教学和学习科学的支持，也有思想政治教育的理论基础。同时，在连续两个年度南开大学思政理论课教学调查数据分析中也获得了明确的数据支持。当然，相关理论研究尚需深入，要获得更高的理论效度，实证研究对象尚需延伸到各级各类高校大学生。

3. 调查问卷主要内容

为达到上述研究目标，确定问卷的基本内容结构如下：

学生对思想政治理论课课堂教学的评价：包括学生对思想政治理论课教材、课堂教学内容与形式、考核方式、教师的看法等；

学生的学习行为：包括学生对思想政治理论课本身的认同情况，学生的课堂学习行为表现、课后学习行为以及学生的应考策略等；

学生对思想政治理论课的主观认知：对思想政治理论课的教育意义、政治价值、课程教学的认知，以及对学习思想政治理论课目的和学习效果的认知；

学生对思想政治理论课的希望与改进意见：调研学生对于课程学习目标、教学方法、师生交流方式、考核方式等方面的期望与改进意见；

思政理论课教学的实效性指标，包括政治支持态度、政治参与理性包容态度、对思想政治理论课的价值认同。

学生个人基本情况：包括调研样本的性别、年龄、年级、专业、政治面貌、家庭背景（收入、阶层、职业、城乡、政治面貌）等基本信息。

（二）调查过程与样本概况

1. 调查过程

本次调查研究由南开大学马克思主义学院薛晓斌副教授负责，学院思想政治教育专业硕士生舒高磊、王勃然，本科生韩祥宇、韩绮颜等参与了问卷修改、课堂观察和问卷调查等工作，主要工作分为如下几个阶段进行。第一个阶段是探索性访谈与理论探讨，一方面是较深入地把握学生对思想政治理论课教学的基本认知，共做了 17 个深度个案访谈；另一方面是较系统地从理论上研究思想政治理论课教育教学效果产生的过程及特点，并在此基础上做出了基于理论和经验的研究设计。第二个阶段形成了较为完整的研究设计并修改了南开大学调查问卷，以南开大学为试点进行试调查。第三阶段进行正式问卷发放和数据收集整理，以 2016—2017 学年度第一学期天津市普通高校的所有本科在校生为抽样总体，通过多阶段分层抽样的方式抽选出受调查的样本学生，进行访谈和正式问卷发放。第四个阶段是调查报告撰写，报告由薛晓斌副教授主持，南开大学马克思主义学院思想政治教育专业 2016 级硕士研究生舒高磊、王勃然，2014 级本科生寇静、郑颖，2015 级本科生刘燕遵照南开大学思政理论课调查报告的内容和数据分析方法参与撰写，由薛晓斌、舒高磊修改定稿。

2. 样本基本情况

本次调查研究的对象总体为天津市普通高校的所有在校本科生，样本学校包括天津大学、天津财经大学、天津理工大学、天津工业大学、天津商业大学、天津师范大学、天津外国语学院、天津医科大学、南开大学滨海学院等 9 所高校。每个学校抽取 60 个样本（随机抽取三个教学班，每个班实际抽取 20 人，实际每个班通过扫描二维码的方式网络发放问卷 25 人左右），一共发放问卷 580 份，回收整理后获得有效问卷数 479 份，有效回收率 82. 6%。有效回收率不是很高，主要是因为采用网络集体填答方式，填答配合度稍有降低所致。样本基本情况如下。

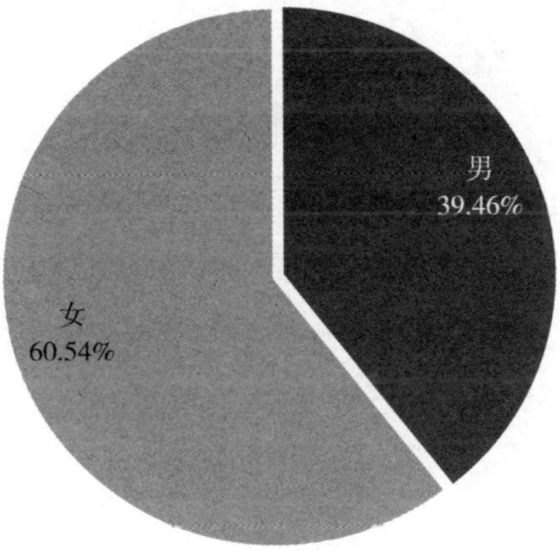

图 7. 1. 1　样本学生性别构成

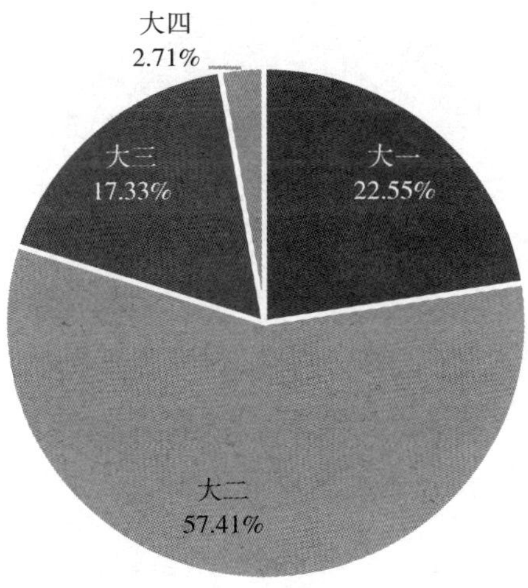

图 7. 1. 2　样本学生年级构成

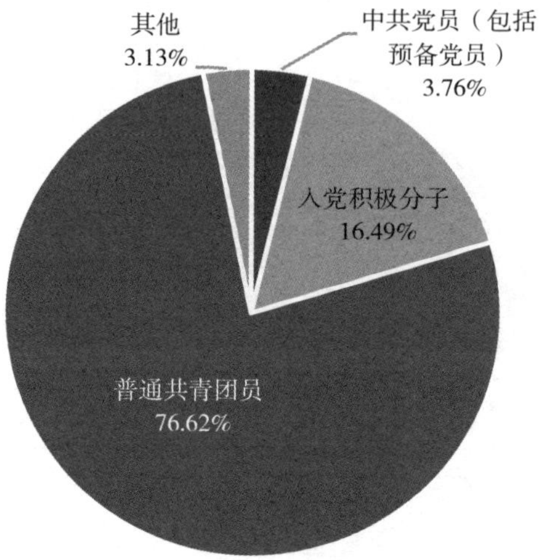

图 7. 1. 3　样本学生政治背景

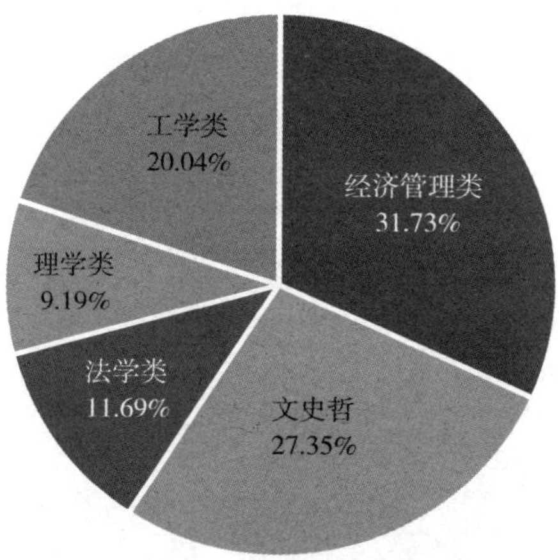

图 7. 1. 4　样本学生专业背景

第 2 部分　天津市高校思想政治理论课课堂教学基本状况

（一）学生对思想政治理论课课堂教学的评价

本调查中所指学生对思想政治理论课课堂教学的评价，包括学生对课堂教学内容、教学方法、考核方式以及对授课教师的评价等几个方面。从样本总体来看，学生对教学内容、授课教师持正面评价，对思想政治理论课的获益感受相对正面；但对课程现有考核方式仍有不同意见，同时，样本学生普遍对思想政治理论课课堂教学的趣味性不太满意、互动参与有所不足、课堂教学与学生关联感水平不是很高。

1. 教学内容评价

对于教学内容的考察，主要从课程内容深度、学术视野、内容说服力、内容清晰准确程度这几个方面进行学生评价。从表 7.2.1 来看，受调查者对思想政治理论课课程内容的理论深度、学术视野、说服力和理论讲授清晰准确性都表现出满意的态度，满意度均在 50%以上，不满意度基本在 10%以下。总体来说，学生对思想政治理论课教授内容的评价比较正面。在访谈中，学生也对教学内容做出了一定的评价，主要表现出两个方面的问题。一是有访谈对象提出讲课时“内容有点枯燥”，二是和高中知识重复比较多。尽管在问卷调查中没有明确反映出这两个方面的问题，但依然需要引起重视。

表 7.2.1　学生对思想政治理论课教学内容评价（N=479，行%）

题　　项	很不满意	不太满意	一般	比较满意	非常满意
思政理论课讲授信息量的深度	2.1	5.6	34.4	45.1	12.7
思政理论课讲授内容的学术视野	2.1	4.4	39.0	43.8	10.6
思政理论课讲授内容的说服力	3.1	6.1	34.7	44.9	11.3
思政理论课上对党的理论政策讲授清晰准确程度	1.9	8.8	30.7	42.4	16.3

2. 教学方法评价

学生对教学方法的评价，有一个非常重要的维度，即学生所感知到的课堂教学活动与其自身的关联感，包括教学内容与自身的距离感、互动参与感、内容与生活时事的结合、教师的吸引力等方面，这些方面是教学活动能否将教师、学生和教学内容这三者紧密联系在一起的体现。问卷设计了五个相关问题：（1）学生对教学内容与自身距离感的评价；（2）学生对课堂互动充分程度的感受；（3）学生对教师结合学生生活实际的情况；（4）教师对时政热点问题的引用；（6）老师个人的吸引力。

从表 7. 2. 3 来看，仅有约 30%的学生觉得课堂教授内容与其自身的距离感较低；在课堂的互动程度上，超过 40%的学生表示满意；学生对教师上课时引用时政热点、结合学生实际情况以及教师个人吸引力的评价要好得多，满意度均超过了 50%。在访谈中，受访者对课堂教学与自身关联感也做出了评价。“看老师个人魅力，讲的好就想上。”是一个比较普遍的说法。学生喜欢语言幽默的老师，老师上课时应该“以理服人”，不应该“带入过多个人情绪”，可以“用更贴近我们生活的方式，让我们可以提起兴趣听课，对内容很好地理解和接受。”从访谈的结果来看，教学方法会影响学生对思想政治理论课的评价。

表 7. 2. 3　学生思想政治理论课课堂教学自身关联感评价（N=479，行%）

题　项	很不满意	不太满意	一般	比较满意	非常满意
思政理论课讲授内容与自身的距离感	6. 1	20. 3	43. 0	14. 4	16. 3
思政理论课课堂互动的充分程度	4. 2	13. 6	37. 4	33. 8	11. 1
思政理论课老师教学结合学生实际生活背景情况	0. 8	8. 1	33. 2	41. 8	16. 1
思政理论课老师引用时政热点情况	1. 5	4. 0	26. 7	46. 1	21. 7
思政理论课老师的个人吸引力	3. 1	6. 1	29. 9	42. 0	19. 0

3. 考核方式评价

对于考核方式的评价，主要从考试类型、“死记硬背”内容多少、考试方式的满意度以及公正程度四个方面来进行。

从表 7.2.4、表 7.2.5、表 7.2.6 可以看出，学生更加倾向于开卷考试，比例超过了 40%。并且大部分人认为闭卷考试与其他考核方式的公平程度差别不大。对思想政治理论课的考核方式总体上呈满意态度，但绝大多数受调查学生反映思想政治理论课考试中“死记硬背”内容量过大。在访谈过程中有不少受访者也表明了自己对考核方式的看法，如，“都一样，闭卷或许判卷会不那么严格而开卷要求得比较多了，大部分是这样的，我只在乎我有没有过。”“课堂有随机回答问题，更希望开卷考试。”“都是闭卷啊…我觉得在没改变教学内容和方式的情况下，负担还是比较重的，因为内容不好理解，背起来真的比较难。”“开卷，期末压力小。”等。访谈的结果与数据分析的结果一致性较强，说明学生普遍倾向于开卷的考核方式。这里值得注意的是，学生往往是从应对考试所需要付出的努力多少来评价考试方法，如何将学习和考试都引导到学习教育的目标上来，这应该引起教育者的重视。

表 7.2.4 学生最能接受的考试类型（N=479，行%）

题　　项	全部闭卷	半开卷	全部开卷	写论文	合计
最能接受的考试类型	9.0	27.1	42.4	25.1	100

表 7.2.5 学生对闭卷统考的评价（N=479，行%）

题　　项	公平一些	差不多	差一些	合计
闭卷统考是否公平	24.2	58.0	17.7	100

表 7.2.6 学生对思想政治理论课考核方式评价（N=479，行%）

题　　项	很不（满意）	不太（满意）	一般	比较（满意）	非常（满意）	合计
对思想政治理论课考试方式的满意度	7.7	14.4	38.6	29.9	9.4	100

续表

题　　项	很不（满意）	不太（满意）	一般	比较（满意）	非常（满意）	合计
对思政理论课考试中“死记硬背”内容量评价	23.2	33.8	29.4	9.2	4.4	100

4. 教师基本评价

对于教师的评价，问卷从是否照本宣科、教学态度、友善程度、专业水平等方面来进行。

表 7.2.7 表明，受调查学生对老师教学认真态度、老师对学生的尊重友善以及老师的专业水平和个人吸引力评价都很高，学生反映有一定程度的照本宣科的情况。访谈中学生有的反映“感觉老师也都很认真地对待，感觉说思想政治理论课有点让老师委屈，虽然老师拿工资。”，也有反映“老师上课本身有一点懒散”。从访谈结果中可以看出受访者对教师的评价有一定的差异，但普遍认为教师对课堂教学效果起着重要作用。

表 7.2.7　学生对思想政治理论课教师评价（N=479，行%）

题　　项	很不	不太	一般	比较	非常	合计
您所上的思政理论课中，老师照本宣科程度	4.2	7.5	36.5	41.1	10.6	100
思政理论课老师教学态度的认真程度	1.9	1.7	19.0	41.8	35.7	100
思政理论课老师对学生尊重的友善程度	2.1	2.9	19.4	42.6	33.0	100
思政理论课老师的专业水平如何	1.0	1.9	21.1	50.1	25.9	100

（二）学生的学习行为状况

本部分的学习行为包括学生对于课程学习的认同、动机与策略选择，课堂中以及课后学习具体表现。

总的状况是：在主观上，样本学生对马克思主义理论教育的认可度尚可，学生学习思想政治理论课的目的以认知目的为主。但值得注意的是有10-20%的学生对思想政治教育本身持相对负面看法；学生思想政治理论课学习的动机水平不太高，35%左右的受调查者处于“无感”状况。在学习行为上，学生自我报告的课堂听课情况尚可，但互动以及课堂参与水平以及课后学习状况存在一定的不足，学习方法基本是“死记硬背+考前突击”方式。

1. 对思想政治理论课的认同

学生对思想政治理论课的认同反映了学生对课程本身的基本价值取向，并直接影响着学生的学习动机、学习策略以及课堂课后行为。学生对思想政治理论课认同情况如表 7. 2. 8。

表 7. 2. 8　学生对思想政治理论课的认同状况（N=479，行%）

题　　项	毫无	不太有	一般	比较	非常
您觉得对大学生进行马克思主义理论教育是否必要？	5. 2	12. 7	34. 0	30. 1	18. 0
您觉得大学开设思政理论课是否必要？	5. 4	12. 9	34. 9	28. 2	18. 6
您认为通过思政理论课对大学生进行价值观引导是否必要？	4. 4	8. 6	33. 2	33. 6	20. 3
您觉得思政理论课的学习对您以后的生活工作是否有价值？	4. 4	13. 2	35. 9	31. 9	14. 6
您觉得思政理论课是否会促进对自身专业的学习？	8. 6	17. 1	39. 0	21. 7	13. 6
您觉得大学生思想政治教育对于中国社会政治是否有意义？	4. 0	8. 1	33. 2	34. 0	20. 7
您觉得学习党的理论政策是否有意义？	2. 9	9. 0	32. 4	36. 1	19. 6

总体上来讲，天津市大学生（南开大学除外）对马克思主义理论教育的认可程度比较正面：除了一个题项（思政理论课学习对于专业学习的价

值）外，持正面看法的（比较必要、非常必要）占45%—60%，持相对负面意见的占10%—20%，三成左右学生选择了“一般”。考虑问卷调查可能给学生带来一定的填答压力，持负面意见的学生比例或许要高一点。这值得我们持续追踪调查，也需要我们高度重视。另外，调查数据显示，当今大学生对马克思主义理论教育更为认同的是政治教育方面。

在访谈中有些学生指出，“思想政治理论课教学改革要充分体现贴近实际、贴近生活、贴近学生的原则；坚持理论联系实际，紧密结合当代中国的实际和时代的发展，紧密联系当代大学生的思想状况，增强思想政治理论课的时代感、实效性、感召力。”“思想政治理论课，培养我们大学生使得我们有知识、有能力，更重要的是有道德、有人品，能帮助我们树立正确的世界观、人生观、价值观，让我们健康成长。”。但也有学生这么理解：“英语有必要，其他的没有必要。学英语还能对四六级考试有帮助，其他的对以后的学习生活都没有实际帮助。”这在一定程度上表明，学生的学习态度是思政理论课教学应该关注的内容，这方面的问题也应该通过教育方式进行解决。

2. 学生的学习动机、目的与学习策略

前面的认同指学生对思想政治教育本身意义和价值的认可，但和学生学习行为更为直接关联的是学习动机。问卷设计了“学习动机”和“学习策略”两个方面的题项，下面对此做以简要数据分析。

学习动机与目的　学习动机是指学生学习思想政治理论课课程的基本动力状况，这里从课程本身重要性感知、学习感兴趣程度两个方面来考察。

表7.2.9　学生思想政治理论课学习动机（N=479，行%）

题　项	很不	不太	一般	比较	非常
对您来说，学思政理论课很重要	3.8	8.1	39.9	31.5	16.7
您对思政理论课喜欢或排斥的程度	3.5	7.9	57.0	22.3	9.2

喜好是内在动机激发的最直接方面，值得注意的是，表示喜欢的比例占30%左右，6成左右的受调查者是“一般”状态。重要性认知涵盖内在与外在动机两个方面，既包括内在价值认识，也包括工具性价值判断。从这个指标来看，正面看法比例比较高。总体上说，样本学生思想政治理论课动机水平是值得关注的一个问题。

访谈结果显示，有一部分学生真正喜欢思想政治理论课。但也有同学表达“不太愿意”。

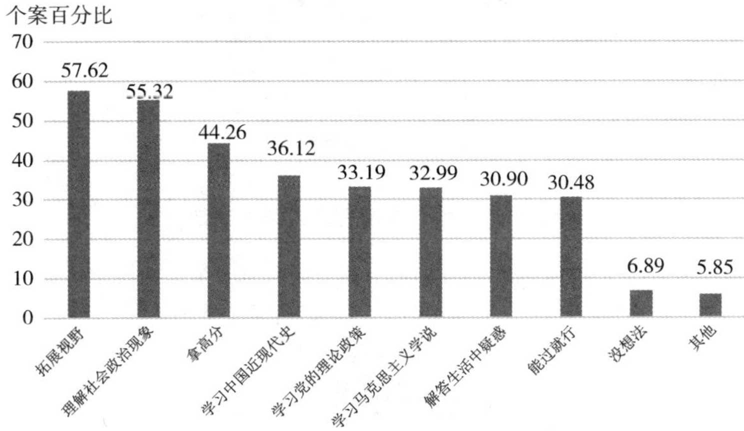

图 7.2.1　样本学生思政理论课学习目的

在学习目的上，图 7.2.1 显示，受调查者学习思想政治理论类课程的最主要目的是“拓展视野”“理解当今中国社会政治现象”和“拿高分”，均占到样本总体的50%左右；选择“没想法”和“其他”的人数最少。

这表明，学生对思想政治理论课的目的定位是比较积极的，学生积极希望从课程的学习中有所收获。同时，工具性目标（拿高分）与认知目标都为天津市高校学生所看重。不过值得注意的是，直接选择“学习马克思主义学说”“学习党的理论政策”的学生占受调查者比例各有三分之一左右。

学习策略　本调查从受访者应对考试的方法，同时结合平时学习行为考察学生的基本学习策略。对于“对您而言，‘考前突击’是不是应对思

政理论课考试的基本方法?”这一问题，超过60%的学生给予了肯定答案。(图7.2.2)

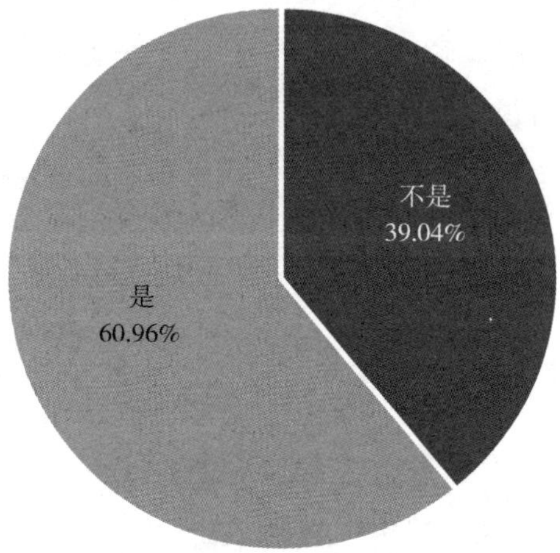

图7.2.2 “考前突击”学习方法

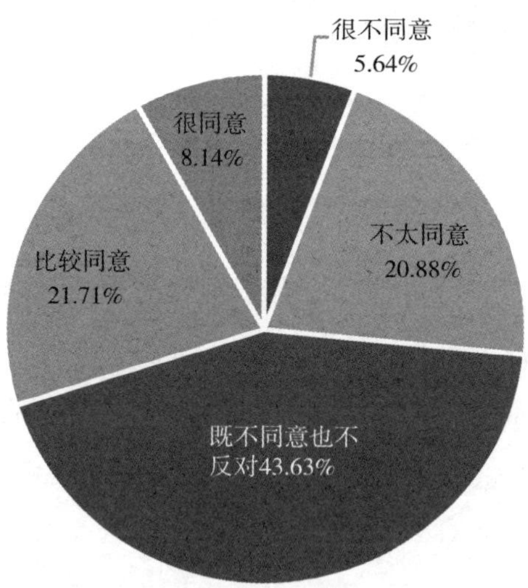

图7.2.3 思政理论课是一门“背书课”?

同时，受调查者填答“通过思政理论课学习，发现思政理论课是一门‘背书课’”这一问题时，近30%的同学认同这种看法（见图7.2.3），

40%左右的同学持“中立态度”，15%左右的同学否定这种看法。这从另一个方面印证了学生学习这门课程的基本方法就是“死记硬背+考前突击”。结合后面的学生课后学习行为来看，情况不容乐观。

访谈结果也大致展现出相同的状况：“在没改变教学内容和方式的情况下，负担还是比较重的，因为内容不好理解，背起来真的比较难”。

3. 课堂行为

学生在思想政治理论课的课堂行为，直接反映出学生对此类课程课堂教学质量的态度与评价，也隐含着学生对课程本身的认同程度。这里我们选取比较有代表性的“出勤率”“听课认真程度”以及“参与课堂互动情况”三个题项来进行分析。

（1）出勤率。从图 7. 2. 4 中可以看出，本学期接近 70%的受调查者表示从没有逃过课，20. 25%的受调查者表示逃课有 1—2 次。仅有不到 4%的受访者称自己逃课在 6 次以上。当然，这里是自我报告的数据。从样本情况来看，哲学与医学专业逃课比例要低一些，二年级比一年级逃课情况要严重一些。

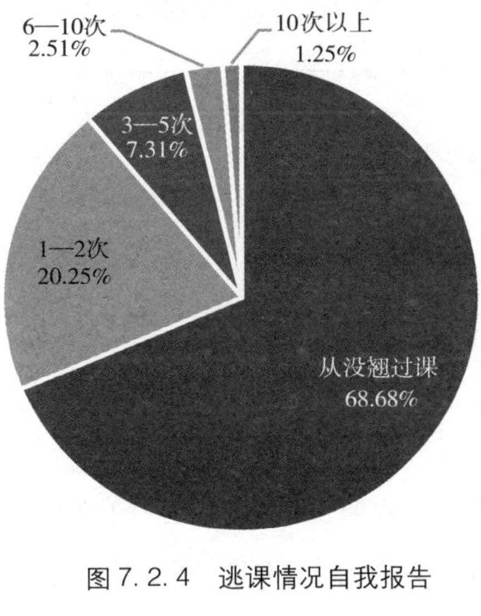

图 7. 2. 4　逃课情况自我报告

在访谈中逃课现象有所反映：“有的人就是坚持不逃课，有的人点名都不会去，我如果是在做作业的关键时期早上第一节如果醒了就去上课”，“毛概课排周一晚上，都大半夜上课，有事就不想去”，“思修是大课，下午晚上连着上，累了有时就翘了”。同时，有学生指出“代课”现象：“什么课都能代，你说求代，就有人找你。”看来除了上课内容和教师教学方法外，排课时间段也会影响学生的上课积极性。

表 7.2.10 不同专业学生思想政治理论课逃课自我报告（N=479，列%）

	经济管理类	文史哲	法学类	理学类	工学类	合计
从没翘过课	67.8	82.4	62.5	59.1	59.4	68.7
1—2 次	22.4	12.2	19.6	31.8	22.9	20.3
3—5 次	6.6	3.1	14.3	4.5	11.5	7.3
6—10 次	1.3	1.5	3.6	2.3	5.2	2.5
10 次以上	2.0	0.8	0	2.3	1.0	1.3
合计	100.0	100.0	100.0	100.0	100.0	100.0

表 7.2.11 不同年级学生思想政治理论课逃课自我报告（N=479，列%）

	大一	大二	大三	大四
从没翘过课	76.9	69.8	59.0	38.5
1—2 次	17.6	18.5	27.7	30.8
3—5 次	1.9	8.0	8.4	30.8
6—10 次	2.8	2.2	3.6	
10 次以上	0.9	1.5	1.2	
合计	100	100	100	100

（2）听课与课堂互动。在听课认真程度的问题上（见图 7.2.5），样本学生中上课能够认真听讲的大约占 54%，而上课几乎不听讲的人数大约占到 15%。这反映出，当前我市大学生中大部分学生能够积极听讲，但也有

一部分并不认真，需要我们进行深入思考。在课堂互动参与上，总体上讲很不乐观（见图 7.2.6、图 7.2.7、图 7.2.8）。仅有约 35%的样本学生表示积极回答老师的问题，明确表示“不太愿意参与”和“从不参与”的学生占到 54%；40%左右的学生表示向任课教师提过问题，45%左右的学生表示自己对课堂讨论有过比较积极或者非常积极地参与。

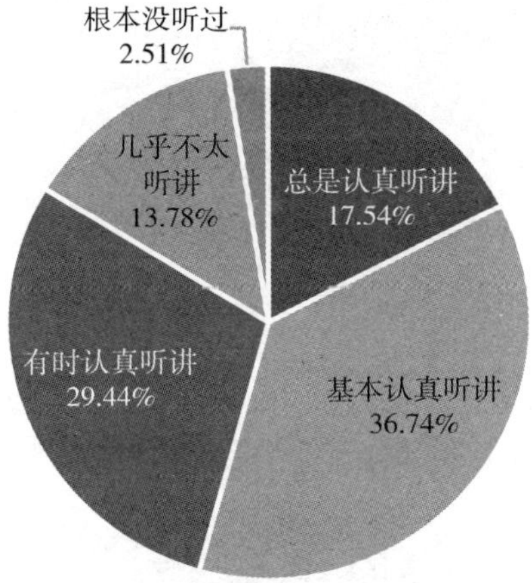

图 7.2.5　课堂听讲情况

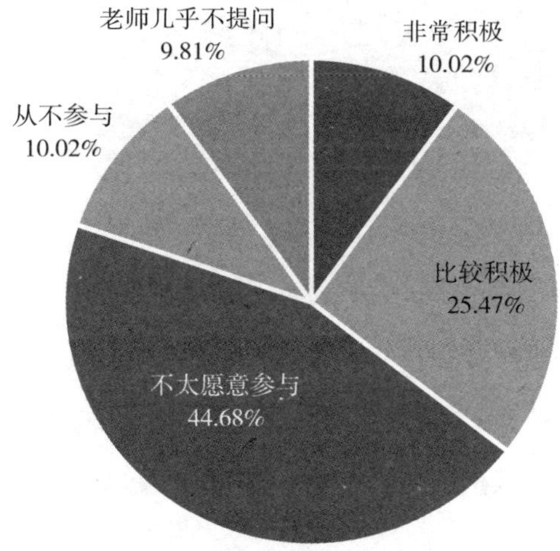

图 7.2.6　课堂回答问题情况

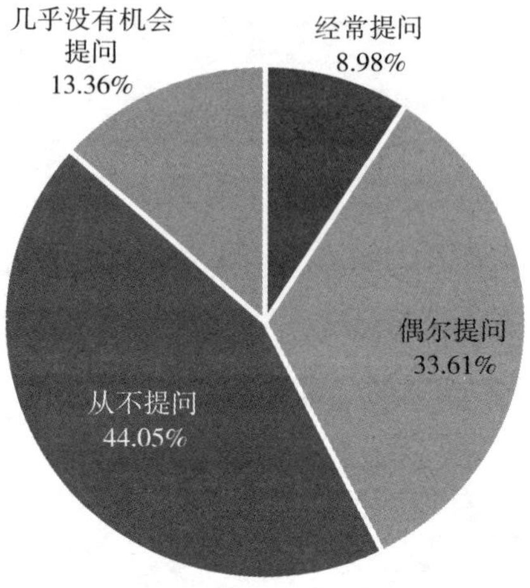

图 7.2.7　课堂主动提问情况

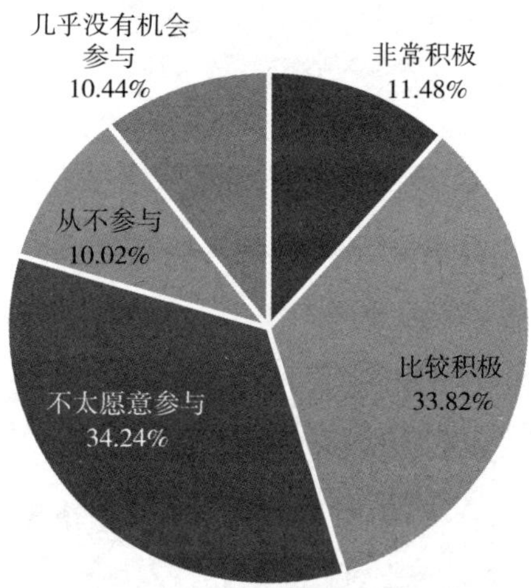

图 7.2.8　参与课堂讨论情况

这几个问题采用的是“迫答”方式提问，即要求受调查者明确回答自己的行为是积极还是消极的，没有中间选项，这更能够明确地呈现学生自己的行为状况。

4. 学生课后行为

学生在思想政治理论课的课后行为一方面反映出学生对课程本身的重视程度，另一方面也与学生应对考试的基本方式紧密相连。在本调查中，我们主要从课程复习、知识拓展以及交流沟通几个方面来进行考察。

从表 7.2.12 中可以看到，近 50%的受调查者表示在平时很少或从不复习专业课程，与“阅读与课程相关的书籍文献资源”的比重大致相同。此外，虽然 50%左右的学生表示不会主动与老师沟通交流，但有半数以上的学生称会“比较经常”或“经常”与同学朋友讨论课程相关的话题。值得注意的是，引发学生阅读或者讨论的动力可能来源于对政治问题的兴趣。

表 7.2.12 学生思想政治理论课课后学习行为（N=479，行%）

题　　项	从不	偶尔	一般	经常	合计
读思政理论课教材的情况	18.2	30.7	36.1	15.0	100
阅读与思政理论课相关书籍文献资料（包括网络资源）的情况？	10.9	37.2	41.1	10.9	100
和同学朋友讨论与思政理论课相关话题情况？	8.6	32.2	46.3	12.9	100
主动和思政理论课老师沟通交流的情况？	21.1	29.2	39.7	10.0	100

（三）学生对思政理论课的主观认知

本报告采用多维度的方式，面向学生调查其对思政理论课的主观认知。该部分包括如下五个方面维度的指标：（1）学生对教育意义的认知；（2）学生对政治价值的认知；（3）学生对思政理论课本身的认知；（4）学生对学习思政理论课目的认知；（5）学生学习效果认知。其中，（1）和（2）两方面的指标指向的是进行马克思主义理论教育的根本目的，考量学生是否能够明晰课程的意义与价值，调查出同学们主观上对马克思主义教育的认同，对政治观教育与价值观引领的认同。（3）（4）（5）指向的是同学们对公众政治课课程本身的主观认知与感受，其中（4）对学习思政理论课目的的认知基于学生自身学习的视角，学生针对思政理论课的学习态度、学习目标和主观评价的学习效果会在（3）（4）（5）三个方面的指标中体现出来。

1. 对教育意义的认知

对大学生进行思想政治教育，其意义在于提高学生的思想政治水平，培养具有高度思想政治素养的当代大学生。调查学生对思政理论课意义的主观认知，即调查学生对大学生思想政治教育意义的主观看法。问卷设计了三个相关问题测试学生对教育意义的认知，希望分别了解学生对接受马克思主义理论教育，接受价值观引导以及进行党的相关理论学习的必要性的认知情况。学生的回答情况见表 7. 2. 13。数据表明，样本学生对思政理论课教育意义的认知情况总体来讲是比较正面的，对马克思主义教育、价值观引导和党的理论政策学习的必要性持认可态度的学生明显较多，分别只有 17. 9%、13%和 11. 9%的学生持毫无必要或不太有必要的看法。值得注意的是，对这些问题持一般看法的同学占到样本总数的三分之一左右，从教育的角度来看，对教育意义的认识持一般态度的同学同样是我们重要的教育改进对象，我们需要使他们进一步明确大学生思想政治教育的重要意义。总体说来，一方面，我们要肯定学生对教育意义认知的基本面，但同时，在增强意义认同方面依然面临着比较艰巨的任务。

一个不容忽视的问题是，有个别同学比较愿意用“洗脑”这个词来概括他们对思政理论课教育意义的认知：“教材没意思，老师也没意思。那些政治的东西初高中洗脑得差不多了”。虽然这仅仅是个别的看法，原因可能是由于个别教师表达过于机械或偏激导致的，但用“洗脑”这个概念对思政理论课的意义进行概括，实际上表现出了这部分学生在接受过程中一定程度上的排斥心理。这需要我们在思想政治教育中引起密切关注。

表 7.2.13 学生对教育意义的认知（N=479，行%）

题项	毫无必要	不太有必要	一般	比较有必要	非常有必要
进行马克思主义理论教育	5.2	12.7	34.0	30.1	18.0
进行价值观引导	4.4	8.6	33.2	33.6	20.3
学习中国共产党的理论政策	2.9	9.0	32.4	36.1	19.6

2. 对政治价值的认知

思想政治工作一直以来都被看作是党和国家各项工作的“生命线”，思政理论课是进行大学生思想政治教育的主要阵地之一，也承担着发挥思想政治教育政治价值的使命。在我们的问卷中，也设置了相关问题来测试同学们对思政理论课政治价值的认知。如表 7.2.14 所示，大多数的同学认可大学生思想政治教育对当今中国的社会政治建设有重要意义，认可其对于国家和社会承担着重要的政治价值，有 12.1%的同学在这个问题上持相对负面的态度，另有 33.2%的同学对大学思想政治教育的社会政治意义没有明确的价值认知。两部分人数相加也已接近样本总数的半数。一部分的访谈对象表达出对思想政治理论课社会政治价值的疑惑，但一定程度也揭示了原因：“五门课大多都在高中时候听过了。太多的重复有什么用啊！”对思政理论课政治价值的认知问题同样不容我们忽视。

表 7.2.14 学生对政治价值的认知（N=479，行%）

题项	毫无意义	不太有意义	一般	比较有意义	非常有意义
大学生思想政治教育对于当今中国社会政治建设是否有意义	4.0	8.1	33.2	34.0	20.7

3. 对思政理论课本身的认知

我们进行的对于思政理论课本身认知的调查包括“开设思政理论课是

否必要”“学好思政理论课的重要性”和“对思政理论课的喜欢与排斥程度”几个问题。这几个方面都与思想政治理论课课堂教学密切相关。

在对于思政理论课的必要性与重要性认知的问题上，绝大多数的同学给出了正面的评价，不认可开设思政理论课必要性的同学占样本总数的18.3%，觉得思政理论课学习并不重要的同学占总数的11.9%。必要性和重要性两个概念相对比，前者侧重于描述达到某项目的必需条件，后者侧重于表现发挥关键作用的影响因素，问卷中的两个问题一个偏向于测试同学们对学校开设该类科目目的的认知，一个偏向于测试学生对课程学习现实意义的感知。对于必要性和重要性的认知虽存在数据上的微小差别但大体情况一致，同学们对思政理论课的开设总体持支持认可的态度。

有必要提到的一点是，在采访中，部分受访者在谈到思政理论课的重要性时将其与学科专业课进行了比较，并较为普遍地得出了学科专业课更有趣更有收获也更为重要的结论，也印证了重复内容带来的问题。如，有的同学说，“思政理论课能学到东西。但是还是感觉专业课能学到更多东西，这五门课大多都在高中时候听过了”，“专业课和思政理论课还是很不同的，专业课更看得下去、听得下去，公共课不太容易看”。有部分同学，认为两者无从比较哪个比较重要：“专业课可以让我们的专业能力得到提升，思想政治理论课可以让我们的思想更加正确，树立正确的世界观、人生观、价值观。拥有正确的思想，才能让我们的专业能力得到正当的发挥，拥有优秀的专业知识，才能让我们的思想发挥更大的作用，两者无谓高下，相辅相成，密不可分。”

表 7.2.15　学生对思政理论课必要性与重要性的认知（N=479，行%）

题　　项	很不	不太	一般	比较	非常
开设思政理论课是否有必要	5.4	12.9	34.9	28.2	18.6
学好思政理论课是否很重要	3.8	8.1	39.9	31.5	16.7

喜好是内在动机的重要源泉。对课程的喜好既可以是一种在既往学习生活经验中形成的态度，也有可能与环境中形成的目标有关，并影响课程的学习，但这种态度也可以经由课程学习产生或者发生改变。在我们进行的访问中，受访对象们提到了兴趣可能对思政理论课学习效果与评价有重要影响，如，“对于需要和想要了解的人来说（思政理论课）有意义，对于本身没什么兴趣的人来说没有意义，我还是看心情和状态”。一般而言，通过对一门课程的学习和接触，对课程的态度是教育效果一个重要的指标，因为态度本身应该是教育目的的一部分。表 7.2.16 表明，尽管我们无从知晓课程开始时的态度状况，但在接近期末进行调查的数据表明，明确表示喜欢课程的学生占 46.8%，明确表示不喜欢的占 18.3%，34.9%的样本学生表示既不喜欢也不排斥。对比我们近几年对该问题的调查数据来看，明确表示喜欢该类课程的学生比例增加，明确表示排斥的比例减少，不明确表态的同学的比例也减少了许多，学生对思政理论课的满意程度有所提高。

表 7.2.16　对思政理论课的喜欢及排斥程度（N=479，行%）

题　　项	非常排斥	比较排斥	既不喜欢也不排斥	比较喜欢	非常喜欢
对思政理论课喜欢或排斥程度	5.4	12.9	34.9	28.2	18.6

4. 对学习思政理论课目的认知

为了和前文对教育意义的认知分析做明确的区分，我们对于学习思政理论课目的认知的调查，基于学生自身学习的视角，考虑的是学习思政理论课对于学生学习生活的现实意义。两道题目的设置分别针对生活和学习两个方面。如表 7.2.17 所示，有 46.5%的同学觉得思政理论课的学习对今后的生活和工作很有价值，明确表示觉得没有价值的只占样本总数的 17.6%。在促进自身专业学习这个问题上，有 35.3%的同学表示会对自身专业学习有促进作用，略多于表示毫无作用或作用较小的同学。

表 7.2.17 思政理论课在学习生活中的价值（N=479，行%）

题　　项	毫无	不太	一般	比较	非常
思政理论课的学习对您以后的生活工作是否有价值	4.4	13.2	35.9	31.9	14.6
思政理论课是否会促进对自身专业的学习	8.6	17.1	39.0	21.7	13.6

表 7.2.18 显示的是我们设置的关于思政理论课学习目的多项选择题的填答情况（也请参照图 7.2.6）。受调查者学习思想政治理论类课程的最重要的目的是“拓展视野”和“理解当下政治现象”，选择这两个选项的学生人数均占样本总数的 50%以上；选择“没想法”和“其他”的人数最少；勾选了“拿高分”和“能过就行”这两项工具性目标的同学分别占 44.3%和 30.5%。以上的测试结果表明工具性目标与认知目标都是为学生所看重的，相比于学习近代史、马克思主义理论和党的理论政策，同学们更倾向于希望通过课程学习解答现实当中关于政治生活和社会现象的疑问。

和统计数据分析结果相一致的是，我们的访问对象在谈到学习思政理论课程的目的与收获时，更多地从现实功用方面来谈。如，有同学说，“我觉得，思想政治理论课教学改革要充分体现贴近实际、贴近生活、贴近学生的原则；坚持理论联系实际，紧密结合当代中国的实际和时代的发展”，“（课堂收获）还可以，有些常识可能会用到”。同学们对于思政理论课学习的现实功用诉求要大于理论学习诉求。

表 7.2.18 学习思政理论课的目的（N=479，行%）

选项	拿高分	能过就行	拓宽视野	解答疑惑	理解政治现象	学习近代史	学习马克思主义理论	学习党的理论政策	没想法	其他
	44.3	30.5	57.6	30.9	55.3	36.1	33	33.2	6.9	5.8

5. 学生学习效果认知

学生对自己学习效果的认知与评价对于我们了解其对思政理论课的整体认知有非常重要的意义。学生对该学期学习该门课程的效果与收获进行主观评价是课堂学习实效性最为直接的体现。这种态度体验相当程度来自于课堂教学，但也与学生自身的学习思考密切相关。表 7. 2. 19 与表 7. 2. 20 分别是学生对学好思政理论课的信心的状况和样本学生的思政理论课成绩情况，对于并未取得过期末成绩的大一同学，问卷中有提示让其根据高中时期的政治课的学习状况进行填答。两相对比来看，学生对学好思政理论课的信心与其真实的成绩水平存在一定差异，成绩处在中等水平及以上的同学占据了样本总数的 86. 8%，对学好思政理论课的信心抱“一般”以上态度的同学占样本总数的 75. 6%。从数据统计情况来看，学生们对学好思政理论课的信心稍显不足，并不能完全匹配其成绩水平，体现出对自己的学习效果不太自信的状态。

表 7. 2. 19 对学好思政理论课的信心（N=479，行%）

题　项	毫无	不太	一般	比较	非常
对学好思政理论课是否有信心	5. 8	18. 6	42. 8	24. 0	8. 8

表 7. 2. 20 思政理论课成绩统计（N=479，行%）

题　项	较差	中等偏下	中等	中等偏上	较好
思政理论课成绩状况	4. 0	8. 4	48. 0	28. 8	10. 9

我们发放问卷调查的时间大致在 11 月末 12 月初，在该阶段，各高校的公共政治理论课程都已进行过半，学生们对该学期学习该门课程的效果已经有了较为明确的主观评价，形成了自己对思政理论课学习的效果认知。总体上来讲，一半以上的受调查者表示，通过课程的学习，在“加深对马克思主义理论的认识”“拓展视野”“增进对生活的感悟”“促进了对社会政治

问题的思考”“增强了辨别是非的能力”及“增进了对党理论政策的认识”方面，持正面的评价，且这几个方面的评价之间并无明显差别。对上述问题持负面评价的同学比例在9%至15%之间。这表明，思想政治理论课的学习效果总体上是正面的，样本学生肯定了该课程学习的实际价值。在“思政理论课是一门‘背书课’”这个问题上，持认同意见的同学与不认同的同学人数差别不大，有43.6%的同学表示既不同意也不反对，所占的比例相对较高。“死记硬背”的学习方法不利于提高学生对于思政理论课的兴趣，也不利于同学们对课堂内容进行深入理解提高学习效果。从访谈对象的反馈来看，期末背诵的压力也会进一步降低同学们对“背书课”的评价。例如，有的同学说“在没改变教学内容和方式的情况下，负担还是比较重的，因为内容不好理解，背起来真的比较难，而且还是A类课，成绩对于学分绩的影响很大的。”因而，思政理论课比较像一门“背书课”的问题依旧是一个需要被改善的问题。

表7.2.21　思政理论课学习效果认知（N=479，行%）

题　　项	很不同意	不太同意	不同意不反对	比较同意	很同意
思政理论课就是一门“背书课”	5.6	20.9	43.6	21.7	8.1
加深了对马克思主义理论的认识	2.7	10.0	40.5	38.2	8.6
拓展了视野	2.3	7.1	38.2	42.6	9.8
增进了对生活的感悟	2.9	11.7	38.0	36.7	10.6
促进了对社会政治问题的思考	2.7	7.9	33.2	44.7	11.5
增强了辨别是非的能力	3.8	8.8	38.6	37.6	11.3
增进了对党理论政策的认识	3.8	9.0	35.5	39.0	12.7

（四）学生对于思想政治理论课的希望与改进意见

学生是课堂教学的主要参与者，因此学生对课堂教学的评价和改进意见对于高校课堂教学的教育评价和教学改革具有重要的指导意义和参考价值。

本小节从课程学习目标、教学方法改进、课外交流方式改进、考核方式改进等几方面来进行分析，力图从整体上把握学生对思想政治理论课教学改进的基本要求和期待。

总体而言，样本学生希望通过思想政治理论课的学习，能够开阔自己的视野，引导思维方式的变化，培养公共参与的能力，解答社会现实和人生成长的困惑。这与思想政治理论课本身的目标有一定的差距，但这也是学生个人发展的现实要求，需要精心引导。在教学方法上，样本学生对增强课堂趣味性的期待最高，对于加强案例教学和学生实践也有较高的期待。对于课堂交流方式，学生希望能够充分利用新兴媒体如微信、QQ 等加强师生间的交流沟通。课外学习小组、师生互动沙龙的沟通方式也较受学生的青睐。在成绩考核方面，学生希望考核方式多样化，笔试以全部开卷或半开卷方式为主。

1. 课程学习目标

为了考查学生对思想政治理论课的课程学习目标的期望，问卷设计了“请您设想一下，如果对思政理论课教学进行改革，您最期望达到什么”（可多选）这一题项。调查结果如表 7. 2. 22 所示。

表 7. 2. 22　思想政治理论课学习目标的期望（N=479，列%）

	个案百分比	百分比
开阔学生视野	66. 60	14. 85
引导思维方式	49. 90	11. 13
培养大学生公共参与能力	48. 40	10. 79
解答社会现实疑惑	47. 20	10. 52
解决人生成长困惑	43. 60	9. 72
与所学专业相结合	42. 60	9. 50
提高学生思想道德素质	41. 80	9. 32
提高学生马克思主义理论水平	28. 00	6. 24
提高学术性	27. 30	6. 09

续表

	个案百分比	百分比
加强基本理论知识教学	26.70	5.95
加强党的理论政策宣传	20.30	4.53
没有期望	6.10	1.36
总计	448.50	100.00

数据显示，学生最期望达到的课程学习目标是能够开阔视野，引导思维方式，培养公共参与能力，解答社会现实疑惑，解决人生成长困惑，与所学专业知识相结合以及提高思想道德素质。一半左右的样本学生都选择了这几项，呈现出了较高的积极性。这和学生接受访谈时表达的观点接近："思想政治课可以让我们的思想更加正确，树立正确的世界观、人生观、价值观。拥有正确的思想，才能让我们的专业能力得到正当的发挥"，"公共课的意义在于能比较积极地引导大学生形成正确的政治态度，清醒认知政治话题"。学生对于提高马克思主义理论水平，提高学术性，加强基本理论知识教学以及加强党的理论政策宣传的学习目标期待较低；选择"没有期望"的学生比例也极小。这在一定程度上表明，学生对思想政治理论课的课程学习目标都有较为清晰和明确的想法和要求。但同时，学生对于马克思主义理论和党的政策理论的期望较小，这也值得我们深入思考。

2. 教学方法改进

如表 7.2.23 所示，在教学方法改进问题上，选择"增强课堂的趣味性"的人数比例最大（59.90%），远远高于其他方面的要求，这一定程度上表明，趣味性不足是当前思想政治理论课教学中比较突出的问题。访谈中学生所言也表明，趣味性不足是降低学生听课兴趣和听课效率的一个重要原因。如，有的学生说，"如果能让这个课程有趣，能够让我们放下作业放下手机我们自然会感兴趣"，"课程太难太无聊，同学们也没办法做到认真听课"。因此，教学改革应当对课堂的趣味性加以重视和改进。

表 7.2.23 思想政治理论课教学方法改进的期望（N=479，列%）

	个案百分比	百分比
增强课堂趣味性	59.90	15.79
加强案例教学	42.60	11.23
加强学生实践	40.10	10.57
加强课堂讨论或辩论	34.00	8.96
充分使用多媒体	33.80	8.91
增强师生课堂互动	29.90	7.88
提高教师教学技巧	28.80	7.59
加强课外阅读指导	28.80	7.59
增强师生课外沟通交流	25.50	6.72
网络平台教学	23.80	6.27
采用专题教学方式	21.90	5.77
没有期待	6.70	1.77
其他	3.50	0.92
合计	379.30	100.00

其次学生较为关注的是“加强案例教学”（42.60%），“加强学生实践”（40.10%），“加强课堂讨论或辩论”（34.00%），“充分使用多媒体”（33.8%）。访谈中，部分学生对教学形式的丰富提出了自己的看法，如，“每个老师都有自己独特的教学方式方法，如果为了避免课堂理论枯燥无味提高学生学习思想政治理论课的兴趣，则可以采用课堂辩论、影片播放、学生演讲、时势新闻关注、社会调查等形式，使理论与实践相结合。”“思政理论课的学习可能更偏向于知识的讲解与传授，类似研讨、辩论等互动性较强的形式略显不足。”“教师可适当改进授课方式，尽量避免照本宣科、念ppt的方式开展课堂教学，尝试以知识竞赛、微话剧、微电影等多样化的形式激发学生兴趣。课堂展示、讨论发言等课堂学习形式都可适当采用。”等。同时，学生对于课内和课外师生间的交流互动（课内和课外）、教学技

巧、网络教学、专题教学等也提出了期望。这些都反映出学生对传统单纯知识性传授教学方式的不满足，表达了学生对增强思想政治理论课教学方式多样性的期待。

值得注意的是，在访谈中，学生对于案例教学表现出较高的期待，希望课堂中能够多用贴近生活实际的实例以及当下的时事热点来加深对理论知识的理解，使得理论更加贴近生活，如，有的同学说，“希望老师可以在不失庄重的前提下，语言更幽默，用更贴近我们生活的方式，让我们可以提起兴趣听课，对内容很好地理解和接受。”“思想政治理论课教学改革要充分体现贴近实际、贴近生活、贴近学生的原则；坚持理论联系实际，紧密结合当代中国的实际和时代的发展”“老师讲课方式需要改变，不要念课本和课件；希望能多把热点事件融入课堂。”“多联系生活实际来解读高大上的中央决议，使学生可感可知。”“课堂教学增加时事政策分析和使用技巧的内容，使教学内容更具针对性、时效性和实用性，避免普遍性和陈旧教学内容的反复冗余。”等等。

3. 课外交流方式改进

如表 7. 2. 24 可知，在课外交流方式的问题上，过半的样本同学选择了“微信或 QQ 讨论”的课外交流方式。“建立课外学习小组”（38. 00%）、“举办人生或时政开放讲座”（27. 80%）、“微博课堂”（26. 50%）、“举办师生互动沙龙”（26. 30%）等方式也较受青睐。这在一定程度表明，随着时代的发展，尤其是日常生活中各种新兴媒体的广泛使用，以及其所富含的交流特点，传统的课外交流方式已经渐渐不符合新时代的要求了。以新兴媒体为载体进行课下交流使得学生学习的主动性得到满足。这需要我们不断丰富和改善思想政治教育载体，满足学生课下交流讨论的需求。另外值得注意的是，学生所青睐的课下交流方式也体现出学生的求知欲：学生所看重的沟通方式大多都富有知识创新的内涵。这对于研究型大学而言，是思想政治理论课教学值得引起注意的问题。

表 7.2.24 思想政治理论课堂课外交流方式改进的期待（N=479，列%）

	个案百分比	百分比
微信或 QQ 讨论	63.70	22.59
建立课外学习小组	38.00	13.48
举办人生或者时政开放讲座	27.80	9.86
微博课堂	26.50	9.40
举办师生互动沙龙	26.30	9.33
师生定期课下交流（office time）	23.80	8.44
构建在线讨论平台	22.10	7.84
邮件沟通	19.80	7.02
组建专题社团	18.20	6.45
电话沟通	12.30	4.36
您还有其他想法	3.50	1.24
合计	282.00	100.00

4. 考核方式改进

由表 7.2.25 可知，样本学生最希望将“出勤率”（67.20%）和“考试成绩”（61.60%）纳入考核标准之中。希望将“课堂听课状况”（47.00%），“社会实践效果”（44.10%），“课堂展示效果”（43.80%），“论文写作”（43.4%）以及“与老师互动（发言状况）”（42.00%）纳入考核标准之中的样本学生也占有较大的比例。相比考试结课，社会实践、课堂展示、论文等更具灵活性，给学生带来的考试压力也较小。一些学生在接受访谈时，对考核方式多样化发表了自己的看法，如，“我觉得可以写体会，比如老师给我们推荐个书，看看写写体会，再比如对目前的事件谈谈体会”，“考试实打实地坐在那，论文可能就会有充足的时间来搜集资料来完善它”。另外，学生对“面试”（11.70%）的考核方式也给予了关注。这说明，相较于单纯依赖最终卷面成绩作为考核依据的传统考核方式，学生更加倾向形式多样且更具实践性的成绩考核方式。

表 7.2.25 样本学生对成绩结构的期待（N=479，列%）

	个案百分比	百分比
出勤率	67.20	18.40
考试成绩	61.60	16.87
课堂听课情况	47.00	12.87
社会实践效果	44.10	12.08
课堂展示效果	43.80	11.99
论文写作	43.40	11.88
与老师互动（发言情况）	42.00	11.50
面试	11.70	3.20
其他	4.40	1.20
合计	365.20	100.00

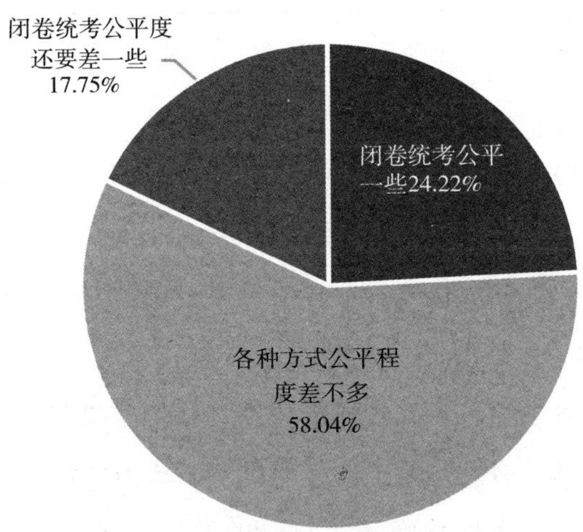

图 7.2.9 样本学生对考试公平性的看法

图 7.2.9 表明，对于不同考试方式的公平性，过半的样本学生认为“各种方式公平程度差不多”（58.00%）。认为“闭卷统考公平一些”的样本学生占样本总数的 24.20%，认为“闭卷统考公平度还要差一些”的样本学生占样本总数的 17.70%。

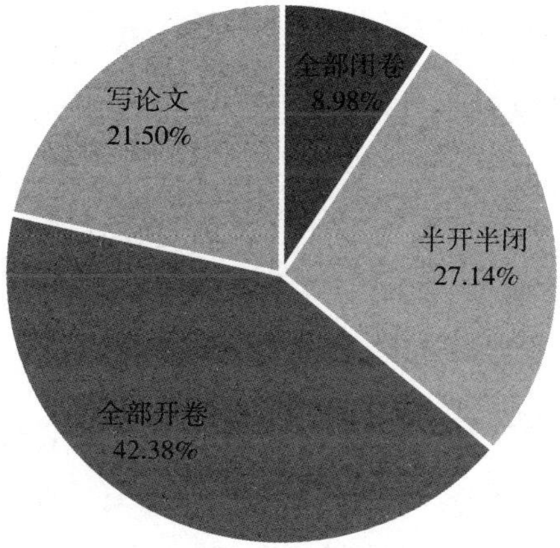

图 7.2.10　样本学生对考试方式的建议

在考试方式的选择上，全部开卷和半开卷的方式较受欢迎（见图 7.2.10）。在访谈中，学生对于考试方式的选择给出了相应的理由。如，“闭卷或许判卷会不那么严格而开卷就要求比较多了”，“一定考试的话就开卷吧，网络考试，都是选择，最公平”，“在没改变教学内容和方式的情况下，（闭卷）负担还是比较重的，因为内容不好理解，背起来真的比较难，而且还是 A 类课，成绩对于学分绩的影响很大的”，“开卷，期末压力小”。

第 3 部分　天津市高校思想政治理论课课堂教学实效性达成基本状况

当前对思想政治理论课课堂教学实效性评价尚未形成公认的评价指标。本报告采用多维度的方式进行评价，主要用于诊断教学中存在的问题。评价从如下四方面维度的指标进行：（1）学生对马克思主义的认同；（2）学生对政治制度的认同；（3）学生对思想政治理论课的接受、喜好程度；（4）学生思想政治理论课理论应用情况；（5）学生思想政治理论课学习的收获感受。其中（1）（2）两方面指向思想政治理论教育的根本目的，（3）（5）指向课堂教学的实际效果，（4）指向思想政治理论课的现实需要。当然，

（1）（2）两个方面不仅仅受课堂教学的影响，但思想政治理论课的教学的重要目的就是影响（1）（2）两个方面朝正面发展。（3）（4）（5）和课堂教学直接关联。如果课堂教学有较好的效果，就会在（3）（4）（5）三方面的指标上体现出来，并通过（3）（4）（5）三方面的持续稳定变化最终影响到（1）（2）。由于是面向学生的问卷调查，所设计的指标主要还是主观指标。

1. 样本学生对马克思主义的认同

马克思主义理论教育是理想信念教育的核心内容，也是马克思主义认识论和方法论教育的核心内容，因此学生对马克思主义的认同是思想政治教育的实效性评价核心内容。问卷设计了三个相关问题测试学生对马克思主义的主观认同。学生的回答情况见表 7.3.1。数据表明，样本学生对马克思主义有着较高的认同，对于马克思主义的意义和价值，有 60%左右的样本学生表达了明确的支持态度。超过半数的同学认同坚持马克思主义在思想观念多样化时代的意义。几个题项有较明确反对意见的占 10%左右。值得注意的是，有 30%-40%的学生持中立态度，从教育的角度来看，中立态度或者反对态度的是重要的教育改进对象。总体说来，一方面，我们肯定学生思想状况的基本面，但同时，思想政治教育也面临着不容轻视的实效性挑战。

表 7.3.1　样本学生对马克思主义的认同（N=479，行%）

题　　项	不同意	不太同意	中立	比较同意	很同意
在当代世界，马克思主义依然有其重要价值	2.9	3.5	35.3	35.7	22.5
社会思想观念越是多样化，就越是需要坚持马克思主义	3.1	7.1	44.5	29.4	15.9
马克思主义对我们的生活和工作都有积极意义	2.5	6.9	40.9	34.9	14.8

2. 学生的政治制度认同

无论是在政治学还是在思想政治教育中，政治制度认同都是核心问题。

理想信念教育的核心就是政治认同教育。问卷采用了中国当代政治研究中较为经典的政治制度认同调查题项设计，并增加了对党领导的支持态度。表 7.3.2表明，45%—65%的样本大学生有着明确的政治认同，表达中立立场的约占 30%—40%，明确表达不同意见的基本在 10%以内。与其说这里描述的是思想政治教育的效果，不如说反映的是现实中实实在在的观念状况。总体看来，实效性问题值得重视。

表 7.3.2　样本学生的政治认同（N=479，行%）

题　　项	不同意	不太同意	中立	比较同意	很同意
我很自豪生活在现行制度下	1.0	3.8	41.3	37.0	16.9
我有义务支持现行政治制度	1.9	2.1	31.9	40.7	23.4
我拥护现行政治制度	1.7	1.5	40.3	36.3	20.2
我觉得公民基本权利得到了保障	1.9	6.8	35.7	40.0	15.6
我相信我国司法机关能够公正司法	2.9	8.4	42.2	31.9	14.6
只有坚持中国共产党的领导我国才能实现现代化	2.3	4.0	39.2	32.6	21.9

3. 学生对思想政治理论课的接受和喜好程度

学生对思想政治理论课的接受和喜好包括对思想政治理论课的认同、对思想政治理论课的喜欢程度以及对思想政治理论课学习后的收获评价。这几个方面都与思想政治理论课课堂教学密切相关。其中对思想政治理论课的学习后收获评价以及喜好程度更是直接受课堂教学效果的影响。相关数据在本报告第 2 部分中已经给出，为了阅读方便，这里复制过来，并重新编号。

学生对思想政治理论课的认同　学生对思想政治理论课的认同指学生对思想政治理论课的价值判断，这种价值判断又会影响学生思想政治理论课的喜好和学习目的，同时课堂教学效果一定程度上又会影响认同。表 7.3.3 表明，总体上来说，学生对思想政治理论课的价值评价持正面看法。30%—50%的学生明确表示对思想政治理论课的认同，但需注意的是，样本学生中明确表示否定意见的（除去思政理论课是否促进专业学习这一题项），在20%左右，表达中立意见的学生占到30%-40%。

表 7.3.3 学生对思想政治理论课的认同（N=479，行%）

题 项	毫无	不太有	一般	比较	非常
马克思主义理论教育必要性	5.2	12.7	34.0	30.1	18.0
开设思政理论课必要性	5.4	12.9	34.9	28.2	18.6
价值观引导必要性	4.4	8.6	33.2	33.6	20.3
思政理论课对以后工作生活价值	4.4	13.2	35.9	31.9	14.6
思政理论课是否促进专业学习	8.6	17.1	39.0	21.7	13.6
思想政治教育的社会政治意义	4.0	8.1	33.2	34.0	20.7
党的理论政策学习是否有意义	2.9	9.0	32.4	36.1	19.6

学生对思想政治理论课的喜好　喜好是内在动机的重要源泉。对课程的喜好既可以是一种既往学习生活经验中形成的态度，也有可能与环境中形成的目标有关，并影响课程的学习，但这种态度也可以经由课程学习产生或者发生改变。一般而言，通过对一门课程的学习和接触，对课程的态度是教育效果一个重要的指标，因为态度本身应该是教育目的的一部分。表 7.3.4 表明，尽管我们无从知晓课程开始时的态度状况，但在接近期末进行调查的数据表明，明确表示喜欢课程的学生比例 30%以上，高于明确表示不喜欢的学生比例（10%左右），而近 60%的样本学生表示既不喜欢也不排斥。这不是一个太令人满意的分布。同时，分布的年级差异较小表明不同思想政治理论课程差异很小，但对于思想政治理论课的喜欢程度明显表现出低年级高于高年级的趋势。

表 7.3.4 不同年级样本学生对思想政治理论课程的喜好程度（N=479，列%）

	大一	大二	大三	大四	合计
非常排斥	2.8	3.6	4.8	0.0	3.5
比较排斥	3.7	10.2	6.0	7.7	7.9
既不喜欢也不排斥	45.4	57.8	68.7	61.5	57.0
比较喜欢	34.3	20.7	13.3	15.4	22.3
非常喜欢	13.9	7.6	7.2	15.4	9.
合计	100	100.0	100	100	100

结合上述两个方面，我们能够做出这样的结论：从学生对课程的接受程度来看，总体的状况尚需进一步改进。尤其表 7.3.3 表明，学生有着相当的接受课程的基础，但从表 7.3.4 看来，实际的情况不太令人满意。

4. 学生思想政治理论课学习的收获

学生学完一个学期后，对该学期学习该门课程的收获进行的主观评价一定程度上表明了学习的基本效果。这是实效性最为直接的体现。这种态度体验相当程度来自于课堂教学，但也与学生自身的学习思考密切相关。本调查结合思想政治教育的目的和学生的学习目的，作出了六个方面的指标（表 7.3.5）。① 数据表明，总体上来讲，45%以上的受调查者表示，通过课程的学习，“加深了对马克思主义概念、理论的认识”，“增进了对党理论政策的认识”，“促进了对社会政治问题的思考”，“拓展了视野”。在“加深马克思主义理论认识”以及“增进了生活感悟”两方面，持正面评价的样本学生比例稍微低一点。同时，持负面评价的比例在 12%左右。这表明，思政理论课的学习效果总体上是正面的，样本学生肯定了该课程学习的实际价值，与对该类课程的价值评估一致。三分之二左右的样本学生态度中立，也

① 需要说明的是，在问卷设计上，由于思想宣传话语的强大影响会形成一定的问卷填答压力，一般不宜直接将相关文件中标准表述直接拿来进行问题设计。

表明有着较大的改进空间。

表 7.3.5　样本学生思想政治理论课学习的收获（N=479. 行%）

题　　项	很不同意	不太同意	中立	比较同意	非常同意
加深马克思主义理论认识	2.7	10.0	40.5	38.2	8.6
拓宽视野	2.3	7.1	38.2	42.6	9.8
增进生活感悟	2.9	11.7	38.0	36.7	10.6
促进社会政治问题思考	2.7	7.9	33.2	44.7	11.5
增强辨别是非能力	3.8	8.8	38.6	37.6	11.3
增进党理论政策认识	3.8	9.0	35.5	39.0	12.7

5. 基本结论

从样本数据来看，天津市思想政治理论课教学有着比较直接且明显的效果，样本学生对思政政治理论课的价值总体认可，但也存在一些态度不明确甚至反感思政理论课教学的现象，学生对思政理论课的喜好态度水平较低，改进任务比较紧迫。同时，从最终的教育目标来看，思想政治理论课教学仍然面临着比较艰巨的实效性挑战。

第 4 部分　关于思想政治理论课教学的改进建议

当前天津市高校思想政治理论课课堂教学存在如下问题：（1）学生对思想政治理论课的学习意义和价值认识欠缺是影响学生思想政治理论课学习目的、动机和策略的重要因素；（2）学生思想政治理论课学习多样性的目的，尤其是认知目的没有得到充分满足，课堂教学没有协调好教学目标和学生学习目的之间的关系；（3）课堂是教师和学生互动构建起来的，其最基础性的指标是学生所感知的课堂学习过程与学生自身的关联感受，这是当前课堂教学的薄弱之处；（4）需要进一步改进思想政治理论课成绩评定方式。针对上述问题，本报告提出如下方面改进建议。

（一）以思想政治教育目标为依据，以思想政治理论课教材为蓝本，充分结合学生的认知需求，提供高质量的教学内容

普通高校的马克思主义理论教育如果不能提供给学生高质量、高水平的教学内容，无论在学生培养还是在学术吸引力上都是致命伤。我们应该充分认识到，思想政治理论课教育的目的不是让学生能够背诵基本的理论条文。对于大学生而言，马克思主义理论课程如果不能提高学生的理论认知水平，不能提高学生观察社会、思考社会的能力，不能在学生面临人生选择时为其带来启发，这样的课程对学生的发展是没有价值的，对马克思主义理论教育而言也是失败的。在现代大学中，每一门人文社会科学都在培养学生的理论思维和社会应对能力，每一门自然科学都在培养学生在专门知识领域的学习能力和研究能力，每一门工学学科都在培养学生在面临具体的技术问题提供专业的解决方案，这些知识技能和思维方式都是在专业学科的基础上，通过理性去说服人的。马克思主义理论教育要是不能够提供这样的知识源泉，在大学中是没有自身的知识地位的。马克思主义教育者应该认识到现代大学马克思主义教育面临的这种知识竞争，如果不能很好地应对这样的知识竞争局面，只是口头强调政治上的必要性，强调单向的灌输，最终会失去马克思主义的吸引力。

调查数据表明，满足学生的多样化认知需求是思想政治教育实效性达成的重要基础，而当今思想政治教育的核心问题之一，就是没有将学生的认知需求同思想政治教育的目标充分结合，只是强调单一的灌输式宣讲。具体而言，需要教师在严格按照高校思想政治教育的目标，深入研究教学任务、教材和学生思想特点的基础上，充分发挥教学的创新性，转换固有师生定位和育人视角；基于青年学生需求和心理认知特点，擅于挖掘思想政治理论课中与学生现实生活密切相关的实践知识，注重社会热点问题、新闻舆论等材料的引据，变单一理论灌输为“理论+实践”；把控课堂教学过程，为每一堂课提供高质量的知识内容，将这些知识内容转换成教学过程中每一个模块的

活动内容，并形成相应的教学语言，发挥教学艺术。

（二）优化思想政治理论课形象，消除学生对于思想政治理论课的刻板印象

从中学到大学，很多学校的思想政治理论课都是采取“教法上的单项灌输+学法上的考前突击死记硬背”这一模式开展教学的，因此，学生极易对思想政治理论课形成相对固化的价值认知，进而在学习态度和学习策略方面也会延续这种固化认知，形成不良循环，这对思想政治教育的实效性产生了明显的负面影响。改变学生对思想政治理论课的刻板认知已经是思想政治理论课教学改革必须面对的困难，必须通过创新思想政治理论课教学细节，优化思想政治理论课形象，为改进学生的固化认知、学习态度、学习策略以及课堂行为，为提高思想政治理论课的教学实效性奠定基础。

鼓励有教学艺术特点、学养深厚、更具人格魅力的教师进入到思想政治理论课教师队伍中，搭建优秀师资库，集中力量打造高质量、高吸引力思想政治理论课堂，充分展示马克思主义学院教师追求真理的精神、教学艺术和学术才华，将思想政治理论课老师凸显在学生的名师名家视野之中。欲立先破，想要树立学生群体对于思想政治理论课的全新认识，那就先打破之前的惯性思维，要求教师应擅于从思想政治理论课的过程入手，打造积极互动、更有活力的教学形式，真正让学生参与到教学活动中来。这是改进思想政治理论课形象的比较有效的方式，努力构建教学中的魅力课堂成为当前课堂教学改革的重要目标。

（三）密切师生课堂联系，使学生充分感受到教学活动与其自身的关联性

课堂教学是通过教学活动构建起来的，让学生充分感受到教学活动与其自身的关联性，是学生获得丰富知识和主动体验的过程，在这样的过程中不断达成教育目的。传统的灌输强调真理的宣讲，强调对明确结论的知晓和遵

循，但这已经不完全适应时代发展和当今的高等教育。一方面，现代大学的教育是建立在知识和真理的理性研究基础之上，通过理性去说服人，去启发人的思考，去培养理论思维能力，而灌输与其有差异；另一方面，在当今相对宽松的社会环境下，青年学生更加接受平等、自由地讨论问题，更加强调自身的主动研究而不是被动接受，更加注重自身的兴趣而不是外在的压力，这与灌输式宣讲也不相协调。但调研数据表明，在学生眼里，天津市高校的思想政治理论课课堂教学仍然局限于知识宣讲模式：老师都是好老师，课程学习也有其价值，但课堂缺少互动，教学内容和教学方式让学生感觉理论知识与其自身距离远，严重降低了学生的思想政治理论课学习兴趣和研究马克思主义理论的热情，妨碍思想政治理论课教学实效性的达成。因此，努力构建教学中的活力课堂成为当前课堂教学改革的重要方向。

师生联系是思想政治理论课课堂教学非常重要的方面。通过建立密切的师生联系，教师不断了解青年学生思想特点和行为方式，不断更新对教育对象的认识，能够针对具体的问题组织教学活动，同时，学生具有各种个性特点的疑问在这种沟通中间能够得到一定的解决。尤其重要的是，通过师生联系能够搭建起便捷的思想政治教育资源共享渠道，让学生具体真实地感受到思想政治理论课程以及思想政治理论课教师与其自身的关联与价值，增进认同。从调查数据来看，学生也非常希望能够有更多的这样的联系。这种师生联系可以通过多种方式进行，例如通过网络新媒体开展线上交流活动、集体或小范围面对面沟通交流、理论研讨沙龙、专题讲座等等方式。

（四）改革教师绩效评价机制和学生成绩评定方式，激发教、学双方活力

目前天津市高校绝大多数的思想政治理论课考核方式为闭卷统考，但青年学生的教育经历以及对于传统考试的惯性思维，导致他们对这一考试形式的厌倦感较大，且传统闭卷考试极易造成学生考前突击背诵记忆、考后全无效果的现象，难以达到预想的思想政治教育成效。建议适当改进目前闭卷统

考的方式，可根据具体的教学活动、社会实践需求组织学生认可的、多样化的、有激励效果的多种考评方式，诸如半闭卷、课堂考核与情景考核或实践考核相结合等形式。

构建思想政治理论课教师教学绩效的科学评价模式是促进思想政治理论课课堂教学改革的重要制度保障。长期以来，在对思想政治教育教师的教学管理均进行较为严格的动态管理，除了政治标准外，对思想政治理论课的实际教学效果缺乏科学细致的评价标准。在思想政治教育教学中，在深入研究思想政治教育教学方法规律的基础之上，提炼出科学合理、操作性强、认可度高、能涵盖政治标准和教学技术标准的课堂教学绩效评价方法，对于构建良性的教学激励机制，激发教师进行教学研究，改进课堂教学有着非常重要的意义。

（五）充分研究思想政治理论课堂的教学规律，构建高质量思想政治理论课程的科学基础

思想政治教育有着教育的普遍规律，同时又有自身特有规律，但这些规律是什么，怎样在教育教学中遵循，思想政治理论课的教学过程能够实现的不多。从公开发表的各种研究论文和著作来看，思想政治理论课教学研究往往更强调宏观的目标任务，强调文件的解读，强调基本规范的遵循，这些研究都非常有必要。但教学过程不是意识形态争论，教学过程有自身的规律特点必须遵循，如果不去认真探讨在每一门具体课程中，在每一节具体的课堂教学中，如何去理清教学目标和任务，如何去研究学生，如何去研究教育教学中遭遇到的具体问题，并在此基础上构建有效的教学模式，那么思想政治理论课的教学就会永远处于一种粗放的状态。这需要我们在教学改革中围绕教学中需要解决的各种现实问题和困难，加强思想政治理论课教学研究。这些研究需要既面对具体教学过程中的问题和困难，又面对各种不同情境不同学科的共同教学难题，广泛借鉴学习科学和教育科学的各种新研究新成果，做出思想政治理论课教育教学规律的自身研究。这种研究是高质量思想政治理论课教学改革的基础。

附　录　南开大学思政理论课教学状况调查问卷（2016—2017 学年）

问卷编号

亲爱的同学：

您好！为准确了解同学们对我校思政理论课教学的看法，以及对思政理论课教学改革的期望和要求，请您填答本问卷。本问卷是匿名的，请您根据自己的真实想法填写。您的意见是我们进行思政理论课教学改革的重要依据，谢谢您的参与！

南开大学马克思主义学院

问卷填答说明：

1. 思政理论课包括"思想道德修养与法律基础""马克思主义基本原理概论""毛泽东思想和中国特色社会主义理论体系概论""中国近现代史纲要"等 4 门课；

2. 如非特别说明，问卷中的问题询问的是一般情况或者您的一般看法；

3. 问题后提供的答案选项，如果不能准确表达出您的情况或看法，请选择最接近您情况或看法的选项。

问卷填答时间：2016（17）年______月______日______时______分

一、课堂教学及教师评价

1. 您觉得本学期思政理论课讲授内容视野是否广阔？

A. 非常狭窄　　B. 比较狭窄　　C. 一般　　D. 比较广阔

E. 非常广阔

2. 您认为本学期思政理论课课堂互动是否充分？

A. 很不充分　B. 不太充分　C. 一般　D. 比较充分

E. 非常充分

3. 您觉得本学期思政理论课讲授的内容是否有说服力？

A. 毫无说服力　B. 不太有说服力　C. 一般　D. 比较有说服力

E. 非常有说服力

4. 您觉得本学期思政理论课讲授的内容是否有深度？

A. 毫无深度　B. 不太有深度　C. 一般　D. 比较有深度

E. 非常有深度

5. 您觉得本学期思政理论课课堂是否有吸引力？

A. 毫无吸引力　B. 不太有吸引力　C. 一般　D. 比较有吸引力

E. 非常有吸引力

6. 您觉得本学期思政理论课讲授的内容与自身是否有距离感？

A. 非常有距离感　B. 比较有距离感

C. 一般　D. 比较贴近自身实际

E. 很贴近自身实际

7. 您觉得本学期思政理论课对党的理论政策讲授是否清晰准确？

A. 很不清晰准确　B. 不太清晰准确　C. 一般　D. 比较清晰准确

E. 很清晰准确

8. 你们本学期期末思政理论课会采用什么样的考核办法？

A. 闭卷考试　B. 开卷考试　C. 半开卷考试　D. 写论文

E. 不清楚　F. 其他______（请注明）

9. 您对本学期期末思政理论课的成绩考核方法满意吗？

A. 很不满意　B. 不太满意　C. 一般　D. 比较满意

E. 非常满意

10. 目前您觉得思政理论课中要求“死记硬背”内容量是多还是少？

A. 要背的太多　B. 要背的较多　C. 一般　D. 要背的较少

E. 没有

11. 本学期思政理论课中，您觉得老师是否照本宣科？

A. 总是照本宣科　B. 经常照本宣科　C. 一般　D. 偶尔照本宣科

E. 从不照本宣科

12. 您觉得本学期思政理论课老师教学态度是否认真？

A. 很不认真　B. 不太认真　C. 一般　D. 比较认真

E. 非常认真

13. 您觉得本学期思政理论课老师对学生是否尊重友善？

A. 很不友善　B. 不太友善　C. 一般　D. 比较友善

E. 非常友善

14. 您认为本学期思政理论课老师的专业水平怎样？

A. 水平很差　B. 不太有水平　C. 一般　D. 比较有水平

E. 非常有水平

15. 本学期思政理论课中，老师教学是否结合学生的实际生活背景？

A. 从不结合　B. 不太结合　C. 一般　D. 经常结合

E. 总是结合

16. 本学期思政理论课中，老师是否引用时政热点？

A. 从不引用　B. 不太引用　C. 一般　D. 经常引用

E. 总是引用

17. 本学期思政理论课中，老师的个人吸引力怎样？

A. 很没吸引力　B. 不太有吸引力　C. 一般　D. 比较有吸引力

E. 非常有吸引力

18. 您这个学期思政理论课“翘课”的频率？

A. 从没翘过课　B. 1—2 次　C. 3—5 次　D. 6—10 次

E. 10 次以上

19. 您在本学期思政理论课课堂中是否认真听讲？

A. 总是认真听讲　B. 基本认真听讲　C. 有时认真听讲

D. 几乎不太听讲　E. 根本没听过

20. 在本学期思政理论课中，您回答老师问题的情况？

A. 非常积极　　B. 比较积极　　C. 不太愿意参与

D. 从不参与　　E. 老师几乎不提问

21. 在本学期思政理论课中，您主动向老师提问的频率？

A. 经常提问　　B. 偶尔提问

C. 从不提问　　D. 几乎没有机会提问

22. 在本学期思政理论课中，您参与课堂讨论的情况？

A. 非常积极　　B. 比较积极　　C. 不太愿意参与

D. 从不参与　　E. 几乎没有机会参与

23. 本学期课下，您看思政理论课教材的情况？

A. 经常看教材　　B. 不太看教材　　C. 较少看教材

D. 基本不看教材

24. 您评价本学期思政理论课教材的质量水平（从 1 到 10 表示满意程度从最低到最高）。

1　2　3　4　5　6　7　8　9　10

25. 本学期在课下，您阅读与思政理论课相关书籍文献资料（包括网络资源）的情况？

A. 从不阅读　　B. 不太阅读　　C. 一般　　D. 经常阅读

26. 本学期在课下，您和同学朋友讨论与思政理论课相关的话题情况？

A. 从不讨论　　B. 不太讨论　　C. 一般　　D. 经常讨论

27. 本学期在课下，您主动和思政理论课老师沟通交流的情况？

A. 从不交流　　B. 不太交流　　C. 一般　　D. 经常交流

二、对思政理论课的根本看法

28. 总的说来，您觉得对大学生进行马克思主义理论教育是否有必要？

A. 毫无必要　　B. 不太有必要　　C. 一般　　D. 比较有必要

E. 非常有必要

29. 总的说来，您觉得大学开设思政理论课是否有必要？

A. 毫无必要 B. 不太有必要 C. 一般 D. 比较有必要

E. 非常有必要

30. 总的说来，您认为通过思政理论课对大学生进行价值观引导是否有必要？

A. 毫无必要 B. 不太有必要 C. 一般 D. 比较有必要

E. 非常有必要

31. 总的说来，您觉得思政理论课的学习对您以后的生活工作是否有价值？

A. 毫无价值 B. 不太有价值 C. 一般 D. 比较有价值

E. 非常有价值

32. 总的说来，您觉得思政理论课是否会促进对自身专业的学习？

A. 毫无效果 B. 不太有效 C. 一般 D. 比较有效

E. 非常有效

33. 总的说来，您觉得对大学生进行思想政治教育对于当今中国社会政治建设是否有意义？

A. 毫无意义 B. 不太有意义 C. 一般 D. 比较有意义

E. 非常有意义

34. 总的说来，您觉得学习中国共产党的理论政策是否有意义？

A. 毫无意义 B. 不太有意义 C. 一般 D. 比较有意义

E. 非常有意义

35. 对您来说，学好思政理论课是否有信心？

A. 很难 B. 不太容易 C. 一般 D. 比较容易

E. 很容易

36. 对您来说，学好思政理论课是否很重要？

A. 很不重要 B. 不太重要 C. 一般 D. 比较重要

E. 很重要

37. 您对思政理论课喜欢或排斥的程度？

A. 非常排斥　　B. 比较排斥　　C. 既不喜欢也不排斥

D. 比较喜欢　　E. 非常喜欢

38. 通过思政理论课的学习，您想：（可多选）

A. 拿高分　　B. 能过就行　　C. 拓宽视野

D. 解答生活中的许多疑惑　　E. 理解当今中国社会政治现象

F. 学习中国近现代史　　G. 学习马克思主义学说

H. 学习党的理论政策　　I. 没想法

J. 其他（请注明）

39. 对您而言，“考前突击”或者“期末突击”是不是应对思政理论课考试的基本方法？

A. 不是　　B. 是

三、本学期学习效果

40. 总体而言，与同班同学比，您思政理论课的成绩属于？（一年级同学请依照高中时的学习情况填答）？

A. 较差　　B. 中等偏下　　C. 中等　　D. 中等偏上

E. 较好

41. 本学期思政理论课的学习，让您觉得思政理论课就是一门“背书课”？

A. 很不同意　　B. 不太同意　　C. 既不同意也不反对

D. 比较同意　　E. 很同意

42. 本学期思政理论课的学习，加深了您对马克思主义理论的认识？

A. 很不同意　　B. 不太同意　　C. 既不同意也不反对

D. 比较同意　　E. 很同意

43. 本学期思政理论课的学习，拓展了您的视野？

A. 很不同意　　B. 不太同意　　C. 既不同意也不反对

D. 比较同意　　E. 很同意

44. 本学期思政理论课的学习，增进了您对生活的感悟？

A. 很不同意　　B. 不太同意　　C. 既不同意也不反对

D. 比较同意　　E. 很同意

45. 本学期思政理论课的学习，促进了您对社会政治问题的思考？

A. 很不同意　　B. 不太同意　　C. 既不同意也不反对

D. 比较同意　　E. 很同意

46. 本学期思政理论课的学习，增强了您辨别是非的能力？

A. 很不同意　　B. 不太同意　　C. 既不同意也不反对

D. 比较同意　　E. 很同意

47. 本学期思政理论课的学习，增进了您对党理论政策的认识？

A. 很不同意　　B. 不太同意　　C. 既不同意也不反对

D. 比较同意　　E. 很同意

四、改进期待

48. 一般而言，您是否同意如下说法（请在同意的题项处画√）：

题　项	很不同意	不太同意	中立	比较同意	很同意
1 在平时生活中，我常常感到迷茫					
2 我想了解更多的哲学或者政治社会理论					
3 对于当今社会政治现象，我有一些疑问想弄明白					
4 我想探讨解决当今中国现实问题的方法					
5 我想探讨中国未来发展问题					

49. 您对政治问题的感兴趣程度？

A. 不感兴趣　　B. 不太感兴趣　　C. 一般　　D. 比较感兴趣

E. 很感兴趣

50. 请您设想一下，如果对思政理论课教学进行改革，您最期望达到什么？（可多选）

A. 提高学术性　　B. 解决人生成长困惑

C. 加强基本理论知识教学　　D. 开阔学生视野

E. 培养大学生公共参与能力

F. 提高学生马克思主义理论水平　　G. 引导思维方式

H. 提高学生思想道德素质

I. 与所学专业相结合

J. 加强党的理论政策宣传

K. 解答社会现实疑问

L. 没有期望

M. 其他（请注明）______

51. 您认为，当前思政理论课教学方法上哪些方面需要优先改进？（可多选）

A. 加强课堂讨论或辩论　　B. 加强案例教学

C. 充分使用多媒体　　D. 增强课堂的趣味性

E. 提高教师教学技巧　　F. 加强学生实践

G. 增强师生课堂互动　　H. 加强课外阅读指导

I. 采用专题教学方式　　J. 网络平台教学

K. 增强师生课外沟通交流　　L. 没有期待

M. 其他（请注明）

52. 您觉得以下哪些师生课外沟通交流方式更加有意义？（可多选）

A. 电话沟通　　B. 邮件沟通　　C. 微信或者 QQ 讨论

D. 微博课堂　　E. 建立课外学习小组

F. 举办人生或者时政开放讲座　　G. 举办师生互动沙龙

H. 构建在线讨论平台　　I. 组建专题社团

J. 师生定期课下交流（Office Time）

K. 您还有其他想法，请提出________________

53. 相比其他成绩考核方式，您觉得思政理论课采用闭卷统考方式是否更公平？

A. 闭卷统考要公平一些　　B. 各种方式公平程度差不多

C. 闭卷统考公平度还要差一些

54. 您认为思政理论课成绩考核应该综合以下哪些方面？（可多选）

A. 出勤率　　B. 课堂听课情况　　C. 与老师互动情况（发言情况）

D. 课堂展示效果　　E. 论文写作　　F. 考试成绩　　G. 社会实践成果

H. 面试　　I. 其他（请注明）

55. 思政理论课的考试以哪种形式您最能接受？

A. 全部闭卷　　B. 半开卷　　C. 全部开卷　　D. 写论文

五、政治态度

56. 您是否同意如下看法？

题　　项	很不同意	不太同意	既不同意也不反对	比较同意	很同意
人们可以公开批评党和政府工作中的不足					
人们可以自由组织起来实现他们自身的政治要求					
个人权利比政府的要求更加重要					
在当代世界，马克思主义依然有其重要价值					
社会思想观念越多样化就越需要坚持马克思主义					

续表

题　　项	很不同意	不太同意	既不同意也不反对	比较同意	很同意
马克思主义对我们的生活和工作都有积极意义					
只有坚持中国共产党的领导，我国才能实现现代化					

57. 你是否同意如下看法？

题　　项	很不同意	不太同意	中立	比较同意	很同意
我很自豪生活在现行制度下					
我有义务支持现行政治制度					
我拥护现行政治制度					
我觉得公民基本权利得到了保障					
我相信我国司法机关能够公正司法					
我的观点与党和政府提倡的价值观很一致					

58. 政府首脑就像一家之长，我们应该服从他们的决定？

A. 很不同意　　B. 不太同意　　C. 既不同意也不反对

D. 比较同意　　E. 很同意

59. 如果政治领导人的道德品质好，我们就可以让他来决定所有的事？

A. 很不同意　　B. 不太同意　　C. 既不同意也不反对

D. 比较同意　　E. 很同意

60. 如果人们有太多不同的想法，社会就会混乱？

A. 很不同意　　B. 不太同意　　C. 既不同意也不反对

D. 比较同意　　E. 很同意

61. 您对当前中国社会政治经济各方面的总体满意程度？（从 1 到 10 表示满意程度从最低到最高）

1 2 3 4 5 6 7 8 9 10

62. 您认为中国社会各方面未来的总体发展怎么样？

A. 越来越好　B. 保持现状　C. 越来越糟糕　D. 说不准

63. 您认为自己未来的就业压力如何？（从 1 到 10 表示完全没有压力到压力最大）

1 2 3 4 5 6 7 8 9 10

64. 您大学毕业后的打算（可多选）

A. 考研　B. 考公务员　C. 自己努力找工作

D. 爸妈已基本找好我的工作　E. 出国留学

F. 创业　G. 没有明确的想法

H. 其他______（请注明）

六、个人基本情况

65. 您来自：

A. 大城市　B. 中等城市　C. 小城市　D. 城镇

E. 乡村

66. 您的家庭背景：（可多选）

A. 干部家庭　B. 工人家庭　C. 商人家庭　D. 知识分子家庭

E. 军人家庭　F. 农民家庭　G. 其他______（请注明）

67. 您认为您家在社会中属于：

A. 上层　B. 中上层　C. 中层　D. 中下层

E. 下层

68. 您家庭的年收入（各种收入总和）最接近于以下哪个选项：

A. 3 万元以下　B. 3 万—6 万元　C. 6 万—9 万元

D. 9 万—12 万元　E. 12 万—15 万元

F. 15 万—18 万元　G. 18 万元以上

69. 您父母是否是中共（预备）党员？

A. 父亲母亲都是　　B. 都不是

C. 只有父亲是　　D. 只有母亲是

70. 您的专业学科门类是：

A. 经济　　B. 哲学　　C. 法学　　D. 文学

E. 教育学　　F. 艺术　　G. 历史学　　H. 理学

I. 工学　　J. 农学　　K. 医学　　L. 管理学

71. 您的政治面貌是？

A. 中共党员（包括预备党员）　　B. 入党积极分子

C. 普通共青团员　　D. 其他

72. 您的年级：

A. 大一　　B. 大二　　C. 大三　　D. 大四

73. 您的年龄：（周岁）_______

74. 您的性别：　　A. 男　　B. 女

75. 您对当前我校思政理论课还有哪些意见想法，欢迎吐槽：

76、请评价您填写问卷的认真程度

A. 非常认真　　B. 比较认真　　C. 不太认真　　D. 胡乱填的

责任编辑：冯　瑶
封面设计：林芝玉
版式设计：王欢欢

图书在版编目(CIP)数据

思想政治理论课教学科学化：理论与实证研究/薛晓斌 著. —北京：
人民出版社，2020.11
(高校思想政治工作研究文库)
ISBN 978－7－01－022633－0

Ⅰ.①思…　Ⅱ.①薛…　Ⅲ.①高等学校-思想政治教育-教学研究-中国
Ⅳ.①G641

中国版本图书馆 CIP 数据核字(2020)第 222055 号

思想政治理论课教学科学化：理论与实证研究
SIXIANG ZHENGZHI LILUNKE JIAOXUE KEXUEHUA：LILUN YU SHIZHENG YANJIU

薛晓斌　著

人民出版社 出版发行
(100706　北京市东城区隆福寺街 99 号)

中煤(北京)印务有限公司印刷　新华书店经销

2020 年 11 月第 1 版　2020 年 11 月北京第 1 次印刷
开本：710 毫米×1000 毫米 1/16　印张：16.75
字数：240 千字

ISBN 978－7－01－022633－0　定价：68.00 元

邮购地址 100706　北京市东城区隆福寺街 99 号
人民东方图书销售中心　电话 (010)65250042　65289539